「男らしさ」の快楽

ポピュラー文化からみたその実態

宮台真司
辻　泉
岡井崇之
編

勁草書房

まえがき

「男らしくない男」たち

昨今「草食系男子」という言葉をよく耳にする。流行語にもなりそうな勢いだ。論者によって定義は様々だが、①「おしゃれ」、②「自分志向」、③「貪欲ではない」といった特徴が共通しているようだ（深澤 2007；森岡 2008；牛窪 2008 など）。まとめていうならば、「男らしくない男」ともいえよう。

①についていえば、一九九〇年代からすでに「フェミ男」と呼ばれる「おしゃれ」な男性たちの存在は知られていた。時に女性ものの洋服をも着こなすふるまいそれ自体については、もはや目新しいものではない。

むしろ「草食系男子」の新しさは、②や③の特徴が強まってきたところにあるようだ。例えば、

②「自分志向」についていえば、かつては会社のため、家族のため、あるいは愛する君（女性）のためにわが身を捧ぐ、といったふるまいが「男らしい」ものとしてもてはやされた。だがそれと対照的に、あくまで自分の幸せを最優先するという傾向が強まっているようだ。

しかし自分の幸せといっても、それほど③「貪欲ではない」というのも、また特徴的であるようだ。いわば、何かを強烈に欲しがって執着することがないという。日々の生活を平穏無事に送ること、いわば身の丈にあった、等身大のささやかな幸せが満たされることが重要であるらしい。別な言い方をすれば、果てしない物欲や性欲といったような、これまた「男らしい」ものとされてきた欲望が、彼らにはみられないようだ。

かつて「少年よ大志を抱け」といったのは、札幌農学校（現在の北海道大学）に赴任してきたクラーク博士であった。それと比べると「草食系男子」は、もはや「大志」とは無縁な存在にも感じられよう。

「男らしさ」を見つめなおす時代

もちろん、ここで「草食系男子」を一方的に否定するつもりはない。それはそれで、時代に適応した一つの生き方なのだろう。しかしだからといって、一方的にそれだけを肯定し、これまでの「男らしさ」を否定するようなことも避けたいと思う。

結論を先取りするならば、男性の生き方はもっと多様であるべきだし、変化の激しいこれからの社会を生き抜いていくためにも、そのことがますます求められてこよう。古いものが悪くて新しいものが良いというような素朴な発想ではなく、むしろそれぞれに良いところと悪いところをみつめなおしていくような、冷静な姿勢こそが今求められていよう。

いわば「男らしさ」とは何かということを、問い直すべき時だともいえるだろう。クラーク博士の言葉で言えば、そもそも「大志」とは何か、「少年」とは誰か、それを誰が「抱く」べきなのか、あるいは「抱か」なければならないものなのか、といったことをあらためて問い直すべき時代なのだ。

さらにいえば、「男らしさ」は死に絶えた過去の遺物などではない。今なお、それを強く内面化した人たちも数多くいるだろうし、あるいは「草食系男子」であっても、その内面には、わずかではあっても「男らしさ」の残滓が認められる場合もあるだろう。

たしかに「男らしさ」には問題点も多い。とりわけ家事や労働における性別役割分業においては、見過ごすことの出来ない不平等が再生産されてきた。他にも、大いに見直すべき点は多い。

しかしながら、それに注目するあまりに、これまでの議論は「男らしさ」を否定することに偏ってきたのではないだろうか。例えば、日本における男性学の代表的論者である伊藤公雄は、「〈男らしさ〉ではなく〈自分らしさ〉を追求」することを主張し、「男たちも、そろそろ古い窮屈な〈男らしさ〉の鎧を、それこそ「男らしく」（つまり潔く）脱ぎ捨てる時期だ」と述べている（伊藤 1996:5）。いわゆる「脱鎧論」と呼ばれるこうした議論は、旧来の「男らしさ」に強くとらわれ、他の生き方になかなか思いが至らなかったような年長世代に対しては、それなりの有効性を持ったものであった。

しかし、それは全て「脱ぎ捨て」られるべきもの、一方的に否定されるべきものなのだろうか。肯定的に論ずべきところもあるのではないだろうか。

誤解のないように記せば、これは世の「男性」たちを肯定的に論ずるということではない。むしろ「男らしさ」とされてきた人々のふるまいについて、全てを否定してしまうのではなく、中には今の時代に必要とされるものもあるのではないか、ということである。それがあくまで「ふるまい」である以上、「男性」だけが行うべきものでは、もちろんなく、誰が行ってもよいものである。

今を生きる我々自身の問題として

よって、かつて今和次郎たちが使った言葉になぞらえれば、「考古学」ではなく「考現学」の対象として「男らしさ」をとらえていくことが求められている（今・吉田 1930＝1986）。過去の遺物として掘り起こすのではなく、まさしく今を生きる我々自身の問題として、内在的に振り返るような議論が求められよう。

そのために本書では、ポピュラー文化を対象に、複数の特徴的な事例から「男らしさ」をとらえ返していく。これまでが、家事や労働の性別役割分業を対象にした否定的な議論が多かったことから、むしろポピュラー文化の「楽しさ」から、あえて肯定的な側面もを含みこんで「男らしさ」をとらえ返すことを企図している。あるいはまた、それが今日の我々にとって日常的で身近なものであることから、内在的に振り返るのにより適した対象だともいえるだろう。また、複数の事例を取り上げたのは、「男らしさ」といっても多様な実態があるからであり、さらに社会の変化とは、一律かつ均等に起こるものではなく、むしろグラデーションを持ちながら徐々に進むものであって、その実態を詳細に記述するためである。

確かに、「男らしさ」には反省すべき点も多い。しかしながら、それを全て「脱ぎ捨て」てしまってよいものだろうか。むしろ徹底的にそれに内在しながら、よりよいものへと徐々にずらしていくこと、そのほうが責任ある態度とはいえないだろうか。

かつて、『男はつらいよ』という映画があったが、こうした作業は「つらい」だけのものであってはいけない。むしろ本書のように、ポピュラー文化を対象として「楽しい」部分も見直しながら、作業をしていくことも可能なはずである。

本書が、「男らしさ」とじっくりと向き合っていくための端緒となれば、これに勝る幸せはない。

編者を代表して　辻　泉

「男らしさ」の快楽
ポピュラー文化からみたその実態

／目次

第Ⅳ部　社会＝超越性——男たちのロマン

第Ⅰ部　「男らしさ」のとらえ方

第一章　「男らしさ」への三次元アプローチ
――楽しい「男らしさ」の社会学へ

辻　泉

1　楽しい「男らしさ」の社会学へ

本書の目的

本書は、ポピュラー文化の中の特徴的な事例を通して、「男らしさ（男性性）[1]」の多様で複雑な実態を記述すると同時に、その問題点や可能性を見定めようとするものである。また、そのことが新たな時代に向けた「男らしさ」の再構成につながっていくことを企図している。「男らしさ」を一枚岩的に捉えたり、あるいは一方的に批判するだけでなく、その潜在的な可能性にも注目しつつ、再構成へとつなげていこうとする点において、これまでの議論とは一線を画している。

こうした狙いには次のような背景がある。すなわち現在は「男性問題」の時代であり、いわば新たな時代に「男らしさ」が不適応をおこしていると考えられている（例えば、伊藤 1996 など）。少年犯罪や中高年男性の自殺増加などもその例として考えられるし、一方では「男らしくない男」として、一昔前は「フェミ男」、昨今ならば「草食系男子」といった存在が注目されている（森岡 2008 など）。

これまで「男らしさ」に対しては、フェミニズムを中心に、あるいは男性学においても「脱ぎ去るべき鎧」として批判の対象となってきた。しかし、果たしてそれはそのまま「脱ぎ去るべき」ものなのだろうか。これまでは、家庭や労働における「性別役割分業」を批判的に捉える議論が多く、それらが有用な知見を蓄積してきたことは確かである。しかしその一方で、「男らしさ」を一枚岩的に捉えると同時に、批判的な論調に偏る傾向があったのではないだろうか。そこで本書では、担い手の多くを男性が占める、特徴的なポピュラー文化の事例をいくつか取り上げながら、「男らしさ」の実態を記述していく。

このように「男らしさ」を一方的に批判するだけでなく、その肯定的な側面をも捉えなおしていくのが本書の特徴だが、しかしながら「ジェンダーフリーバッシング」のような、いわゆる「バックラッシュ」と呼ばれる保守反動的な動向に与することを狙いとするものではない。むしろ、あくまで多様な実態を通して、「男らしさ」の肯定的／否定的な可能性を客観的に記述しつつ、新たな時代に適応するための「男らしさ」の探究へとつなげていくことが目的である。

転換期を迎えた男性学

かつて心理学者の渡辺恒夫は、男性学の先駆的業績と呼び得る著作『脱男性の時代―アンドロジナスをめざす文明学』（渡辺 1986）の中で、「男であることは（中略）メリットどころかデメリットになってしまった」とした上で（渡辺 1986:iii）、「脱男性革命宣言」を提起していた。その末尾に書かれていたのは以下のような内容であった。

男性は、今や、押し付けられた「男性」を自ら拒否しても、鉄鎖以外に失うべきものはないことを知るべきなのです。それゆえ、私はここに、より豊かな人間性の開花のために、とりあえず「男」であることを主体的に拒否し、アンドロジナス男性の創出をめざす運動の総体を脱男性革命と名づけ、あらゆる心ある人々の共鳴と参加とを望むものです。一九八六年一月（渡辺 1986:vii）

この文章が書かれた一九八六（昭和六十一）年とは、前年に制定された男女雇用機会均等法が施行された年であり、また本格的な男性ファッション誌として『MEN'S NON-NO』（集英社）が創刊された年でもあった。こうした時代背景の中で、渡辺の主張は、後に社会学者の伊藤公雄や中河伸俊らが展開することになる「脱鎧論」や「男らしさから自分らしさへ」といった議論(2)につながっていくものであった（伊藤 1993, 1996；メンズセンター編 1996；中河 1989）。

こうした議論は、まずその先駆性において評価に値しよう。(3) しかしそれと同時に、後に「男らしさ」を一方的に否定する議論へとつながっていってしまったという面も存在するのではないだろうか。とするならば、その先駆性については評価しつつも、すでに二十数年が経過した現在においては、単に問題化するだけではなく、その実態をより具体的に捉え返していくことが求められているのではないだろうか。

ポピュラー文化研究における「ジェンダー不均衡」

こうした「男らしさ」あるいは「女らしさ」といったジェンダーの問題を取り上げる際、ポピュラー文化研究においては、全体的に大きな「不均衡」が存在してきたといわざるを得ない。それは、フェミニズムの側からの「女らしさ」を相対化しようとする努力が多くを占め、「男らしさ」に関する研究は驚くほど少なかったということである。こうした「不均衡」は、むしろ現実の社会が男性中心的であるからこそ、もたらされてきたものともいえるだろう。

この点について伊藤公雄は「自分の性としての〝男性性〟というものを、客観的に相対化する作業が、どうも男性のほうには弱いようなのだ」（伊藤 1996:24）と指摘している。すなわち、社会的に劣位に置かれた女性たちの「異議申し立て」が多くを占める一方で、「男らしさ」をとらえなおす作業はあまり進められてこなかったのである。

たしかに「女らしさ」の問題点を、ポピュラー文化の中からとらえようとする研究については、すでに数十年来にもわたる厚い蓄積が存在してきた。日本における代表的なものとして、一九七〇年代後半には、すでに社会学者の村松泰子が『テレビドラマの女性学』（村松 1979）を、さらに一九八〇年代に入ると同じく社会学者の井上輝子らが『女性雑誌を解読する』（井上＋女性雑誌研究会 1989）といった研究成果を挙げており、そのほかにもかなり多くの研究が存在している。

また英米圏の状況についても触れておくと、村松とほぼ同時期に、イギリス、バーミンガム大学現代文化研究センター（CCCS）のウィメンズ・スタディーズ・グループは『*Women Take Issue: Aspects of Women's Subordination*』と題するアンソロジーを刊行していたし（Women's Studies Group 1978）、その中心メンバーにあたるシャルロット・ブランズドンは、ソープオペラの研究者として日本でも知られている（Brunsdon, D'Acci and Spigel, eds. 1997 など）。他にも同じ潮流に属するものとして、女性雑誌研究のジャニス・ウィンシップ（Winship 1987）や少女文化研究のアンジェラ・マクロビーなどが知られていよう（McRobbie 1991）。このようにポピュラー文化の諸々のテクストを、フェミニズムの観点から批判的に検討していく研究は、カルチュラル・スタディーズの中でも大きな割合を占めてきた。

一方で、「男らしさ」をめぐるポピュラー文化研究のこれまでの展開については、第二章で詳しく論じるため、ここでは簡単な紹介にとどめておくが、日本における代表的なものを振り返ると、『男らしさの神話』（佐藤 1980）など映画評論家の佐藤忠男による先駆的な業績や、『〈男らしさ〉のゆくえ―男性文化の文化社会学』など伊藤公雄によるものが代表例として挙げられる。しかし、その実態としての広がりに比べて、まだまだ十分に検討がなされていないといわざるを得ないだろう。

「正しさの社会学」と「楽しさの社会学」

さて、本書がポピュラー文化から「男らしさ」をとらえることにこだわるのは、単に分析の視点を広げるためだけではない。冒頭でも触れたように、むしろ「男らしさ」を一方的に批判するだけでなく、その肯定的な側面をも捉えなおしていくためであり、いわばそれはポピュラー文化の「楽しさ」に注目するということである。

この点について触れておきたいのは、社会学者の長谷正人による指摘である。長谷は「文化の社会学の窮状／可能性」と題する論文の中で、以下のように述べている。

しかし、カルチュラル・スタディーズは「楽しむ」ことよりも「正しさ」を指向しているようだ。それがカルチュラル・スタディーズという学問の文化的貧困さになっているのではないか。（長谷 2005:21）

いわば長谷の指摘は、カルチュラル・スタディーズのように、ポピュラー文化を通した政治経済的な「支配―被支配」関係を告発する作業は、「正しい」が「楽しく」はない、というものである。

現状において問題なのは、ポピュラー文化研究がそのような「異議申し立て」を行う作業だけに偏りがちなことであり、長谷は「さみしさ」というキーワードを用いながら、こうした現状が実りあるポピュラー文化の享受をもたらさないのではないかと指摘しているのである（長谷 2005）。

もちろん、「異議申し立て」を行う学問が多くの知見を積み重ねながら、実践的にも多くの成果をもたらしてきたことは大いに評価すべきであり、今後もそのような作業は続けられなければならないだろう。しかしながら長谷も指摘するように、もう一方で必要なのは、それだけに留まらない生産的な議論ではないだろうか。いわば「男らしさ」を一方的に批判するだけではなく、その肯定的な側面をも捉えなおしながら、新たな時代に適応するための「男らしさ」の探究を始めることが今求められているのではないだろうか。

実はこうした問題意識は、フェミニズムの内部においても、一部の先端的な思想家たちが提示してきたことである。

例えば『ジェンダートラブル』で知られるアメリカのジュディス・バトラーは、同著の中で、これまでのフェミニズム批評は「一方的で一枚岩的な男中心の意味機制を同定する」作業に邁進してきた傾向があり、それはポピュラー文化を、素朴に「世界規模の男根ロゴス中心主義が多様に拡大したもの」としてみなしてきたと批判した上で、次のように指摘している（Butler1990=1999:39）。

敵を単数形で見てしまうことは、抑圧者とべつの条件を提示することにはならず、抑圧者の戦

略をこちらが無批判に模倣する裏返しの言説になってしまう。（Butler1990=1999:40）

あるいは同様の問題意識について、フランスのエリザベット・バダンテールは「犠牲者化」というキーワードを用いながら、次のように述べている。

…支配する側にある男性を前に、無抵抗に抑圧される女性というイメージを強調し続ければ、このような認識を共有しない若い世代の信頼を失うことは必至だ。「犠牲者化」を続けるかぎり、若い世代の女性にいつまでも犠牲者の立場と不利益しかもたらすことができない。なんとも暗い見通しで、若い女性の日常を変える力はまったくない。それどころか、男性性の告発と女性のアイデンティティの追求に躍起になるあまり、ここ数年のフェミニズムは本来の使命をないがしろにしている。（Badinter 2003＝2006：xii–xiii）

つまりフェミニズムにとって、「異議申し立て」だけを行い続けることは、むしろ自らのアイデンティティをネガティブなものへと追いやることになり、決して生産的な議論にはつながっていかないと指摘しているのである。

とりわけ、ここでバダンテールが「犠牲者化」として指摘しているような動きは、これまでの日本の男性学に対しても、有効な批判としてあてはまるのではないだろうか。「男らしさの鎧を脱ぐこと」や「男らしさから自分らしさへ」といった議論は、初発の段階においては有効な「異議申し立て」であったにしても、その段階に留まり続けていては、結局のところ、男性をも「犠牲者化」するだけで終わってしまうのではないだろうか。だとするならば、多様な実態を通して「男らしさ」の肯定的／否定的な可能性を客観的に記述していくためには、どうしたらよいのだろうか。

2 「男らしさ」への三次元アプローチ

三次元アプローチとは何か

「男らしさ」の実態を記述するために、本書が用いるのは〝三次元アプローチ〟である。これまで家庭や労働における「性別役割分業」の観点から否定的に論じられることの多かった「男らしさ」について、より多様な実態を記述するための試論的なアプローチであり、とりわけポピュラー文化の「楽しさ（快楽）」を描き出すことに照準したアプローチである。

三次元というのは、古くはドイツのゲオルグ・ジンメルから（Simmel 1917=1979）、社会学においては比較的オーソドックスに用いられてきた社会構造の捉え方であり、「自己＝身体性」「集団＝関係性」「社会＝超越性」の三つの次元からアプローチしようとするものである。(4)

すなわち「自己＝身体性」というのは、自分自身やその身体に関する次元であり、「集団＝関係性」とは、他者と取り結ぶ関係性に関する次元、そして「社会＝超越性」とは、それらを取り巻く、より大きな全体としての社会やそれをも超越していくような次元である。本書ではポピュラー文化を通して、これら三つの次元から「男らしさの快楽」を詳細に記述することを目論んでいる。また、それに対応した形で章構成もなされている。

「男らしさ」の快楽

とりわけ日本社会にひきつけて考えてみるならば、「男らしさ」について、長らくは「自己＝身体性」と「社会＝超越性」の快楽が中心を占めてきたのではないだろうか。まさに自己の身体の鍛錬を積み重ねてきたスポーツマンたちは、「自己＝身体性」の快楽の好例だし、その一方でいわゆる「男のロマン」と呼ばれてきたような一連の趣味、例えば、鉄道や天体や生物や科学といった、浮世離れしたかのような趣味に没頭してきた文化系の男性たちは、「社会＝超越性」の快楽の好例であろう。そしていずれの男性たちにせよ、自らの趣味に没頭するあまりに、家庭を顧みなかったり、他者との交友関係にはあまり熱心でなかったりと、「集団＝関係性」の快楽は、中心を占めてこなかったように思われる。

しかし近年では、諸々のファッション雑誌やマニュアル雑誌の増加にも現れているように、むしろ異性との交友関係に多くの関心を寄せるような、「集団＝関係性」の快楽に特化した男性たちも増加しているかもしれない。いずれにせよ詳細は、以降の各章の内容を検討しながら、考えていくこととしよう。

　なおこうした三次元アプローチを、ポピュラー文化研究に用いた例を一つ挙げておこう。本書の編者の一人である社会学者の宮台真司らが、一九九〇年代の若者文化について類型化を試みた際、こうしたアプローチを用いている。

　とりわけ宮台らが注目したのは、いわゆる「オタク」と「新人類」と呼ばれた若者たちの違いであった。この場合、当時の「オタク」とは、高度成長期が終わってからも未来の夢や空想を捨てきれず、虚構の中に「社会＝超越性」の快楽を見出していった若者たちであり、その反面、他者との関係性や自己の身体をきれいに取り繕うことには関心を寄せなかったという。一方で「新人類」とは、そうした夢想や空想、あるいは社会的・政治的な問題にはあまり関心を向けない代わりに、むしろおしゃれやファッションなどで自己の身体に磨きをかけつつ、異性との関係性に関心を寄せていった若者たちであった。そして、どちらかといえば「新人類」には女性が、「オタク」には男性が多くあてはまっていたという結果も、本書にとっては示唆深いものがあろう（宮台 1994；宮台・石原・大塚 1992・1993＝2007）。

　このように三次元アプローチは、比較検討の可能性も拡げながら、文化の実態を立体的にとらえられるものといえよう。

3　本書の構成

各章の概要

本書はこうしたアプローチにもとづいて、「男らしさ」の快楽をそれぞれの次元にわたってまんべんなく記述することを目的にしている。よって第Ⅰ部に続く、第Ⅱ部～第Ⅳ部では、「自己＝身体性」「集団＝関係性」「社会＝超越性」といったそれぞれの次元に対応しながら、複数の事例を取りあげていく。以下、各章の概要に触れておこう。

第Ⅰ部では、本章「「男らしさ」への三次元アプローチ――楽しい「男らしさ」の社会学へ」（辻泉）に続いて、第二章「「男らしさ」はどうとらえられてきたのか――「脱鎧論」を超えて」（岡井崇之）において主要な先行研究を検討し、その問題点を指摘した上で、ポピュラー文化研究から「男らしさ」をとらえなおしていくことの目的を再確認する。

続く第Ⅱ部は「自己＝身体性」に関するパートであり、「男たちの自己鍛錬」というサブタイトルがついている。第三章「部族化するおしゃれな男たち――女性的な語彙と「男らしさ」の担保」（谷本奈穂・西山哲郎）では、おしゃれやファッションに敏感で、化粧もするような男性たちが取り上げられている。学生を対象にした質問紙調査やインタビュー調査の結果を元に、身だしなみに気を使う彼らからは、「男らしさ」の新たな側面と、それでもなお変わらないところとが指摘される。

また第四章「男たちはなぜ闘うのか――格闘技競技者にみる「男らしさ」の現在」（岡井崇之）では、格闘技に打ち込む男性たちが取り上げられ、筆者自身の経験も交えたエスノグラフィが展開されている。日々肉体を鍛錬する彼らの様子は、一見すると身だしなみに気を使う男性たちと対照的に見えるが、むしろその内実においては共通点もみえてくる。

第Ⅲ部は、「集団＝関係性」に関するパートであり、「男たちの対人コミュニケーション」というサブタイトルがついている。先にも触れたように、長らくは「男らしさ」の快楽の中で、他と比べると、さほど中心的な位置を占めてこなかった類の快楽と思われるが、一方で「体育会系ノリ」という言葉もあったように、スポーツ系のサークルや部活動などでは、独特の「集団＝関係性」がみられたのも事実である。あるいは、先に「オタク」と「新人類」を対比して述べたように、「社会＝超越性」の衰退と入れ替わって、「集団＝関係性」の快楽が注目を集めてきている可能性もあろう。

第五章「一人ぼっちでラグビーを――グローバル化とラグビー文化の実践」（河津孝宏）では、かつての「体育会系」の典型として、大学のラグビー部の活動が取り上げられている。様々な世代のラグビー経験者へのインタビュー調査や、スポーツ雑誌の変遷などから、グローバル化という社会変動を背景にしつつ、「集団＝関係性」が大きく変わりつつあることを指摘している。

さらに、続く二つの章からは、新しい「男らしさ」ともいえるような、「集団＝関係性」の快楽が垣間見える。第六章「「男らしさ」の装着――ホストクラブにおけるジェンダー・ディスプレイ」

（木島由晶）では、女性客を対象に「集団＝関係性」を取り結ぶことを専業とするホストたちが取りあげられている。参与観察の結果を交えながら述べられるのは、もはや「男らしさ」は、男性を縛り付ける「鎧」などではなく、まさしくホストが日々「演技」をするかのように、場面に応じて取り替えられる「衣装」のようなものではないかという問題提起である。そして第七章「「エッチごっこ」に向かう男たち――性風俗利用における「対人感度」」（多田良子）では、性風俗サービスを利用する男性たちに対するインタビュー調査の結果が紹介されている。そこから明らかになるのは、とりわけ年齢の若い性風俗サービス利用者においては、射精のような「自己＝身体性」の快楽よりも、むしろ「恋人のようにそばに居てほしい」という「集団＝関係性」の快楽への希求が強まってきているのではないか、ということである。

そして第Ⅳ部は、「社会＝超越性」に関する事例を検討するパートである。「男たちのロマン」というサブタイトルの通り、他と比べてやや「硬派」な事例が取り上げられ、インタビュー対象者も年長世代に偏っているのが特徴的である。第八章「オーディオマニアと〈ものづくりの快楽〉――男性／技術／趣味をめぐる経験の諸相」（溝尻真也）では、日曜や休日でも、家族と出かけるよりも部屋にこもってオーディオ機器を自作するような男性たちが取り上げられ、様々な世代の聞き取り調査や過去の雑誌資料などから、その快楽の原点と歴史的変遷が記されている。第九章「なぜ鉄道は「男のロマン」になったのか――「少年の理想主義」の行方」（辻　泉）では、日本社会におけるこうした「男のロマン」の主役の一つと言える、鉄道趣味に関する歴史的考察が展開されている。

オールドファンの語りや過去の雑誌資料をたどりながら、その原点がむしろミリタリーマニアに近いものであったこと、第二次大戦の敗戦が大きな転換点であったことなどが指摘される。第十章「ロック音楽の超越性と男性性――ピエール・ブルデューの相同性理論を基に」（南田勝也）では、ロック音楽がなぜ「男らしさ」と結びついてきたのか、フランスの社会学者ピエール・ブルデューの理論を基にしながら、検討が加えられている。

最後に、終章「「自分らしさ」から、とりあえずの「男らしさ」へ――ポピュラー文化から見た「男らしさ」の行方」（宮台真司・辻　泉）では、それぞれのパートにおける知見をまとめながら、あらためて今日の日本社会における「男らしさ」の問題点を振り返りつつ、それをいかに再構成していくべきかという現実的な「処方箋」を提起して、本書が締めくくられる。

本書の読み進め方

各章はそれぞれが独立した内容となっているので、読者にあっては、どの章から読み進めてもらっても構わない。興味を惹かれた章からページを開いていただければと思う。

ただし、「男らしさ」の多様な実態を記述するという本書の趣旨に鑑みて、とりわけ具体的な事例を検討している第三章～第十章については、当該の章が「男らしさ」のどの次元の快楽に位置づけられているものかを頭の片隅に置きながら読んでいただきたい。そして、他の章の内容と比較検討をしながら、「男らしさ」の実態を一枚岩的にではなく立体的に捉えていっていただきたい。

その上で、終章の「まとめ」や「処方箋」に読み進めていただいたほうが、より理解が深まるものと思う。

注

（1）「男らしさ」と「男性性」という用語について、本書では一般的に用いられることの多さ、またわかりやすさなどを考慮して、基本的には前者を優先的に用いるが、文脈に応じて後者も用いることをお断りしておく。大きく意味の異なる用語ではないが、その概念に関する検討については第二章を参照のこと。

（2）例えば伊藤公雄は、メンズセンター編（1996）『「男らしさ」から「自分らしさ」へ』の冒頭に収められた「男性問題の時代」と題する文章の中で、以下のように記している。

現在の男性問題の解決のひとつの道は、とりあえず「男のメンツ」意識からの解放ということだとぼくは思っている。「オレは男だから」と重いヨロイを身につけ、無理に自分たちを縛ってきた生活から、男性たちが自由になるということだ。それは、男性社会に抑圧されてきた女性たちにとっても望ましいことだろうし、窮屈なヨロイを脱ぐことは、当の男性たちにとっても、より「自分らしい」快適な生活をもたらすのではないか。（メンズセンター編 1996:5）

（3）さらに渡辺の著作には、ポピュラー文化の事例の中に「男らしさ」の新たな変容を探求しようとする希少な試みもみられる。渡辺が注目していたのは、例えば少年愛のように「性的アブノーマルとして地下の世界へと封じ込められてしまう」ような対象であり、「男であることの重圧に耐えず、「脱男性」して性的マイノリティのサブカルチャーへと埋没していった人々の実態」（渡辺 1986:v–vi）であった。

（4）本書に似たアプローチから、戦後の日本社会における女性たちと「モノ」との関連を描いた著作として、天野・桜井（1992＝2003）など。同著では「身体性・家庭性・社会性」からなる三次元アプローチが用いられ、名称こそ異なるものの、本書にとっても示唆深い分析が展開されている。

第二章　「男らしさ」はどうとらえられてきたのか
――「脱鎧論」を超えて

岡井崇之

1　なぜ、それでも「男らしく」ありたいのか

現在「草食系男子」と呼ばれる新しい男性像がもてはやされるなかで、なぜ相変わらず「古い」男性像に固執する人々がいるのだろう。男同士のホモソーシャルな関係に惹かれる人がいるのだろうか。さらに職場や友人関係において、なぜそのような男同士の性的な会話や秘密の共有が大きな意味を持つのか。また、なぜ、ひたすら男らしい体をつくることに没頭する人々がいるのだろうか。

本章以降の事例研究に入る前に、ここではポピュラー文化と「男らしさ」（男性性）をめぐるこ

れまでの研究を大まかに把握しておきたい。

とりわけ、欧米においては「マスキュリニティ研究」（Masculinity Studies）が多くの成果を挙げてきている。一方、日本においても一九九〇年代以降、「男性学」が発展してきた。だが、その議論の多くが「脱鎧論」、つまり、身にまとった男らしさという重い鎧を脱ぎ捨てて楽に生きようという視点へと焦点化が行われていく過程で、それ以外の理論的展開の可能性が閉ざされてきたのではないか。

「男性性」は、身体[1]のありようと深く結び付いているし、メディアにおける表象とも関係している。また、ナショナリズムやそれに関した表象とも深いつながりがあるだろう。このように、大きな問題領域と結びついていると考えられるが、それらとのかかわりは、これまで十分論じられてこなかったのではないだろうか。

このように、男性を研究することは実に広範なテーマと絡み合っており、非常に大きな射程を持っていると思われる。にもかかわらず、日本における男性学は「男であること」を問い直すアイデンティティの政治をめぐる議論のなかに自閉してきたといえるのである。もちろん個人のアイデンティティを問題にすること、あるいはそこから出発すること自体に意義があることは疑う余地がない。しかし、その分析対象をめぐって、職場や家族におけるジェンダー役割のような領域は分析されてきたが、とりわけポピュラー文化の領域（あるいは趣味・遊びや恋愛などの私的な領域）の研究は、その多くが断片的な記述や評論にとどまっており、十分行われているとは言い難い。

例えば、従来の研究は冒頭に挙げたような問いに答えられているだろうか。つまり既存の男性学が、男たちの置かれた現状を分析できていないまま「脱鎧論」へとその表層だけが地滑りを起こしてしまい、「男らしさ」のうちにある快楽や充足感、あるいはそれらを発生させ、再生産させているメカニズムが分析されていないように思えるのである。具体的にいえば、近年著しい発展を遂げているエスノグラフィ（ethnography、民族誌）、あるいは計量的手法、言説分析（discourse analysis）といった分析枠組みに基づく実証的な研究にまでなかなか踏み込まれなかったのである。

このように考えると、（一）男性的な文化を内側から描いた研究、（二）そのような文化の記述から大きな問題設定を行う研究、の二つが現在の喫緊の課題といえるのではないだろうか。本章では、男性をめぐる先行研究の問題点を検討し、「ポピュラー文化から男性性をみる」ことの意義とその課題を確認しておきたい。

2　マスキュリニティ研究が提起するもの

「男性性の複数性」を考える

まず、欧米における近年の男性性研究をいくつか参照しておきたい。「日本の状況を考えるのに、どうして欧米の研究なのか？」という素朴な疑問を抱かれるかもしれない。なぜ欧米の研究を参照する必要があるのか。それは、日本の男性学における議論が前述したように自閉した状況に陥り、新たなパースペクティブや研究のインデックスをなかなか提示できていない状況にあるのに対し、欧米では近年、理論および実証研究において目覚しい発展を遂げているためである。

英語圏の研究を概括すると、その多くに前提として共有されているのが、九〇年代後半における男性をめぐるモラル・パニック状況である。具体的には、ジョン・マッキネスが著した *The end of Masculinity*[2]（MacInnes 1998）に対する社会的反響が大きかったことや、「男性性の危機」（crisis of masculinity）という認識が、経験的なデータがないにもかかわらず盛んに叫ばれたこと（Beynon 2002:75-80）を指している。男性が問題の対象とされるようになった点では、ほぼ時期を同じくして九〇年代に「男性問題」が言われるようになった（田中 2005:118）日本の状況と類似している。しかし、これらの研究と日本のものとを比べた場合、アイデンティティをめぐる「内向き」な問題設定は少なく、それよりも男性性と関連した男の暴力、健康、あるいは学校教育において男子学生が不利な状況に置かれていること（Connell 2000:3）などが主題化され、さらにそこから社会をとらえ直す試みが行われている。

通常、「男性性」にせよ「男らしさ」にせよ、こういったキー概念を論じるにあたって、それぞれが持つ意味を規定しておく必要がまずあるだろうし、海外の研究と比較検討する場合、どの言葉にどの用語を対応させるかなどを詰める必要もあるのかもしれない。「男らしさ」を意味する言語表現をいくつか例に挙げれば、英語圏では「マスキュリニティ」（masculinity）、「メールネス」（maleness）、「マンリネス」（manliness）、マンフッド（manhood）などがあるだろう。小玉亮子（2004:29-30）

によれば、マンリネスは道徳的に抑制が効いているさまを指し、マスキュリニティは野生的な資質を肯定的にとらえる概念であるとされる。後者は「攻撃性」や「闘争心」のほかに「鍛えられた身体」が重要な要素とされ、身体性を含意した概念とされているのである。

しかし、詳細は後述するが、それらが意味する内容を明確に定義することや、「男らしさ」を表す言語を分類したり整理したりすることはさほど重要ではない。ただし、レイウィン・コンネルらが用いている「マスキュリニティ」が身体性を含む射程の広い概念であることと、日本の男性学とはその問題設定が必ずしも同じではないことなどから、本章では欧米の男性性研究における男性的な性質を言い表す場合、用語として「マスキュリニティ」をそのまま用いる。なお日本の文脈では、一般的にもあるいはアカデミックな研究でも「男らしさ」と表記されることが多いが、「男らしさ」といった場合、その指示するものがメディアや日常的な言説空間においてしぐさや振る舞いに矮小化される傾向があることと、多賀太（2006:19）が「『男らしさ』と表現する場合、それがどのようなものであっても、通常そこには肯定的なニュアンスが含まれている」として、その用語としての妥当性に疑問を投げかけていることなどを踏まえ、本章では「男性性」に統一する。(3)

また、近年の英語圏の研究では、マスキュリニティは複数形の masculinities と表記されることが多いが、これには、日本でも著名なコンネル（Connell 1995, 2002）による男性性のとらえ方が強く影響している。多賀（2006:21-22）の整理によると、男性性を性役割としてとらえる立場では、男女のあり方は画一的なものとみなされがちだったが、男性のあり方はある時代の特定の社会の内部でも様々であるとして、男性性の多様化、あるいは分化が主張されている。

そのような視点から、コンネル（Connell 1995）は権威と結びついて優位な立場にある「ヘゲモニックな男性性」（hegemonic masculinity）と、それに対しての「劣位な男性性」（subordinated masculinity）という「支配—非支配」という論点を提起した。また、田中俊之（2005）は、須長史生（1999）によるジェンダーの視点からの男性の「ハゲ」をめぐる研究が、男性個々の経験に大きな違いがあることを提起していると評価しているが、ここでは、むしろハゲという外見的、身体的特徴がその序列化の大きな要素であることも押さえておかなければならないだろう。

さて、こうした男性性の複数性という視点は、男であることの困難を主張する個人の経験を一般化、普遍化する傾向が強い日本の男性学において大きなインパクトを持つものだったが、いくつかの点でさらに検討すべき課題を残しているように思われる。そもそも男性性の内部構造を単純に二項対立でとらえることができるのかという素朴な疑問がまず生じる。それに加え、何が特定の男性性を優位、あるいは劣位に置くのか、またそれが固定されるのはどのようなメカニズムやプロセスがあるのか、劣位のなかのさらにミクロな階層性をどうとらえるのか[4]、といったことが課題として挙げられるだろう。

例えば、須長の研究を例示したことと関連して、ハゲという一つの事象を例にとってみよう。現在の日本社会において「ハゲであること」が圧倒的な劣位にあることは疑問を挟む余地はないだろう。しかし、これは必ずしも固定的なものではない。日本においてハゲが現在のような位置にはなかった時代もあるだろうし、他の国や文化圏においてはさらに異なるあり方がみつけられるだろう。では、ハゲはどのようにして現在のような劣位におかれるようになったのだろうか。このような問題設定も可能であろう。

ただし、コンネル自身も*Masculinities*（Connell 1995）以降、複数性の議論が陥った隘路を乗り越えるために、いくつかの新たな議論を提起している。例えば、その一つに「集合的な男性性」（collective masculinities）の視点がある。コンネル（Connell 2000:11）によれば「社会のなかで『男らしい』と定義される行動パターンは、個人の生活のうちにみられるが、それは同時に個人を超えた存在でもある」。つまり、男性性が文化のなかで集合的に定義づけられ、制度的に維持されるものであるとする。このような視座をとることで、男性性が生産される集合的でミクロな過程をとらえようとしており、筆者が課題として指摘した動的なメカニズムにアプローチしようとしているといえる。

もう一つ挙げておきたいのが「競技場としての身体」という視点である（Connell 2000:12)。コンネルによれば、生物学的な本質主義とは異なり、男性の身体のありようは男性性のパターンを決定しない。そうではなく、男性身体はスポーツや遊びなど社会のジェンダー秩序によって定義づけられたり、強調されたり、または規律化されていくのである。身体は歴史的にジェンダーのパターンを構築する競技場であり、男性性の構築や政治性を問うなかで身体文化や暴力の過程を踏まえておくことが重要であるとして、男性身体の歴史的な構築を主題として浮かび上がらせている。

「男性性」からの社会学へ――グローバル化や身体への空間的拡張

ジョン・ベイノン（Beynon 2002）の著作は、比較的読みやすいマスキュリニティ研究の入門書であるが、それだけにとどまらない。コンネルの複数性の議論やヘゲモニックな男性性という問題意識は前提として共有しつつも、さらに「男性性からの社会学」を構想しているものである。彼は「男性性は常にその文化的、歴史的、地理的な位置によって書き換えられてきた」（Beynon 2002:1）とし、特にフェミニズムとゲイ・ムーブメントが結びつくことによって「均一のマスキュリニティ」という考え方に修正が加えられてきたと考える。

このことは、前述したように男性性を表す用語の意味を同定することやある男性性のパターンを一般化することよりも、「黒人的マスキュリニティ」や「文学的マスキュリニティ」など、いくつもある多様な男性性をそれぞれの文脈において考察することの重要性を示唆する。ベイノンは、男性性の多様なバリエーションを図式化したモーガンのジェンダーマップや、「男性性は男だけについてのものではない」とするイブ・コゾフスキー・セジウィック（Sedgewick 1985:12）の考察に基づき、男性性が男性に固有の性質ではないとの見方をとる。つまり、男性には男性的／女性的というバリエーションがあり、さらにそれぞれがホモセクシュアリティ／ヘテロセクシュアリティに分化されると考えるのである。

このような立場から「男性性を問うこと」として挙げているものの一つが、「男性としての経験

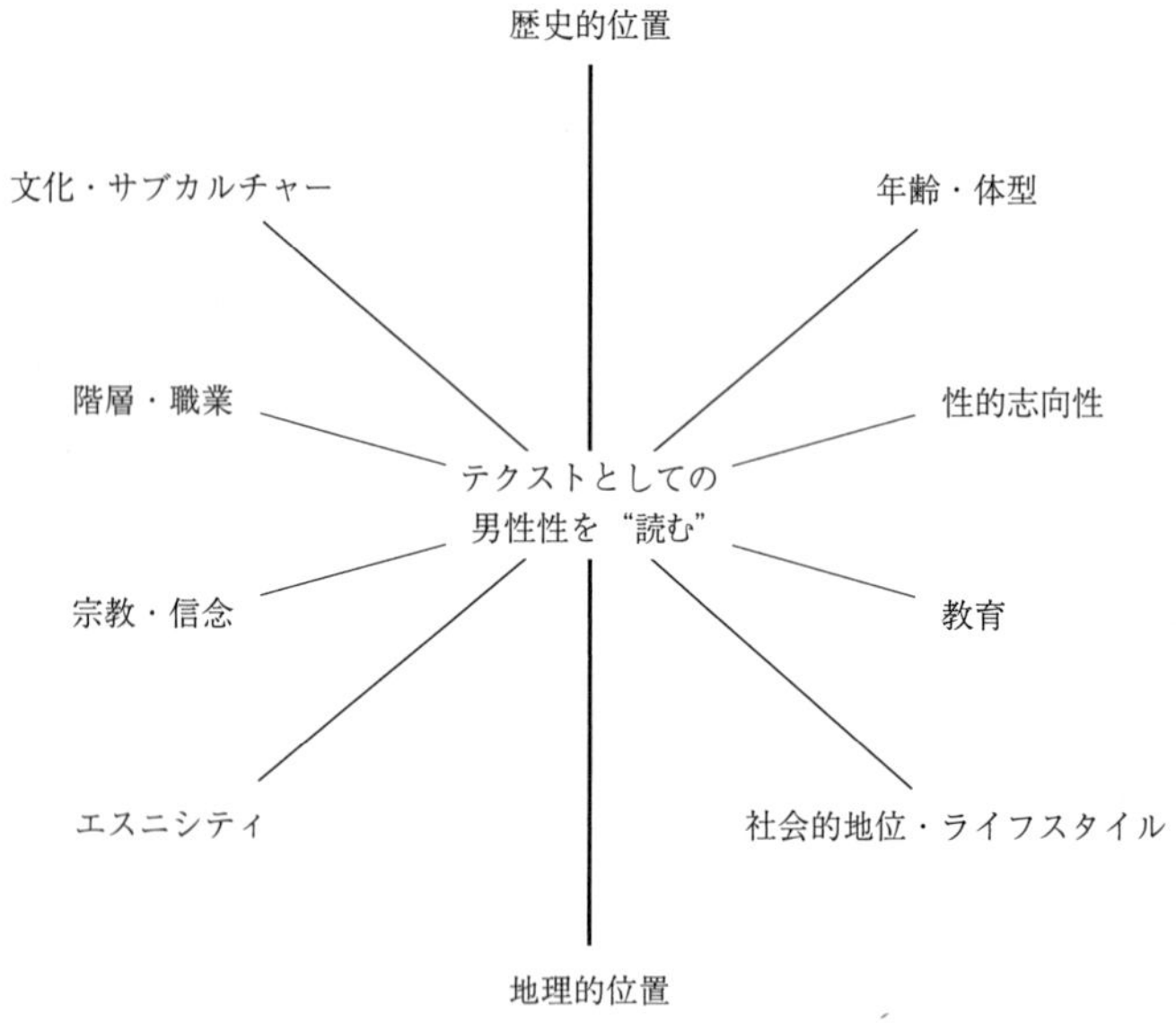

出典）Beynon 2002:10

図2-1 男性性を形成する主な要素

がどのようなものなのか」、「男性、女性あるいは子どもにとって男性的であることの持つ効果は何か」といったミクロな視点であり、もう一つが、世界規模で異なった文化を横断したグローバルな男性性の形態とは何かという、男性性の深層構造が存在するのか、あるとすればそれがどのようなものかというマクロな視点である。

また、男性性を形成し、規定する要素を図式化（図2-1）しており、ここでは様々な要素から編み込まれたテクスト（text）として男性性をとらえ、それを研究するうえでの多様なアプローチが示されている。それは歴史的な位置と地理的な位置という二本の機軸とそれに隣接する様々な要素からなる。本章が主題としているのは、まさにこのなかの「文化、サブカルチャー」であるが、それは「社会的地位やライフスタイル」、「性的志向性」、「階層と職業」などの他の要素とも相互に関連し合うものであるといえよう。

以上、近年の英語圏の研究事例としてコンネルとベイノンの議論を参照してきた。これらの研究は、男性性の言説的な構築、教育現場などにおける男性性の社会化の過程、男性性の商業化など多岐にわたるが、共通してまとまった論述が行われているのは、男性性をめぐるグローバル化と身体といった問題系である。それは別々の問題として論じられることもあるが、相互に絡み合った問題でもある。ここでは詳しく触れないが、このような視点は、「男性性の社会学」でもない、まさに「男性性からの社会学」への視座転換といえるものと位置づけられよう。日本の文脈に応用する際に慎重に検討する必要性はあるにしても、こういった空間的広がりが持つ可能性には注視しておくべきだろう。

3　日本のポピュラー文化研究と「男性性」

「男性性」を内破する試み

日本の男性性研究をめぐっては、前出の田中（2005）と多賀（2001, 2006）がこれまでの研究史とその課題を詳細にまとめている。(5) 田中はフェミニズムや女性学に対して、「男性学」として発展してきた日本の男性性研究が対象とする「男性問題」の内容が曖昧であるとの問題意識を出発点にしている。曖昧であるがゆえに男性学のアイデンティティが定まっていないことを指摘し[6]、一九八〇年代における渡辺恒夫の先駆的研究や、九〇年代以降に伊藤公雄（1993）が問題提起した「過労死」や「働きすぎ」といった「男性問題」としての男性性の研究を踏まえたうえで、須長による男性性の複数性やその内部での抑圧―被抑圧関係、ゲイの立場からのヘテロセクシュアリティへの問題提起が紹介されている。

また田中は、多賀（2001）が男性研究の展望として示した、「ジェンダー化された存在としての男性」「男性規範による抑圧」「男性性をめぐる葛藤」「男性内の多様性」の四つを挙げたうえで、それを描き出す方法として生活史の研究へとシフトし、同性愛男性も含めた複数の男性への実証的な研究を試みていることを評価している（田中 2005:123）。多賀の研究は、コンネルの影響を強く受け、「脱鎧論」から「男性性の社会学」への転換を企てたものとして位置づけられる。

さて、「男性性の」ないしは「男性性からの」社会学を進めていくにあたっては様々なアプローチがあり得るが、ここではポピュラー文化に注目する。理由は冒頭で述べた通り、これまでの男性性研究の対象が職場や家庭の性別役割分業といった極めて限定された空間に偏ってきたからである。例えば、そこでは、男性性には暴力性や抑圧性が内在するものとひとくくりにされて論じられることが多いが、果たして本当にそうだろうか。例えば男らしさにはもっと、モードやスタイル、あるいは着脱可能なアクセサリーのようなものという側面もあるかもしれない。また、男性の身体を語る言説をめぐっても同様のステレオタイプ化がみられる。荻野美穂は男のセクシュアリティをめぐる言説について次のようにまとめている。

「男はすべて潜在的に強姦魔」とか、「男の性欲が諸悪の根源」といったステレオタイプ化された平板なものになりやすいきらいがあった。こうしたアプローチは、性暴力や性の商品化を問題化し糾弾していくうえで持つ政治的効果は大きかったとしても、男をこのようなものとしてカテゴリー化するだけでは、男性論としてはまったく不十分である（荻野 2002:223）

荻野の指摘から示唆されるのは、これまで日常生活やポピュラー文化のなかで、男であることの意味が記述され、論じられてきたのだろうかということである。さらにいえば、男であることの経験を丹念に記述すること自体がまず必要である。(7)

一方、欧米の研究にはこのような傾向のものが散見される。邦訳されたものとしては、セジウィック（1999, 2001）による研究が有名だろう。英文学のなかに男性のホモソーシャル、つまり異性を排除した男同士の空間への欲望やそこでホモフォビア（同性愛への嫌悪）が持つ機能が論じられている。また、エリック・ダニングは「フェミニストの著者の大部分はスポーツにおける女性差別のような問題に焦点を当てる傾向があったが、その研究のおかげで女性差別が起こりうる状況が示されはしたものの、彼女たちのなかで、スポーツに存在している、あるいはスポーツによって生まれる男性優位の形態に関して、またこれに関連して起こった変化に関して体系的な理論化を企てたひとはいない」（Dunning 1986=1995:394）として、英国のフットボールにみられるサブカルチャーを例に、男性の領域であるスポーツにおいてそれが男性のアイデンティティの生産と再生産において果たしている役割を描き出そうとした。

ドイツにおける研究の勃興も見過ごすことはできない。例えば、トーマス・キューネ（Kühne 1996=1997）はスポーツや男性同盟といった組織において男性性が形成される過程を描き出している。前述したように、主に「マスキュリニティの危機」言説から始まる英米の理論研究が、アメリカ的なマッチョな男性性の終焉を前提として男性のあり方やマスキュリニティ研究の新たな展開を模索しているのに対して、こういったポピュラー文化に照準した男性性研究は、男性文化を内側から記述することに重点を置く。特に、同じ敗戦国として第二次大戦後に男性性が否定された経験を持つドイツの研究は、今後さらに参照する必要があるだろう。

さて、翻って日本の男性性研究の現状を概観すると、男性性がいいのか、悪いのかという素朴な善悪二元論が性別役割分業の世界だけで繰り広げられてきた観がある。[8] もちろん、それ自体も大きな意義を持つものであったが、すでに確認したように、まず男性性をとらえる空間をもっと広く設定する必要があるだろう。本章が企図するのは、その手段としてのポピュラー文化へのまなざしである。そのようなアプローチが、複数性や被抑圧性を強調するだけの、男性による多元主義的なアリバイ工作であってはならないのはいうまでもないが、企業や行政などのシステム世界や、あるいは家庭というドメスティックな領域では顕在化しなかった問題点をあぶり出す手段となる可能性をうちに含んでいるのではないかと筆者は考える。

ポピュラー文化研究は「男性性」をどうとらえてきたのか

日本において、これまでポピュラー文化における男性性は大きく注目されてこなかった。なぜだろうか。男性性が女性性に対して優位な位置にあるという前提に基づき、男性を研究する必要性が認識されていなかったということが要因の一つではないだろうか。

しかしそれ以上に、男性学もエリザベット・バダンテール（Badinter 2003=2006）が女性学について述べたような自らの「犠牲者化」に邁進し、自ら男性性を省察することをしてこなかったのではないだろうか(9)。九〇年代以降、英米、オーストラリアなどから入ってきたカルチュラル・スタディーズ（CS）は日本の文化研究に大きなインパクトを持つものだった。それらの流れと並行してゲイ・スタディーズからの問題提起が行われてきた(10)。しかし、その後そういった影響下においては、男であることの経験（あるいはその抑圧性も含め）は十分、研究テーマにされてこなかったのではないだろうか(11)。

しかしながら、メディア表象については多少の蓄積がある。伊藤公雄（1993）は特にマスメディアにおけるポピュラー文化を中心に戦後の男性史をまとめている。戦前からの吉川英治の『宮本武蔵』、戦後の吉田満による『戦艦大和ノ最期』に始まり、石原裕次郎、加山雄三、高倉健といった男性性を象徴するスターが出演する映画、七〇年代のポピュラー音楽、八〇年代のマンガで描かれる「男らしさ」を時系列的につなぎ、「時代は『男も家事・育児をするべきだ』という段階から、『男の家事・育児はあたりまえ』の段階へと移り始めようとしているのかもしれない」(伊藤 1993: 52) とまとめている。

伊藤による研究は、いち早くジェンダーのステレオタイプが現れやすいメディア表象 (representation) に注目したものだったといえるが、次の二つの点から再検討する必要があると思われる。簡単にまとめると、それは素朴な反映論となっていることと、サンプリングの妥当性 (あるいは恣意性) など分析方法をめぐる問題である。つまり、基本的な視座としてメディアでの表象が社会的な現実を反映しているという認識に拠って立っているが、それは妥当な問いの立て方なのだろうか、また、それぞれの時代における表象は果たして同時代を代表 (=表象) しているのか、それとは異なっていたり、対抗したりするような男性像はなかったのだろうか、という疑問が生じる。

ただし、同書の意義は男性性自体がアカデミズムでほとんど論じられていなかった九三年の社会状況のなかで、メディア文化を通じて形成される「男らしさ」にいち早く問題提起を行ったことにあったのであり、現在から遡及して分析方法の妥当性を問うのは筋違いな批判かもしれない。むしろ、その後、メディアにおける男性の表象それ自体や、そういった表象と社会的現実を理論的に結び付ける研究が続いていないことにこそ、問題の所在があるといえる。

このように、概観としてポピュラー文化をめぐる個別具体的な分析は不足しているといえるが、参照すべき研究もある。例えば、細谷実（2004）による映画評論家・佐藤忠男の研究の再評価である。細谷の論考は佐藤の着想に注目しながら、ポピュラー文化と男性性の生産・再生産をテクスト分析の次元でとらえようとするものである。これは、表象レベルにとどまるものではなく、テクストと社会の相互作用を対象にしたもっと射程の大きな視座であり、なおかつ素朴な反映論ではない様々なテクストの重層的な関連性(12)を問題にしている。

井上雄彦による人気マンガ『バガボンド』を例にとってみても、それには細谷が挙げているように①実在した宮本武蔵、実際に起きた出来事、当時の武士イデオロギー、②出来事の報告者の言説、③現在の制作者のイデオロギーの三つが折り重なっているだろうし、当然、吉川英治の原作に始まり、その後制作された宮本武蔵に関するテレビドラマや映画からも影響を受けていることになるだろう。これは、男性学以前の日本の男性性研究にも有用な視点が埋もれていることを示唆するものである。大まかな検討ではあったが、次にこれらの先行研究、あるいはその不在状況から浮かび上がってくる現在の男性性研究の問題点を挙げておきたい。

伊藤が、男性においては男性性を客観的に相対化する作業が弱いということを自覚していた（1996: 24）ように、ポピュラー文化を通した男性性の内在的な相対化の重要性には、伊藤、ないしは日本の男性学もある程度気づいていたといえる。問題は、男性学におけるCSそのものの包摂が不十分だった以上に、CSが提起した文化のとらえ方、ないしアプローチ（文化を通して社会を批判的にとらえなおすこと）との交渉・包摂が不十分であったということにあるだろう。自己相対化が弱かったとされる男性性研究が、ポピュラー文化の領域において理論的・実証的発展をみなかったのはまさにその証左である。これは、そのまま男性性研究が受け止めるべき課題である。(13)

今後の課題——三つのアプローチの統合

メディア言説をめぐる問題にはすでに触れたが、ポピュラー文化からみえる男性性をさらに詳細にとらえていくために、社会史、エスノグラフィを加えた三つの研究動向が男性性研究に示唆するものと、それらの抱える課題を確認しておく。

吉見俊哉は、CSが用いてきたテクスト分析を早い段階で文化研究の内部における仮想敵として位置づけ、日本の文化研究における社会史的研究の重要性を指摘した(吉見 1994:256–257)。その後、エスノグラフィ的研究(吉見・北田編 2007など)へと進め、近年もテクスト中心主義的な分析よりも、「生活する身体」から文化を読むことの重要性をあらためて強調している(佐藤・吉見 2007:21)。このような視点は男性性研究にも有用だろう。

しかし、いみじくも佐藤と吉見が同じ論文で、桑原武夫グループによるインタビュー、言説分析、質問票調査を組み合わせたマルチメソッドな大衆小説『宮本武蔵』の研究を評価している(2007:15–16)ことが示唆するのは、男性性を表象する様々な言説がありながら、その言説の分析が十分な形で行われてこなかったことである。筆者自身はまず、言説分析、あるいは言説分析理論の精緻化から取り組む必要があると考えているが、まずは社会史、エスノグラフィ、言説分析の三つのアプローチを、文化研究を通じた男性性研究の基軸とすること、そして「生活する」領域あるいは制度的領域にとどまらない、「遊ぶ」「楽しむ」「耽る」「はまる」といった動詞で表現されるようなポピュラーな領域での男性（あるいはその身体）の実践を検証していく必要があると考える。(14)

①社会史からのアプローチ

最近になって、阿部恒久ら（阿部・大日方・天野 2006a, 2006b, 2006c）や石谷二郎と天野正子（2008）によるまとまった社会史的な男性研究が出されたが、もともと日本の男性性の歴史的な構築をめぐる研究は少なくない。それは、かつての軍国主義と男性性の結びつきへの反省や、敗戦によるその日本的男性性の去勢という経験への問題関心の強さの表れと考えられる。例えば吉見も、戦後「パンパンが主導する新しい時代のアメリカニズムは、この国の軸心をなすナショナルな男性性にとって転覆的な脅威となった」（2007:109）としている。だが、これらの歴史研究の課題は、（一）戦中・戦後の男性性の構築が中心でその後の男性性とポピュラー文化をめぐる研究は少ない、（二）メディア表象と男性性の構築が反映論的に結び付けられていること、にあるといえるのではないだろうか。

（一）については、宮台真司ら（宮台・石原・大塚 1993）による青年マンガの表象を足がかりにした研究が示唆に富む。「青年マンガに男（の子）たちは何を期待し、何を得てきたのか」という問いに始まり、六〇年代の『男一匹ガキ大将』やスポ根もののマンガでは「真の〈男〉になること」が

「社会的上昇を果たすこと」に直結していたのが、その後『あしたのジョー』にみられるように個人的な課題の達成へと変化していくさまを指摘している。その後、七〇年代の青年誌では都市の疎外感からの解放を土俗的なものにみいだす傾向がみられた後、マンガ表象の上では「男らしさ」を担保するような「輝かしい〈外部〉」はすでになくなり、男に必要とされるのは洗練されたコミュニケーションの感受性だけになっていると分析している。この研究は、大枠として「世代」という変数に重点を置くことでやや単線的な歴史認識を取ってはいるが、(二)の点についてマンガのジャンルやその読者層、属性による読みの違いについて言及するなど、メディア表象と社会構造を結び付けた先駆的な研究として位置づけられる。

②エスノグラフィからのアプローチ

須長や多賀によって生活史研究への転回が行われたが、同時に行われるべきなのがエスノグラフィによるポピュラーな領域の研究である。ポピュラー文化は男性のむき出しの欲望や快楽、あるいは身体が交錯する「競技場」にほかならないからだ。

この方向性について有益な示唆を与えてくれているのが、難波功士(2007)によるサブカルチャー研究である。難波は日本の「ユース・サブカルチャーズ研究」の現状を指して「カルチュラル・スタディーズの流れと、社会学での下位文化の研究と、より一般的な若者(文化)論とが、ほとんど有機的に絡み合うことなく、別個の研究領域ないし、スタイルとして鼎立している」(難波2007:

40）という。これは、すでにみてきたように男性性研究とも前提を共有している。難波はそのような問題意識から、戦後からの「族」や「系」といった諸集団に注目する。「コンテンツのそれこそ内容分析だけにとどまることは許されず、そのコンテンツを当該サブカルチャーの成員たちがいかに受容し、利用しているのか、またその方法《ウェイズ》がいかに成員間で共有されているのかといった、人々の諸実践が問題となってくる」（難波 2007:12–13）というように狭義の言説分析に重点を置いていないのも特徴である。考察をまとめた表（難波 2007:83）から読み取れるのは、単線的で発展史観的な「男性性」の変容ではなく、まさにジェンダーの「多元的変動社会」（多賀 2001）である。難波による研究は、ジェンダーや男性学に特化したものではないが、多様なアプローチを組み合わせて、メディアを媒介とした諸集団を内在的にとらえていること、およびその集まりにおける身体技法やメディア接触に特に重点を置いている点で非常に重要である。

③言説分析からのアプローチ

筆者はかつて日本のメディア言説分析の課題として、ノーマン・フェアクラフ（Fairclough 2003）の（一）テクストと相互作用（それぞれのテクストの関係性）、（二）言説の秩序の構造（言説による歴史的な構築）の二つの視座を紹介した（岡井 2004:27–28）が、これはポピュラー文化研究の課題として先行研究から浮かび上がってきたものとも一致しているといえよう。個々の表象、あるいはテレビ番組やCMなどを点で論じるのではなく、それらがつながり、線や塊になって構造化していくなかで男性性がどのようにつくられてきたのか、またその言説が社会・文化といったマクロな構造とどのように関係しているかを問う広義の「言説分析」が必要だといえるのである。

前述したように、メディアの表象への言及はまったくないわけではない。すでに触れた伊藤によるものを含め、雑誌アクロスの編集室による『気持ちいい身体』のなかの「男の戦後体毛抹殺史」（宇井・アクロス編集室 1996）、『クィア・ジャパン』が「メイルボディ」として特集した際の「寝てみたい男の系譜」（森村 1999）、「少女マンガが愛でる男のカラダ」（藤本 1999）、齋藤孝（2003）による『スポーツマンガの身体』などにも興味深い記述がみられる。しかし、これらは男性（あるいはその身体）をめぐって、あくまでも好事家による「読み物」であり、厳密な意味での社会科学的な言説分析ではあり得ない。それは、分析対象のサンプリング、分析単位、分析カテゴリーの設定といった分析方法が明示されていないという方法論的な問題とともに、個々の表象とマクロな構造との関連をとらえ得るものでないからである。(15) それでは、言説分析からのアプローチはどのような問題設定を行えばいいのだろうか。

まず重要なのはメディア言説と社会変容の関連をどのように理論付けるのか、ということである。

「わんぱくでもいい、たくましく育ってほしい」

筆者自身のメディア経験を思い起こすと、小学生の朝、学校に出かける前に必ずやっていたこのテレビCM[16]が脳裏に焼きついている。一日の始まりに、何となく「男は少々悪くてもいいんだ」というメッセージをこのCMから抱いて、学校へと向かったことを記憶している。この読みは、このCMのメッセージの支配的なコードに沿った読みだといえるだろう。しかしながら、CSのスチュアート・ホールがエンコーディング／ディコーディングモデルで示した（Hall 1973）ように、当然ほかの読みももちろんあっただろうし、そのような言説がその当時の支配的な言説だったかどうかも分からないということを念頭に置かなければならない。言説分析の困難さはそこにある。個人的な経験から出発するメディア表象のインパクトについて言説と社会との関連を説明するためには、さらなる理論的検討が必要である。フェアクラフ（Fairclough 1992）は、*Discourse and Social Change* で言説自体のマクロな構造変化と個別の言説による現実の構築という二つの側面からアプローチするという方法を示したが、メディア言説の分析だけから社会構造の変容を説明するのには限界があるのも事実だろう。

さらに、身体表象の影響をいかにとらえるか、といったことも課題になってくる。狭義のものであれ広義のものであれ、言説分析はその理論的射程として、個々の身体の表象がオーディエンスに与える影響をとらえられない。しかし、ダイエットや拒食／過食などをめぐる社会学的な調査研究においてさえ、その多くが、「メディア表象がオーディエンスの身体イメージに直接的な影響を与える」という素朴な弾丸効果論となっている。メディアにおける男性身体の表象がオーディエンスにどのような影響を与えているのかは、一般化され脱人称化された「オーディエンス」という概念に依拠する限り、みえてこないのではないだろうか。これは、マクロ―ミクロを組み合わせた精緻な言説分析とともに、様々なポピュラー文化の担い手の研究の蓄積といった両面から探究していく必要があるだろう。

4　快楽の内在的な探究へ

最後に「ポピュラー文化から男性性をみる」ことの持つ意義を再確認しておこう。これまで焦点化されなかった男性文化にアプローチし、特に「ポピュラー文化からみる」ことで、男性性のこれまで知られていないありようや、その複数性・多様性が具体的にどういうものかが、あらためてみえてくるに違いない。

しかしそれ以上に重要なのは、男性性がポピュラー文化を通じて構成されるプロセスやそこにおける構造を析出することである。前節における社会史、エスノグラフィ、言説分析の三つアプローチの検討からあらためて導かれるのは、極めてシンプルな結論である。つまり、これらが対象にするものが、それぞれに独立しているものではないということであり、この三つを相互に連関させながら対象の理解を進めることの重要性である。社会史研究はメディア表象ともかなり重なっている。難波の研究が示しているように、言説分析は、マスメディアの表象だけを対象とした狭義の言説分析ではなく、雑誌のようなサブカルメディアや、日記やメモからメディアへの投稿、談話などすべての「語られたもの」を対象としていくべきである。

このような研究から得られる知見は、必ずしも男性内の問題に閉じたものではなくて、女性との関係性、その非対称性を問い直す契機を含むものであるだろうし、男性性の実証的な研究を通じた社会学的研究への足がかりともなるに違いない。「男だってつらいんだよ」と嘆く（犠牲者化）のでも、また「男だっていろいろ違うんだ」（多様性）と主張するのでもなく、ポピュラー文化の表象、または、それらの制作者あるいは視聴者、ファンといった担い手のありふれた日常のなかにある「男らしさの快楽」を内在的に探究し、特定の文脈での男性性のありようをとらえ直していくことこそが必要であるといえる。

注

（1）もちろん、この場合生物学的な意味での身体ではなくて、社会的構築物としての身体を指している。

（2）マッキネスがいう「男性性の終焉」とは、「男性性」が男性に特権的なジェンダー・アイデンティティである時代が終焉し、夫や恋人、労働者としてのアイデンティティへと変容したことを指している。

（3）なお、他の章はこの通りではない。

（4）例えば、モテるかモテないかという価値基準でみた場合、小谷野敦（1999）が主張する「もてない男」よりも「ブサイク」「デブ」「ハゲ」「チビ」といった身体的特徴を伴う方がより劣位にあるのではないだろうか。

（5）　ここでは日本の男性性に関する研究を網羅することが目的ではなく、ポピュラー文化から男性性をとらえることに重点を置いているため、近年の動向に限定した。

（6）　一九八〇年代後半以降の流れについてはこの文献に詳しいため参照してほしい。

（7）　誤解を避けるためにあえていえば、それは男性性に内在する抑圧性を称賛したり、過去の男らしさを復権させようとしたりするものでは決してない。さらにいえば、渋谷知美（2001:75-77）が行っているようなフェミニスト的視点からの男性学批判は、日本の男性研究に通底する問題を鋭く指摘しており、無視して進むことはできない。その主張は大きくいって次の二点、（一）（脱鎧論的な）男性の被抑圧性の過度の強調が、制度面で男女の非対称性を無視した「男性の犠牲者化victimization」に陥る危険性があること、（二）男がその内部の「複数性」を追求する間は、女性や性的マイノリティなどの「外部」からの問いが無視される、ということに集約される。確かに、欧米の研究の動向からも確認したように、男性の犠牲者化への囲い込みや男女の非対称性という視点を意識しない男性性研究は、自己肯定の言説としてしか存在し得ないものとなるだろうが、そうはいっても渋谷のようなラディカルな立場を取れば、男性性からの研究の広がりやその可能性をすべて否定してしまうことになるだろう。

（8）　近年、スポーツ・ジェンダー論など、これらとは違う領域における男性性をとらえようとする研究が出始めている。例えば、飯田貴子・井谷惠子編 2004、阿部潔 2004 など参照。

（9）　バダンテールは「犠牲者化」を「自らをまず犠牲者として定義する態度」とし（Badinter 2003=2006:200）、そのような態度が「女性のジェンダーを犠牲者にすることで、実際に女性がおかれている状況とフェミニズムの言説をひとつの陣営にまとめることができる。文化的差異や社会的かつ経済的な多様性という厄介な問題をいとも簡単に消し去れる魔法の杖のようなものだ」（Badinter 2003=2006:vii）と論じている。

（10）ヴィンセント・風間・河口 1997、『現代思想』一九九七年五月臨時増刊号における特集「レズビアン／ゲイ・スタディーズ」など。

（11）例えば、セックスワーカーの研究はあっても、利用する男性の研究が極めて少ないことはそのことを示唆しているし、二〇〇三年から続いているCSのイベント「カルチュラル・タイフーン」でも、ウェブサイトで確認できる範囲では男性性はテーマに上がっていない。

（12）現在、使われている相互テクスト性（intertextuality）の概念に近いといえるだろう。

（13）また、男性学に限らず日本の文化研究におけるCS受容の特徴の一つは、CSが用いたテクスト分析の重要性を低く評価してきた点である。これにより、その後、記号論、言語学などの知見を吸収して発展した言説分析の導入、その理論的・実証的研究の展開が著しく立ち遅れたということにも触れておかなければならない。このあたりの経緯やその後の言説分析の発展については岡井（2004）を参照。

（14）なお、本書全体についていえば、事例研究の多くは社会史とエスノグラフィのアプローチを採用しており、言説分析のアプローチからの研究は今後の課題として残していることは付記しておかなければならない。

（15）また、これらの系譜学的な読み物は、例えば、日本の男性の理想とされる身体が長嶋茂雄のように胸毛に覆われ、筋肉質なものから、体毛も筋肉もない中性的なものへと単純に移行しているというような単線的な発展図式を取る傾向が強いが、現実はそう単純ではないだろう。

（16）一九七〇年代から放送された丸大食品のハムのCM。

第Ⅱ部　自己＝身体性——男たちの自己鍛錬

第三章　部族化するおしゃれな男たち
——女性的な語彙《ごい》と「男らしさ」の担保

谷本奈穂・西山哲郎

1　「男らしさ」とおしゃれの微妙な距離

しばしば語られることであるが、ファッションはその人のアイデンティティ構築と深く結びついている。デザイン評論家の柏木博は、「わたしたちのアイデンティティは、前もって存在しているわけではなく、自らが欲するイメージを可視化する衣服によって規定されている」（柏木 1998:18）とさえいう。彼によれば、衣服は、わたしたちの身体の表面を覆っているものでありながら、集団や自己に向けて、自らを対象化させる装置にもなるのである。

では「男らしさ」とファッションとの関わりは、どのようなものだろうか。現在でこそ、男性のおしゃれに対する抵抗感は薄れてきたが、「男性はおしゃれをしなくてもよい」という社会的圧力は広く長く持続してきた。例えば、美術史家のアン・ホランダーによれば、十九世紀以降、外見を飾ることに気をとられている男性は、「女々しいやつとして軽蔑の対象になっていた」(Hollander 1994=1997:98) という。また、彼女は次のようにも語っている。少し長いが引用したい。

世の女性たちはといえば、生活や収入や考え方に応じて、「ファッション」を一途に取り入れる人もそうでない人もいる。しかし、気に入らなければ無視して構わないが、女性であるからには「ファッション」に堂々と参加できる権利を持っているのであり、その権利だけは常に確保しておきたい、と思っている点では彼女たちは変わるところがない。

一方、「メンズ・ファッション」はファッションのなかの一小党派とみなされ、男性服はいわゆる「ファッション」界に直接参加していない。そこには「ファッション」につきものの華やかな響きもほとんどないので、現在では、「メンズ・ファッション」を女性服と同等の立場に押し上げ、もっと大衆が沸き立つようなものを作り出そうとする動きも見られる。しかしまだまだ先は長そうだ。多くの男性は、近代の慣習に従い、「メンズ・ファッション」のショー・ビジネス的な側面を心安らかに無視し、「メンズ・ファッション」を自分たちが着用できると思うどころか、それが自分たちをターゲットにしたものとすら感じていない。「ファッション」とはごく一握りの軽薄な男が関心を寄せるもの、という感覚が一般的だ。(Hollander 1994=1997:18)

ここで、ファッションという領域には、ジェンダーによる差異があることがわかるだろう。服装や髪型にあれこれと気を配ることは、女性に特有の振る舞いとみなされ、それゆえ、そのような振る舞いは女々しい＝男らしくないとみなされるというのである。

こういった事態は日本でも同様であった。一九五九年に、資生堂は男性用化粧品の広告で、「オシャレね、男のくせに……もうひと昔前のコトバです」というコピーを使っている。この広告が示しているのは、表面的なメッセージとは逆に、この当時、男性のおしゃれに対する違和感が一般的にはあったという事実である。

一九八五年に入っても、カネボウの常務・遠入昇は、「男のおしゃれイコール軽薄人間という日本人の通念は、なかなか改まらない」と嘆いている（朝日新聞一九八五年十月三日付夕刊）。一九八〇年代といえば、DCブランドが流行し、男性のファッション誌が増え、若い男性が人気ブランドのバーゲンに殺到したこともニュースとなった時期である。にもかかわらず、男性のおしゃれに対する抵抗感が、まだまだ根強くあったことを、彼の言葉は教えてくれる。いや、むしろ抵抗感が強いために、若い男性がブランド店に列をなす様が、驚くべきニュースとして報道されていたといえるだろう。

もちろん、今となっては、男性のおしゃれを訝しむのは時代遅れである。しかし、そのような風潮がまったくなくなったかというと、そうではない。二〇〇五年にもファッションデザイナー・コシノヒロコが「日本のビジネスや政治の世界では、おしゃれを考えることは『男らしくない』と、妻任せにする人も多い」と述べているほどだ（読売新聞日曜版二〇〇五年七月三日付）。髪型や服装に細やかな心配りをする男性が、「あの人は男らしいよね」と評されることは依然として少ない。つまり近年になっても、やはり「外見にこだわる＝男らしくない」というイメージは潰えておらず、外見にまつわる「男らしさ」は、むしろ髪型や服装を気にしない態度と結びついているといえるだろう。実際、服装に苦心する男性が「女々しい」と評されることも、なくなってはいないといえる。

こうして「服装などにこだわり着飾ること」と「男らしさ」が相反するようになったのには、それなりの歴史的背景がある。本章の構成として、まずこのようなイメージの連合が醸成されてきた経緯を概観する。次に、「おしゃれ」と認められている男性の声を紹介し、最後に、現在における「おしゃれ」と男性性の関係について考察したい。

2　男性の灰色化

服装の近代化

先述のホランダーの解説からもう一つわかるのは、おしゃれをする男が軽薄で女々しいというイメージが、十九世紀以降の「近代の慣習」であるということだ。実際にホランダーは、近代以前は、男性も女性も外見を飾り立てていたが、近代以降では女性だけが装飾に固執する特権を持ち、また装飾を義務とするようになったと指摘している。

また、ファッション史の通説でも、同様の説明がなされている。それらによれば、近代以前、男性と女性は似たような服装をしていたり、あるいは男性の方が着飾ったりしていたという。だが、十九世紀半ば以降、テイラード・スーツの登場とともに、男性服は簡素化した。このときから、女性が色鮮やかな洋服やアクセサリーをつけるのに対し、男性は地味で目立たない洋服を着るという、現代まで続く分かれ道ができあがったとされる。ファッション・ジャーナリストの日置久子の言葉を借りれば「大革命以後、男女の服装は近代化され、男性服は現代服に直行したが、女性のほうは貴族服調に逆行」(日置 2006:ii) したのである。

男性はファッションの華やかな世界から撤退し、女性がファッションの世界の中心となったと言ってもいい。ファッションが華やかになっていく流れに逆らって、「男性がそれに抗議でもするかのように単にファッションの舞台から降りた」(Hollander 1994=1997:34-35) というわけである。この事態を、例えば、男性服改革運動家のJ・C・フリューゲル (1966) は「偉大な男らしい断念」と呼び、ヒューマン・エソロジーの提唱者I・アイブル＝アイベスフェルト (1967=1979) は「男の灰色化」と呼んでいる。

アイブル＝アイベスフェルトによれば、男性は「現代のこの雑踏の中で、髭をそりそして灰色のフランネルの上着を身につけて、より摩擦の少ない生活をおくっている。ところがこれに対して、女性は、彼女たちの〝見せびらかし〟が人々の絆をつくり上げるという働きをもつが故に、魅力を強調し、きらびやかなよそおいをすることが許される」(Eibl-Eibesfeldt 1967=1979:634) という。そして、彼は別の著作で、この事態を「男の灰色化」と名づけたのであった。

> われわれはすべての文明において、男の「灰色化」の過程を体験する。男の衣装は簡素になり、男の飾りは退化し、武器はまったく捨てられる。自分を誇示する気どりでさえ、社会的軽べつを受けるようになる。(Eibl-Eibesfeldt 1970=1974:322)

こうして、近代において男性のファッションが簡素化していったこと、そして、それを背景に「おしゃれ=女性=男らしくない」というイメージが浮上してきたことがわかる。もっとも「灰色化」こそがおしゃれであると考える論者もいる。[1] 確かに、おしゃれという言葉には、服装や髪型にあれこれと気を配るという意味と、他者からかっこいいと評価をされるという二重の意味がある。(後者の) 評価という意味で使用するなら、男性服の簡素化は近代化の過程であることから、灰色化をおしゃれな (=革新的でかっこいい) ものとして肯定的に論じることもできよう。だが、本章にとって重要なのは、そのようなことではなく、「おしゃれ=男らしくない」というイメージが浮上した背景がどのようなものかを概観することである。したがって、ここでは、近代という時代において、男性が「灰色化」したこと、同時に男性のおしゃれに否定的なイメージが登場したことを押さえることが重要となろう。

日本における服装の近代化

先ほど、ファッション史の通説として、近代以前は「男性と女性は似たような服装をしていたり、あるいは男性の方が着飾ったりしていた」と述べたが、見方を変えると、「服装が華美になるか／質素になるかは、性差ではなく身分差に左右されていた」ともいえる。

これは西洋だけの話ではなく、日本でもそうだった。公家については、武田佐知子（1998）が、男性貴族もおしろいを塗り、紅をさしていたと指摘しているし、武家についても、小宮木代良（2003）が、大名、旗本クラスの身分が高い者は、格式として「錦」を含んだ壮麗な服装を要求されていたと述べている。一方、百姓、町人は、たとえ富裕であっても華美な服装をすることが戒められており、たびたび禁令が出ては、大庄屋や豪商の奢侈が取り締まられていた（福田 2003）。ここでは身分差が重要である。

ところが明治時代になると、鹿鳴館の開設を契機に、それまで家の奥に押し込められていた身分の高い女性は、表を着飾って出歩くことが求められるようになったのに対し、男性は、大臣から国会の事務員まで、公式の場で燕尾服やフロックコートなどのフォーマルウェアを着るようになった。つまり身分差より、性差による服装の差異が目立つようになってきたのである。その結果として、服飾史研究家の高橋晴子によると次のような事態になった。

> わが国の近代の男子服の推移は、フォーマルウェアを語ることによってほぼ尽きる、とさえいえるのである。管理社会に生きてゆくためのお仕着せを、自分の金で買っていたという見方もでき、ファッションについての意識など、少なくとも着るひとの側の念頭にはなかったろう、ということがひとつの特色である。（高橋 2005:212）[2]

男性たちはファッションを意識せず、管理社会の中で、いわば仕事着を着こむというわけだ。さらに、日本では、西洋のフォーマルウェアがもっていたダンディズムや遊びの性格は限りなく希釈され、むしろ富国強兵に邁進するためのユニフォームとしての性格が強調されることとなった。フォーマルウェアでも、ダンディズムに結びついた夜の遊び着であるタキシードが、日本では不人気であったという。

> 日本人のフォーマルウェア観にはそのような理解も感覚も欠落していた。日本人が礼装にいだいてきたのは基本的に恭敬の感覚であり、慎みの念であった。（高橋 2005:220）

したがって、西洋における服装の近代化は、日本においても起こったといえる。それどころか、西洋以上に「灰色化」したとさえいえるのである。

勤勉に働きうる身体

服装の近代化とともに、男性の服装は簡素化した。日本でも男性服の変化が「フォーマルウェアを語ることによってほぼ尽きる」ような状況となった。いいかえれば、それらはつまり、男性が「働く身体」として浮上してきたということではないだろうか。

心理学者の渡辺恒夫によれば、男性の灰色化は、近代市民階級が、「男は美しくなくとも良い」という思想をひっさげて、歴史の表舞台に登場してきたことに起因するという。近代になって彼らが台頭することで、その価値観が世間に広がったというのである。

そして、以後、男性の流行《モード》というものも消滅し、モードといえば女性のそれに限られることになる……男性は、たぶん、近代産業社会建設のための機械化兵士《サイボーグ》として選ばれたのだ。（渡辺 1986：177-179）

ここでの「近代市民階級的な価値観」とは、地味で目立たない洋服を着て「その他大勢」の中に埋没すること、外見を飾り立てず、機械化兵士として勤勉に働くことを良しとする価値観にほかならない。それは別の言い方をするなら、「中産階級の中庸の美学」と呼ぶべきものである。

この価値観は、次のような言葉にもみいだせよう。「男のおしゃれってのは、身につけるもののことより、いかに鍛えたいい体かとか、財布の重さとかの問題じゃないのかなあ」（作家・深津佑介の言葉、朝日新聞一九八九年十月二十一日付夕刊)。わたしたちは、このような言葉を、日々の生活の中で時々耳にする。男性にとっては、外見に気を配ることより、身体を鍛えたり、働いて稼いだりすることの方が重要であるという意識は、一般的にみいだせる。

身体を鍛錬することも、しっかり稼ぐことも、「勤勉に働くことのできる身体」が前提とされるはずである。おしゃれに気を配る男性よりも、働く身体を持つ男性の方が「男らしい」と評される地盤がここにあるといえる。

3 おしゃれな男

灰色化の拒否

前節で語った経緯があるにもかかわらず、その後の高度経済成長と、その随伴現象である消費革命の展開によって、次第に情勢は変化していく。昨今の男性には「灰色化」を拒否して、「おしゃれ」を目指す者が増えてきている。ここでは、そうした男性の意識を考察していきたい。問題は「誰をおしゃれな男性とみなすか」ということである。先に述べた通り、おしゃれに二重の意味があることから、本人がおしゃれ好きである(服装や髪型に気を配る)ことと、他者からおしゃれだと評価されることの、二つの条件は最低限みたす必要があろう。

前者のおしゃれ好きは分かりやすいが、後者の他者からおしゃれだと評価される人を誰にするかを決めることは、実際のところ難しい。おしゃれだと判断する基準は、人によってまちまちであるからだ。これに対し、中村由佳は「ファッションが伝播していくプロセスに目を向けると、最先端のファッションを志向するファッションリーダーたちと、それに追随する層、最後に流行が伝播する大衆層に大きく分けることができる」（中村 2007:186）という。中村はそれを「お洒落階級」と名付け、ある種の階級のような区別ととらえている。この指摘に基づくなら、例えば、雑誌にファッションリーダーとして掲載されるような読者モデルは、時代のエートスに変化を促す「お洒落階級」の上位者と考えることができるだろう。彼女の指摘にしたがって、本章では、「おしゃれ」とされるインフォーマントとして、読者モデルやセミプロのモデルを選ぶことにする。その上で、自らも「おしゃれが好きだ」と公言する人物をインフォーマントとした。彼ら（A〜Dさん）は、「おしゃれは好きですか」との問いに、異口同音に「好きだ」と答え、洋服や髪型の雑誌モデルを有償で行っている人たちである（詳細は注を参照のこと）(3)。

インフォーマントの数が少数であることから、本章でのインタビューをもって、おしゃれな男性の意識を一般化することは困難である。しかしながら、彼らの発言内容には特定の共通性があり、本章ではそれをおしゃれな男性の意識とする仮説を提示したい。

まず、彼らには、「中産階級の中庸の美学」すなわち「目立たない洋服を着てその他大勢に埋没すること」を、厭う心性がみられた。Cさんは、制服と私服の両方が可能な高校に通っていたが、毎日私服で通っていたという。

Cさん：一応、制服はあったんですけどね。あまり着てこないです、何か地味なグレーの、普通のものだったので。

このCさんの発言は、まさに「男性の灰色化」を拒否する象徴的な言葉であろう。

自分を生かすおしゃれ――女性的な語彙

このように、服装や髪型にこだわる彼らの意識は、どこに由来するものだろうか。おしゃれとされる男性たちは、具体的に何にこだわり、どういう意識でおしゃれをするのだろうか。インフォーマントにおしゃれに関する意識やこだわりなどを尋ねたところ、ある共通の語彙《ごい》が現れた。それは、「自分の中での決まり」「自分を生かすこと」といった、「自分」を意識している言葉であった。また「流行」や「同性」といった言葉も散見された。これらの「動機の語彙」は、論点を先取りすると、女性が身体について語るときの語彙と非常に似ているのである。

Aさん：昔から（ファッションが）すごい好きだったので、たぶん自分の中でどんなのがいいとかもう決まっているというか、あるんですよ。

谷本：それは着心地とか、そういう側面とはまた違う？

Aさん：そうですね。

谷本：見た感じなんですか？

Aさん：見た感じです。

Aさん：流行は、今、何がはやっているのかは、すごい気になります。

谷本：Bさんが髪型で何かコア（＝核）にしていることはありますか。

Bさん：顔がちょっと長めなので、（髪を）短くしたらすごい（顔が）長くなるので、若干周りを大きく頭（髪）の量を増やすことで、顔をちょっと小さめ（に見せる）というか。

Bさん：ワックスでも、いろいろな種類がある。高いやつもあれば、安いやつもあったりするので、そういうのでちょっと高めの、ワックスを買うようになったりとか。（中略）あと、自分の髪質がちょっと硬めなので、堅いワックスをつけたら、髪の毛が重くなったりとか、そういうのにちょっと気を使うようになって、自分に合うワックスを、美容師さんに聞いたりとかしました。

谷本：おしゃれで心掛けていることとかありますか。好きなショップでもいいですし。

Cさん：僕は、あまり決まったショップは行かないですけど。できるだけ、身長も高いというのもあるので、それを生かせるように、細く長くするとか……

谷本：（Cさんは身長一八二センチ、体重六一キロであるのに、さらに）細く長くみえるような服を選ぶんですか。
Cさん：だいたい、そうですね。別にそんなに高いブランドとかも、欲しいわけでもないので、値段と見た目のバランスが、いいものというのを先に。（中略）一番は、やっぱり自分のためですかね。ストレスを発散できたり、おしゃれをして、何か気分も上がったりというところですし。同じぐらいで、やっぱり自己表現ですかね。
谷本：自分が気に入っているおしゃれをして、例えば褒めてくれる方がいたとして、どの人になられしいなって、特に思いますか。
Cさん：それは、やっぱり同性ですね。だいたい年代が、同じぐらいの人がうれしいですね。ちょっと年が離れちゃうと、世代が変わると、おしゃれも変わって。
谷本：Dさんのこだわりは、どこら辺にありますか。
Dさん：ベースはもう細身というか、『MEN'S NON-NO』系というか、堀江（＝地名）系になるんですかね、今やったら。そういう着崩すじゃなくて、きれいめをちょっとアレンジした感じをベースにして、どこか一個だけ他（の人）と違うみたいな。
谷本：その細身系が好きになった、きっかけとかはありますか。
Dさん：体型です。

谷本：めちゃめちゃ細いですね。

Dさん：細いです。

谷本：細いから、その細身の服が似合うんですか。

Dさん：そうですね。肩幅と足の細さと身長で、あとは顔の感じで服を選んでいて、いろいろやったんですけど、今の堀江ぐらいの服が、一番似合いやすいですよ。

谷本：じゃあ、いろいろ試した結果ですか。

Dさん：結果、自分に似合う系統の、服になっていったという。

谷本：それがきれいめでちょっと細身の服だなと？

Dさん：自分のスタイルを生かしたファッションが、何とかできるんじゃないかという。

ここで注目したいのは、彼らが着飾る際に、異性を中心とした他者ではなく、自己を意識していることである。それは、自分の髪質に合うもの、身長が高くスリムな自分の身体に似合うものを着ようとする意識である。あるいは、流行や同性を意識していることである。このような身体観は、ある意味で「女性的」といえる。というのも、筆者たちは二〇〇三、〇四、〇五年に大学生を対象としたアンケートを行い、普段、身体に加工をするのはなぜかということを尋ねた[4]が、そこでは「自分らしくあるため」「自己満足のため」「流行に乗り遅れないため」「同性から注目されたいから」という回答は、主に女性から得られたからである。それらの詳細は、谷本（2008）に詳しいが、

表3-1　「あなたが身体加工をするのはなぜか」のジェンダー差

	男	女	χ^2値
1　同性から注目されたいから	17.3	34.6	29.205***
2　流行に乗り遅れないため	16.7	24.6	7.052**
3　異性にもてたいから	45.6	21.9	48.272***
4　好きな人に好かれるため	38.8	48.4	7.062**
5　自己満足のため	57.8	74.0	22.158***
6　自分らしくあるため	36.8	48.4	10.333**
7　自分の中身を変えたいから	16.1	20.1	2.024
8　イメージチェンジをするため	19.3	31.4	14.668***
9　精神安定や癒しのため	14.7	18.5	1.898
10　人に笑われないため	28.3	25.8	0.614
11　清潔感を保つため	42.8	34.2	5.958*
12　その場にふさわしい身だしなみのため	44.2	46.9	0.570

注）表の値は各項目が選択された割合を示す（%）
N=765（*** p<.001, ** p<.01, * p<.05）

本章でも必要なところだけ紹介しよう。

人が整髪などの身体加工をする理由として、十二個の項目を挙げると、その回答には、明らかなジェンダー差が存在した。分析の結果は表3－1で示された通りである。

p<.001、p<.01である項目に注目すると、男性は「異性にもてたいから」、女性は「同性から注目されたいから」「自己満足のため」「自分らしくあるため」「イメージチェンジをするため」「流行に乗り遅れないため」に、身体になにがしかのアレンジを加えていることがわかる。端的にいえば、男性は「もてる」ため、女性は「自分」のためや「同性」「流行」のために、身体を飾るのだ[5]。だとすれば、自己・流行・同性を意識するおしゃれな男性たちは、むしろ一般的な女性の意識に近いことがわかる。

さらに、谷本は美容整形（プチ整形を含む）経験者の女性にインタビューを行ったことがあるが（谷本

2008参照)、そこでの女性たちとも彼らの語りは共通している。美容整形経験者の彼女たちは、他人の言葉とは無関係に、「自分の中でいいな」と思う外見を目指し、美容整形を「素の顔に味付けしたみたいな」ものであるといい、自分らしさを「自分がもってるテイストが〝キレイ〟に出てる状態」であるという。彼女たちの語る「自分」と、おしゃれな彼らの語る「自分」では、「自分の中にあるこだわり」を大切にし、「自分の特長を生かすこと」を心がける点に共通性がある。
したがって、おしゃれな男性には、女性のもつ身体観に近いような意識がある、と主張することが可能である。「おしゃれ＝男らしくない」というイメージ通りであると、とりあえず主張できるだろう。

化粧の拒否――「男らしさ」の担保

しかしながら、一見すると女性の身体観に近い彼らには、他方では、外見に関する「男らしさ」への強いこだわりがある。それは同性が化粧や美容整形をすることへの拒否感である。彼らは、異性であれば、化粧や美容整形を歓迎する。例えば、中高年女性が化粧をしたり美容整形をしたりすることについて尋ねてみたところ、次のように答えている。

Aさん：女性って、いつまでたっても美しくなりたい願望というか、そういうのがあると思うので、やっぱりそんなので（＝美容整形などで）人生が楽しくなるんだったら、ぜんぜん、いいんちゃうかな。

Bさん：女性なら美しくなりたいという気持ちは、誰でもあると思うんですけど、それは年をとってても若くても、あまり関係ないと思うので、僕はむしろもっと（美容に）進んでくれた方がいいみたいな。

Cさん：僕は、すごくいいと思いますね。それで気分が変わると、生活もやっぱり変わるというか。その人にとって、コンプレックスが一個一個なくなることで、すごい明るくできたりとか、気にせず自分を出したりというのができるというのは、すごくいいことだと思いますね。

Dさん：みんな、どんどんしていった方が（いい）。（中略）何か、人としてなんですけど、自分をある程度、高いレベルの状態でもっておいてほしいというか、何ていうんですか、そうあるべきじゃないか、みたいな。

しかしながら、このように女性の美容整形や化粧については、年齢を問わず賛成していた彼らが、同性（特に友人）の美容整形や化粧となると答えが一変する。彼ら自身は写真撮影やショーのために化粧をすることがあるにもかかわらず、普段から男性が化粧をすることには否定的な目を向けている。したがって、彼らの中に特定のジェンダー規範が存在することがわかる。

谷本：男子が美容整形するというのはどうですか。

Aさん：いいと思います。でも、その、いいという理由は、別に否定をする理由もないかな、と。
谷本：友達がするといったらどうしますか？
Aさん：友達ですか。友達だったら止めるかもしれないです。「何で？」とまずは聞いて。
谷本：それは整形ではなくて、例えば「メークをする」と急にいっても「何で」という感じになりますか。
Aさん　それはもう思い切り思いますね。「何で？」と。
谷本：最初はちょっと止める？
Aさん：止めます。
谷本：「俺はマスカラをつけたいんや」とやりだしたらちょっと引く？
Aさん：引きます。「やめとけ」といっていると思います。でも、それが女性の方に目覚めて男が好きになったとかだったら、それはそれでいいと思うんですよ。でも、何かつけてみようと思うんだったら、たぶん気持ち悪いと思いますね。
谷本：男の人も化粧をしたりとか、整形をしたりとか、そういう風にするのはどう思いますか。
Bさん：僕は、あまり賛成できないですね。
谷本：それは、理由がありますか。
Bさん：何か僕の勝手なイメージなんですけど、化粧というのは男性がする感じではないかなという。
谷本：じゃあ、若い男の子が整形をしたいとか、メークをしたいというような風潮は、どうですか。
Cさん：僕はちょっとわからないですけど、たまにそういう人がいますね。
谷本：例えば、仲良しのお友達が、目を二重にしたいといって。まず、それをいわれた時には？
Cさん：すぐ「いけない」といいます。そんなのをしたら。
谷本：やっぱり男の人は、そんなに外見をいじらなくてもいいですか。
Cさん：そう思います。
谷本：友達に「化粧をしたいんだけど」っていわれたら「何で」とか聞きますか？
Cさん：女の人だったら化粧をして、すっぴんと化粧が全然違う人もいるので、そういう意味では、整形も一緒だと思いますよね（笑）。男ってなると、あまりそこ（外見）は気にしなくても、キャラクターでいろいろなタイプがあると思うので。
谷本：男性は、キャラで勝負できるんじゃないかってこと？
Cさん：できると思います、見た目がどうこうよりも。
Dさん：（男性の化粧に）驚きはするでしょう。ゲイバーとか連れて行ったら、参考になるで、って。

彼らは、一方では「灰色化」を拒否し、自分の個性を生かすファッションを心がける。しかしながら他方では、化粧や美容整形を「男がするものではない」という理由で忌避する。こうして、おしゃれな男性の中に、確かに女性的といえるような語彙で形作られる身体意識を発見すると同時に、伝統的といえるような「男らしさ」へのこだわりが併存していることもみいだせた。(6)

おしゃれな男性は、女性的語彙を使用しながら、「男らしさ」も担保していたのである。従来「男らしくない」と言われがちなおしゃれに気を配るにもかかわらず――というより、だからこそ――男らしさをどこかで担保する必要があるのかもしれない。

4　同質社会性――小集団化するジェンダー意識

本章では、「男性はおしゃれをすべきでない」という風潮の存在を確認し、そうした主張が生じてきた背景を考察してきた。そして、実際に「おしゃれ」とされている男性たちの語りに耳を傾け、そこに女性的といえるような身体意識と、男性的といえるような身体意識が両立することをみいだした。ここで論を閉じてもよいが、さらに議論を展開させることにしたい。以上のような(ジェンダーに関わる)身体意識のありようが、どのような社会背景から生じているかを検討するためである。

似たもの同士の友人関係

さて、こうした今のおしゃれな男性のメンタリティを、どう理解したらいいのだろう。彼らの行動規範は、「灰色化」を目指した近代の男性規範とは、異なったものとなっている。

確かに、日本の近代（前期近代）においても、大正時代の「モボ・モガ」や、昭和三十年代の「太陽族」や「みゆき族」など、「灰色化」に抵抗した小集団は常に存在していた。しかし、彼らの卓越化戦略は、結局は購買能力の豊かさに還元できるものであって、社会階層のどこかに自分と他者を位置づけることで、社会の一員としてのアイデンティティ獲得を目指していた。

これに対して、一九六〇年代後半のヒッピー文化にはじまるサブカルチャーの発展は、水平的な差異化を狙いとするものであった。つまり、経済的貧富の差ではなく、ライフスタイルの違いによって、人々は自己の存在を主張するように変わってきたのだ。こうした自己の差異化戦略は、八〇年代のバブル景気に乗って記号論的な洗練を加えられ、やがて「分衆の時代」が宣言されるに至った。

分衆という視点から注目すべきは、彼らが、単に自分が化粧をしないというだけではなく、友達がすることを止めるという発言をしていることである。おしゃれな男性にとって、「同性の友人」は自分と同じ意識をもっていることが前提とされていることである。異性である女性や、（場合によっては、赤の他人であれば男性でも）化粧や美容整形をしていいと考えていながら、自分に近い存在たる同性の友人については、自らがもっているジェンダー規範を遵守させようとする傾向があるのだ。

そもそも彼らは同性の友達を非常に大切にしており、自分と近しい存在であると認識している。実際、インフォーマントたちに「大切なもの」を聞いたところ、次のような答えが返ってきた。

Aさん：あほみたいに騒ぐのが大好きなんですよ。それを一緒に騒げるのが一番やっぱり男友達なので、一緒にいると楽しいんです。男友達ってずっと付き合える仲だと思っているので、何より大事にしているのは男の友情だと思います。

Bさん：友達ですね。

Cさん：いろいろありますけど、やっぱり家族であったりとか、それから友達関係とかではある。

Dさん：男の友達は、何か段階があるじゃないですか。その一番近い（＝親しい）中に、彼女と何人か男友達がおって。その男の友達やったら全員家族みたいな。

そして、かように大切な同性の友人は、インフォーマント本人と似たような、つまりは「おしゃれ」な人たちである。

Aさん：（友人グループの人たちは）目立つと思います。

谷本：みんながおしゃれですか。無頓着な感じの人もいる？
Aさん：無頓着な子はあまりいないですね。（中略）共通で服の話ができるというのは（友人になる）きっかけになると思います。
谷本：（友人グループの人たちは）わりと目立つんですか。
Bさん：目立ちますね。
谷本：かっこいい系のグループ？
Bさん：とは思うんですけど。その趣味というか、DJをやっている子だったりとか、ショップ店員だったりとか、結構おしゃれっていうか。
谷本：これは、何でそうなったんですか、自然と？
Bさん：最初、大学に入ったときは、みんながばらばらだった。友達の友達とか、その子の友達とか、そういうのがどんどん広がっていって、それで集まったのが、今のメンバーなんですけども。
谷本：集まってみたら、自然とですか。
Bさん：自然と気が合う子がそういう（目立つ子たち）。大学もそうだし、地元の友達っていうのも、結構そういう目立つ子たちです。

このように、おしゃれな男性は似たもの同士で友人グループを形成していることが推察される。あるいは、もっと積極的にいえば、グループへの参加条件として、「似たものになること」がメンバーに課せられているとさえいえる。

Bさん：昔は結構地味というか、何かギャル男《お》っていう感じだった子が、僕たちと一緒にいることで、服のセンスを変えたりとかして、格好よくなったりとか。その子たち（二人）が声を掛けてくれて、「よかったら友達になってください」って、そこで仲良くなったんですけど、何か一年、二年ぐらいたったら男前になって。

谷本：服のセンスが、変わるわけですね。髪型も、変えましたか。

Bさん：髪型も変わりました。

谷本：物腰とかも変わりますか。振る舞い方とか、しゃべり方とか。

Bさん：しゃべり方は変わらないですけど。

谷本：じゃあ、基本は外見ですか。

Bさん：外見は、変わりましたね。

以上から、おしゃれな男性たちのグループは、「分衆化」の徹底として形成された小集団であるといっていい。分衆として小集団を作り上げる、おしゃれ男たちの友人関係を理解するには、フランスの社会学者、ミッシェル・マフェゾリ（Maffesoli 1991=1997, 1993=1995）の現代社会分析を思い出す必要があるだろう。

部族から、働く身体へ、そして〈部族〉へ

東西冷戦が終わり、時代の転換を経た今、わたしたちは、社会の原動力となってきた「大きな物語」（例えば、進歩史観や社会主義のようなイデオロギー）を背負えなくなった。現在、わたしたちの価値観は多元化し、生活を方向づける「大きな物語」を皆で共有し、同じ方向を目指して生きることは困難になっている。かといってわたしたちは、誰とも希望を共有できない孤独にも耐えられない。また、たった一人の個人として自らの運命を舵取りしていくことにも困難を感じるだろう。そこで、むしろ近代以前の部族のような、〈部族〉的小集団の一員として暮らすことを望むようになった、とマフェゾリはいう。

ここでいう〈部族〉的な小集団とは、美的センスやライフスタイルを同調できる集団のことである。それは、合理性を基盤として構築される会社や国家のような組織に代わって、アイデンティティの拠り所として浮上するようになった。このような状況を、マフェゾリは「世界の部族化」として概括している。

近代以前の部族社会では、集団の将来が、外敵や自然の脅威に常にさらされていた。そのような不安定な社会では、女性ではなく男性こそが部族の誇りを具現化したアクセサリーを身にまとって

いた。現代社会（もしくは後期近代）において、男性がおしゃれをすることは、ある意味で、近代以前の習慣の復活とみなしうるかもしれない。

ただし、近代以前では、外敵や自然の脅威が明確に外部に存在していたが、現在では、生活に対する脅威が内部的な「リスク」として抱え込まれる点に違いがある。それゆえ、人々は団結の契機を失い、たやすく孤立してしまう。[7] そうしたアノミー（無秩序状態）に対抗するため、人々の間から「同質の者とともにいたいという願い」がせり出してくるのが、現代社会なのである。

> 社会の価値の循環運動は今、社会的理想を捨てて、共同体的理想に戻ろうとしている。（中略）これらの集まりは、もはや合理的計画からは生まれず、むしろ、たとえ異質なものを排除することになっても、同質の者とともにいたいという願いの上に成立している。あらゆる領域で重要なのは「同質社会性」であり、そこから逃れることは許されない。（Maffesoli 1993=1995:50–51）

近代（もしくは前期近代）になって、男性の衣装や飾りが簡素化し、モードがもっぱら女性のものとなっていった際、服装で自己アピールしない男性が多数派を占めるようになった。そうした「中産階級の中庸の美学」が存在意義を得られたのは、まだ近代が青年期にあり、封建的なしがらみがあちこち残っていたために、「その他大勢」に埋没する「特性のない男」を気取ることが、個人の匿名性を高め、解放につながったからだった。また、決して一枚岩ではなかったとはいえ、これから実現すべき社会の理想が共有できた時代だった。そこで、その一翼を担う男性は、「近代産業社会建設のための機械化兵士」としての役割を受け入れられた。いわば、「勤勉に働く身体」として、「同質の者」になれたのである。

しかし、現在（後期近代）では、そうした（前期）近代的な同質性を保つことは、困難になってきている。マフェゾリ（1991=1997:140）によれば、わたしたちは、なにげない日常を「集団的芸術作品」に仕立て上げることくらいしか、共有すべき目標をみいだせなくなった。かつての普遍的な合理性に貫かれた社会建築の理想は、（局所的にのみ共有される）美学による生活のスタイル化の夢にとって代わられた。男性のおしゃれも、そうした文脈で理解されなければならないと彼は主張する。

> 身体信仰、つまり、ボディビル、ダイエット療法、雑誌、ファッション、スポーツ活動にかんする調査によれば、人々が身体を作り、その手入れをし、美しくするのは、他者の目の前でやるが、自分が他者にみられるためでもあることは、疑いない。こうして、個人主義に属するようにみえるものでさえ、やはり小集団快楽主義の表れであることがわかる。（Maffesoli 1993=1995:52-53）

結局のところ、彼らは、同質の者と小集団を作り、その〈部族〉の象徴となるアイテムを身にまとうことで、かろうじて自己の意味の断片を拾い上げていくしかない。おしゃれな男性たちにおける、女性的な部分と男性的な部分は、この断片を拾い上げる《ブリコラージュ》作業の中で両立しているといえるだろう。

　しかしながら、外部の他者とは差異化しながらも、小集団内では同質な意識を醸成していくのは、実は彼らに限ったことではあるまい。というのも、ライフスタイルを共有する〈部族〉的な小集団の中でしか生きられない状況は、特定の人々だけに当てはまるのではなく、同時代人に共通する生活情況なのだから。彼らの姿は、わたしたち皆の姿でもある。今後、身体やジェンダーに関わる意識を考察する場合には、年齢や性別といった個人の属性に加えて、こうした〈部族〉的な小集団の布置状況を検討していく必要があるだろう。

注

（1）例えば、ホランダーは、灰色化を、男性のファッションの「断念」ではなく、「革新」と捉えて評価している。

（2）「お仕着せ」という言葉を使うと、嫌々強制されたように聞こえるかもしれないが、必ずしもそうではない。「黒船」に代表されるように、「黒」は蒸気機関のような文明開化の力そのものを象徴する色であったので、明治の男性は喜んでその色を身にまとったと伝えられている（城・渡辺 2007:248）。

（3）Aさん：二十代男性、会社員、二〇〇八年一〇月四日インタビューを実施。
Bさん：二十代男性、大学生、二〇〇八年一〇月十一日インタビューを実施。

Cさん：二十代男性、会社員、二〇〇八年一〇月十二日インタビューを実施。
Dさん：二十代男性、大学生、二〇〇八年一一月二十七日インタビューを実施。

（4）　谷本・西山のほか、須長史生・村上幸史と協力して、二〇〇三、〇四年にプレ調査、〇五年に本調査をおこなった。〇三年には十月に関東・東海・関西圏の大学生男女を対象にアンケートを実施し四八六票（男性二一二人、女性二七四人）の回答を得た。その結果をもとに調査票の質問項目などを修正し、〇四年七月にアンケートを再度おこない東海圏の大学生を対象に一一四人（男性四一人、女性七三人）の回答を得ている。この調査から再び質問項目などの修正をはかった。そして〇五年十一月に関西圏・東海圏の大学生を対象にアンケート用紙を配布し、七六五票（男性三五四人、女性四〇八人）を回収した。

（5）　インフォーマントは全員、異性にもてることを目指していないと語った。彼らは全員スカウトされてモデルを始めており、人目をひく外見をしている。趣味も「やっぱりスポーツですかね。バスケとか（Aさん）」、「音楽が好きで、一応作ったりもしていますので。あとは、DJとかもしていますね（Cさん）」などモテそうなものである。要するに「モテ要素」を豊富に保持しており、そもそも異性にモテることを目指す必要がないといえる。

（6）　化粧をする男性をホモセクシュアルであると見なし、男らしさとヘテロセクシュアルを同一視している点も興味深い。彼らは、女性的な身体観を持ちつつも、自らのセクシュアリティがヘテロであることにこだわっているということなのだ。

（7）　このような現代社会分析については、ウルリッヒ・ベックの「サブ政治」の議論を参照すること。（Beck, Giddens & Lash 1994=1997）

第四章　男たちはなぜ闘うのか
——格闘技競技者にみる「男らしさ」の現在

岡井崇之

1　なぜ、格闘技なのか

グローバルな規模で総合格闘技(1)がブームとなっている。あるいは社会的・文化的な現象となっているともいえるだろう。しかしながら、そのような総合格闘技を含め、社会学、またはジェンダーの視座からの格闘技研究はそう多くない。それに加えて、学生プロレスなどを除き、プロレスが一部の職業的な担い手だけの競技であり、多数のオーディエンスが消費する構造だったのに対し、格闘技は競技として、ファンの対象として、あるいはダイエットや健康管理などのフィットネス、といった多様な動機付けから人々が参加していることからも、その構造は大きく異なる(2)。そのため、従来のプロレスの社会学的研究(3)とは別の視点からアプローチする必要が出てきている。

本章は、歴史、ルールや規則性、競技性、商業化、グローバル化などスポーツ社会学が問題にしている諸側面から格闘技を体系的にとらえようとするものではない。競技としての格闘技を実践する男たちの自己や身体に関する意識に視点を定めることで、彼らの「男らしさ」における特徴を描き出すことを目的としている。相手と闘うために自己の体を鍛える。こういった行為は、一見するとそのストイックな精神性や鍛えられた身体のイメージから、近代的な「男らしさ」の典型のように考えられるだろう。しかし、実践する人々の内側からみると果たしてどうなっているのだろうか。

このような問題意識から、東京都内の格闘技道場での一連のエスノグラフィ(4)に基づく研究を下敷きにしながら考察を加えていく。第3節および第4節での調査に基づく分析カテゴリーとしては、本書全体の理論枠組みである「自己＝身体性」「集団＝関係性」「社会＝超越性」の三次元を設定したが、そのなかでも、特に本章に課せられた「自己＝身体性」、つまり、格闘技競技者のアイデンティティや身体意識（ボディ・イメージ）における「男性性」がどのようなものかを記述することに重点を置いた。

2　スポーツ・ジェンダー論再考

格闘技を含むスポーツと「男らしさ」について考えるとき、ノルベルト・エリアスとエリック・

ダニングによる『スポーツと文明化』（Elias & Dunning 1986=1995）が示唆的である。同書を貫くのは、一定のルールのなかで行われるスポーツが物理的暴力を抑制してきたこと、またそれが文明化、産業化の過程を推し進めるうえで社会構造と相互補完的な関係にあったという主張だったが、エリアスとダニングの間には暴力をめぐって若干の見解の相違がある。ダニングは「すべてのスポーツは本質的に競争的であり、それゆれ攻撃性の喚起を促す（Dunning 1986=1995:396）と述べているように、エリアスに比べやや悲観的な立場を取る。「格闘技は暴力が中心的で、合法的な要素になる。（中略）現代社会ではこの種のスポーツは容認され、儀式化され、いくぶん抑制された肉体的暴力の表現の飛び地である」（Dunning 1986=1995:397）と、スポーツにおける暴力がただ単にはけ口として終わるのではなく、それが永続され、場合によってはフーリガンのような形として表出している現実を直視しているのである。

いうまでもなく、ここでの議論の前提にあるのは、暴力性を伴うスポーツ自体が男性的であるということである。ダニングが「暴力の飛び地」としての格闘技に言及していることが物語っているように、これまで、格闘技が暴力的であること、暴力性をその特徴とした格闘技が男性的であることは自明視されてきた。しかし、そうであるがゆえに、ジェンダーの視点から格闘技を語ったり、とらえなおしたりすることは「ベタ」なものとして扱われ、相対化や対象化が行われてこなかったといえる。

一方、日本におけるスポーツ・ジェンダー論で「男らしさ」はどのようにとらえられてきたのだろうか。近年の吉川康夫（2004）による整理をもとに考えよう。多賀太（2001）は男性学の立場から、スポーツができないことが、「男らしくない」という否定的な自己イメージを形成してしまった男性に与える心理的圧力の強さを、「スポーツは男らしさと密接に絡むことによって、男性のアイデンティティ形成においては音楽や美術以上の重みを持つ」（多賀2001:93）と指摘したが、吉川も同様に、スポーツが深く男性のアイデンティティ形成と結びついていることを重要視している。このような論述は、一九九〇年代後半に伊藤公雄が指摘した「近代スポーツは、男性性イデオロギーを男たちに植え付けるうえで、きわめて機能的に作用した」（伊藤1998:89）という論点を継承したものと位置づけられよう。男性性イデオロギーとして、ここでは身体的強靭さ、攻撃性の発露、闘争と勝利、肉体的禁欲、感情的抑制の強調などが例示され、総じて「男性性」の弊害が問題視されてきたといえる。

もちろん、こういった問題提起そのものを否定するものではない。しかし、吉川の議論がここから即座に「脱鎧論」へと収斂していることが示すのは、では、スポーツを通じてどのように男性性イデオロギーが「植え付け」られてきたのか（あるいは、本当に「植え付け」られたのか）、あるいはそういった近代スポーツの支配的価値観に対する抵抗はみられなかったのか、といった点を内在的にとらえる研究が、伊藤の問題提起から十年以上が経過しているにもかかわらず、大きな進展をみていないということだろう。

もう少し具体的にスポーツのメディア表象をとらえようとする研究においても、同様の傾向がみられ、吉川は「男性優位の象徴的イメージとしてのスポーツ界が連想され、マスメディアのスポーツ報道を通して男らしさのステレオタイプが拡大再生産されているのが現実だろう。そしてそのなかで育っていく男の子たちに、自らやるにしろ観戦を楽しむにしろ、スポーツファンでありつづけている男たちに、そうした男らしさが染み込んでいく可能性がある」（吉川 2004:97）と結論づけている。

また、阿部潔による「スポーツを描き出すメディアの視線が『男の眼差し』に一元化されてしまうことで、スポーツの楽しさに潜む多元性や多様性が著しく損なわれてしまっている」（阿部 2004b:108）という指摘は、もっと具体的にスポーツ報道やスポーツ中継における表象の政治性を問題にするものではある。しかし、その前提としての「メディアが伝える／描き出すアスリートの姿が、人びとにとっての『理想の身体』イメージを作り上げている」（阿部 2004b:100）という問いの立て方にも吉川と同様の傾向がみられるのではないだろうか。ジョン・フィスクが「テレビジョンのスポーツ番組では、クローズアップやスローモーションによって、男性の肉体の完全性、力強さ、上品さを印象づける」（Fiske 1987=1996:385）と男性プロレスラーの身体表象について論じたように、メディアが描き出すアスリートの身体に、現実の多様性を反映しないある傾向への方向付けや、ステレオタイプがあることはいくつかの先行研究（阿部 2004a）からもいえるが、それが「人びとにとっての理想の身体イメージ」を形成しているかどうかは、必ずしもメディア表象の分析だけから把握できるものではないだろう。形成しているのか、していないのか、またどのような場合や属性の人にそういった形成を促すのかについて、もっと慎重な検証が必要であろう。

経済学者の松原隆一郎も「TVというメディアは、視聴率を獲得し資本の要求に応えるために、格闘技スポーツをイメージ的・肉体に変形し商品化させているのである。格闘技は、メディアの特性を浮き彫りにしている」（松原 2003:246）として、メディア表象における格闘技、あるいはその身体の表象を商品化という側面から批判している。[5] たしかに阿部がいう「理想の身体」についても松原による「商品化された身体」についても、それとは異なるオルタナティブを求めたり、それを規範として打ち立てることはもちろん重要だが、同時にそういったメディア表象を競技者がどう受け止めたり、新たな意味づけや抵抗を行ったりしているかを明らかにすることが必要ではないだろうか。

3　総合格闘技道場という空間

〝ナチュラル〟なボディ・イメージ

①「ドーピング」の忌避

さて、格闘技競技者[6]には固有のボディ・イメージやコミュニケーション様式がみられるのだろうか。まず興味深いのはドーピングに関する意識である。多木浩二（1995）や松原（2003）が「過剰な身体」として批判するような傾向は、彼らの意識にはみられない。むしろ「あの選手はステロイドの副作用で髪が抜けたらしい」「あの選手の体は（ドーピングなしでは）あり得ないよね」といったように否定的にとらえる会話が交わされるように、むしろ、「ドーピング」という行為を忌避する意識が非常に強いことが見受けられる。また興味深いのは、ここで「ドーピング」と定義されるものの排除が、会員たちのコミュニケーションで重要な話題となっていることだが、彼らの中で「ドーピング」のカテゴリーに入らない（中には明らかに怪しいものやグレーゾーンの物もある）「サプリメント」の摂取についてはむしろ積極的に肯定するという矛盾した感覚がみられたことである。具体的には、ステロイドの使用については多くのものが批判的にとらえていたが、「ステロイドの副作用を軽減した」といわれるプロホルモンやプロステロイド(7)についてはそういった意識は低く、なかには使用を公言している者もいた。そして、プロテインや錠剤のアミノ酸、カルニチン、代謝を促進するダイエット・サプリメント(8)といった物の過剰摂取は、むしろ積極的に勧められ、肯定されていた。このように、その理論的根拠は曖昧であるにもかかわらず、自分がドーピングをしていない「ナチュラルな身体」であることが道場の会員たちの間ではアイデンティティの重要な一部となっていたのである。

こうしたドーピングと関連するのはアルコールの摂取をめぐる意識である。会員たちの間では、練習後の飲酒は軽蔑の対象となっていた。その理由として「アルコールは疲労した筋肉組織によくない」ということが、雑誌などの「科学的」な言説を根拠にいわれていた。しかし、それとは反対に、指導する側のプロ選手の間には、飲酒にまつわるエピソードがある種の武勇伝として語られる文化がいまなお残っている。この両者の矛盾は興味深い。一般会員が練習後の飲酒を節制し、低カロリー、高たんぱくの食事を実践することでナチュラルな身体を追い求めているのに対して、プロ選手にはかつてのプロレスラーのような、過剰な筋肉や食生活といった「超越的なもの」への欲望がみられるという二重性が存在しているのである。(9)

②汗にまみれる身体の嫌悪

次に挙げられるのが「汗にまみれる身体」への嫌悪である。元柔道家や柔術系の選手が胴着を着用することはあるが、総合格闘技の試合は多くの場合、下半身はスパッツかトランクス、あるいはサーフパンツを着用し、上半身は裸で行われる。しかし、道場の練習時に上半身裸でスパーリングする行為は忌避される。また、Tシャツはこまめに換えることが周囲から要求されるため、着替えを二枚程度用意しておくのが通常だ。相手の汗が付着することを嫌悪する様式が成立しているからである。明確な基準が設けられているわけではないが、このような規則性がコミュニケーションを通じて生まれている。

こうした傾向は、汗にまみれた身体を称賛し、スペクタクル化するプロレス的な身体提示とは完全に分離した異質なものともいえるだろうし、齋藤孝(2003)がマンガ『スラムダンク』の表象を通じて描き出した「汗をかかない身体」のように、美容産業やメディア言説によってかたどられた九〇年代以降に顕著なボディ・イメージを反映しているといえるかもしれない。

③数値化される身体

また、自己あるいは他者に関する身体情報が徹底して数値化されていることも興味深い。自己の身体に関していえば、前述のサプリメントの摂取においては、ウエートトレーニングの前、また何十分後にどの種類を何グラム、あるいは何錠摂取すべきか、そこまで詳細な情報を皆が理解し、設定したタイマーに従って分刻みで行動している。また、体脂肪率、体重といった基本的な身体情報から、ベンチプレスの負荷の重さ、回数、またインターバルは何秒が適切か――にいたるまで数値として把握される。さらに、どの選手はどのような身体を持っているのか、例えば、ベンチプレスは何キロを挙げ、戦績は何勝何敗か、このように他者の身体に関する情報も数値化される。まさにPCのスペックのように、身体は数値として理解され、伝達・共有が行われているのである。これは、東浩紀（2001）がいうような「データベース的消費」が、身体の領域においてイメージされ具体的に行われていることを例示しているといえるだろう。

ホモソーシャルな関係性

女性会員も一定の割合いるとはいえ、基本的に道場という空間は男同士の絆、つまり「ホモソーシャル」な関係性によって成立している。イブ・コゾフスキー・セジウィック（Sedgewick 1990=1999）によれば、ホモソーシャリティは、ヘテロセクシュアリティを基盤にし、同性間の性的な関係を忌避すること（ホモフォビア）によって成り立っている。道場内のコミュニケーションも、このような原理に基づく様式がみられる。特に顕著な振る舞いは、近いところにあるホモセクシャル（的なもの）をみつけ出し、「取り締まる」言動である。道場での会話において、頻繁に「あいつはホモらしい」「あのプロ選手は怪しいから、気をつけたほうがいい」といったうわさが飛び交い、他者化が行われる。

さらに、ヘテロセクシャルな関係に対しても厳しい目が向けられる。禁止されているわけではないが、技術講習の合間などにおける異性との私語には、同性からの厳しいまなざしを受ける。「スパーリング」といわれる実戦形式の練習では日常的に異性間での身体的密着を伴うためか、技術にかかわるもの以外の話題や所作が持ち込まれた場合に、コンフリクトを引き起こすような傾向がみられた。このように考えると、格闘技道場はセクシャルな関係性自体が極力排除された空間ともいえる。

メディア表象がボディ・イメージに与える影響

前述したように、格闘技に没頭する男性の振る舞いは、あたかも近代的な「男らしさ」の典型のように思われてきた。しかし、道場でのエスノグラフィからみられたボディ・イメージは、こういった「男らしさ」とは大きく異なる。ここで目指されているのは、「ナチュラルな身体」であり、汗や血といったプリミティブで「男らしい」記号にまみれないクールな身体である。また、自己の身体に関するデータの集積、他者との比較・競争などといった行為は、あたかも「データベース的消費」をする「オタク」たちと機能的に近いふるまいである。こういった傾向から読み取れるのは、「集団＝関係性」における快楽というよりは、鈴木謙介（2005）がオタクを指して「データベースと自己の間で完結する往復運動を繰り返す、個人化された自己は『対人関係への嗜癖』ではなく『自己への嗜癖』の状態にある」（鈴木 2005:131）としているような、まさに「個人の嗜癖化」、つまり徹底した自己への執着である。

「脱鎧モデル」では、男らしい振る舞いとともに筋肉も「男らしさ」の誇示のために身につけた鎧としてイメージされる。しかし、エスノグラフィの記録からみられたボディ・イメージは、着脱可能なものとして理解されるようなものであり、新しいパーツをビルトイン（埋め込む）するようなボディ・イメージである。それは「男らしさ」のアイデンティティを支えるようなものではない。また、異性にモテることや同性との仲間意識といった「集団＝関係性」や、社会的承認や社会的目的の実現といった「社会＝超越性」も完全に失墜したところで、ひたすら数値を気にしながら身体改造にとり憑かれている様相は、女性のダイエットや美容整形のような身体改造、あるいは「ギャル男」のような男性のおしゃれにも通じる点がある。

第2節での議論に立ち返って、ここでみられるメディア表象からの影響について考えてみよう。このようなボディ・イメージに直接的に影響を与えているのは、スポーツ・ジェンダー論で指摘された[10]テレビにおける格闘家の身体表象より、むしろプロ選手の著書や雑誌といった媒体であった。

その一つが、『船木誠勝のハイブリッド肉体改造法』（船木 1996）である。[11] 同書では食事の例として、ゆでただけのブロッコリー、鶏のささみ、ゆで卵の白身（黄身は食べない）、プロテインといったものが挙げられ、船木らプロ選手の身体がどのように変容したかが具体的数値や写真とともに描かれている。会員たちの間では、ある種のバイブルのようなものとして位置づけられていた。

その他に道場会員たちの接触の度合いが高く、直接的な影響力を持っているものとして考えられたのは、『格闘ボディデザインBOOK』『かっこいいカラダ』[12] といった身体の構築に主眼を置いたムック本であった。これらの書籍では、「闘う」あるいは「かっこいい」身体を造るための食事の摂り方や、トレーニングの方法がこと細かく指南されている。これらから考えられるのは、道場では、テレビで表象されるステレオタイプにまみれた物語には批判的で冷笑的な態度をとる（あるいは批判的であるということを演じる）ことがかっこいいとされる半面、格闘家による著書、ムック本、専門誌における広告などにおける情報は無批判に受け入れるという構造がみられることである。

4　格闘技競技者のライフヒストリー

アイデンティティとしての身体

ここでは、格闘技を行っている男たちの「自己＝身体性」および「集団＝関係性」に関する意識を、個人へのインタビュー調査[13] からさらに掘り下げてみたい。総合格闘技道場に通うAさんと、日

（執筆者撮影）

図4-1　冷蔵庫の上に置かれたキャラクターのフィギュア
（いずれもAさん経営の道場で）

本代表メンバーにも何度か選ばれているアマチュアレスリングの現役選手であるBさんのライフヒストリーをもとに考察する。

なぜ格闘技を始めたのか。Aさんはもともとプロレスや現実のプロレスをパロディ化したマンガ『キン肉マン』や逆に梶原一騎原作のマンガ『タイガーマスク』を現実のプロレスで実現した初代タイガーマスク・佐山聡のファンだった。大学生のとき前田日明が始めた団体「リングス」の学生ネットワークで始めて、その後グレイシー一族の活躍に影響されて柔術も始めた。現在の目標は、格闘技団体「修斗」の総合部門でチャンピオンになること。彼は「プロレスごっこが手加減せず思いっきりできること。普通、そんなことできないじゃないですか。相手を思いっきりなぐったり」と語る。ここにみられるのは、マンガやプロレス中継でみた技を現実に合法的にやってみたいという、エリアスらがいうスポーツによる暴力の抑制の典型である。その暴力的欲求のきっかけが、「ルチャ・リブレ」[14]といわれる非現実的で超越的な身体動作を特徴とした「タイガーマスク」や「ミル・マスカラス」といったプロレスラーの表象であり、プロレスごっこという遊びであったことからは、とりわけ動機のレベルにおいてはメディアが表象するプロレスラーの身体や身体技法、またそれに影響を受けて派生したマンガ・アニメなどのサブカルチャーからの影響が強くみられるということであった[15]。

では、何のために格闘技をやっているのか。Aさんは「一ファンから始まっている。好きだからやっているだけ。尊敬する中井（祐樹）[16]さんは応援してくれる人のために闘えというけど自分はまだそこまで達していない」という。

一方、Bさんは母親の勧めで少年レスリングに入るところからレスリング人生が始まる。レスリングをやってきて一番よかったことは何かとの問いに、「小学校の時、遠征の帰りにマクド（マクドナルド）が食える。田舎なので近くにマクドがなかった」「高校生の時は遠征で海外に行けることがうれしかった。また闘ったことのある全国のライバルに会いにいくのが楽しみだった」「全国大会で勝つことで、田舎でヒーローになれる。ちなみにレスリングをやってなかったら、高校を出て働いていたと思う。そしたら全国や海外へは行けなかった」と答える。

また、何のためにレスリングをやっているかという問いには、「もちろん、自分のため。でも周りの人、地元の人など応援してくれる人のため。コーチ、監督のためであるのは大前提。所属している高校や大学など組織に愛着を感じて応援してくれる人がいてありがたい気持ちになる」と答えている。

両者における格闘技への意味づけは対照的である。Aさんにおいては、格闘技を始めた動機が自己のメディア経験や学校生活などの個人史と密接に結びついている。さらに第3節の考察とほぼ一致する形で、格闘技をすることは「自己への嗜癖」として考えられており、格闘技を通じた社会的なもの、あるいは超越的なものはみえてこない。それに対して、Bさんの場合は、幼少期に地方に住んでいたこともあり、日常的に食べることができない「マクドが食える」ことや、未知の相手との対戦、勝利を目標にすることといったレスリングを通じた自己実現や、それによる自己の社会的・空間的な拡張、また勝利することによって周囲から評価されることが快楽や満足感の要素になっている。

現在の自己の身体について、Aさんは満足しているという。どのような体になりたいかという問いには、「体よりはテクニック。体の使い方にはこだわるが体にはこだわらない。すごい体をしている人は大抵ドーピングしている」といい、ドーピングを忌避し、ナチュラルさを求める意識がみて取れる。また「格闘技以外のアスリートの体には憧れたりする。特に室伏広治（ハンマー投げの選手）」と語るように、総合格闘技における身体とは区別した部分で、前述したようなサブカルチャーにおけるキャラクターやトップアスリートの超越的な身体への憧れが垣間みえる。食生活やサプリメントについては、「サラダにドレッシングをかけないとか、プロ野球の工藤（公康）投手の本や雑誌を参考にしている。サプリは粉末のアミノ酸とプロテインは毎日欠かさず摂っている」と

（執筆者撮影）

図4-2　本棚に並ぶ技術書や栄養関連書

（執筆者撮影）

図4-3　無造作に置かれた技術関連の洋書

語り、前節での調査における極端な例まではいかないものの、書籍からの影響や徹底した数値化など近い傾向がみられる。

これに対して、Bさんは身長一七二センチ、体重八八キロ、体脂肪率七〜八%という十分に超越的な身体を既につくりあげているが、現在の身体について「満足していない。でかくなりたい。特に背中、腰周り」と答えた。「アジア選手権で感じた。外国の選手はテクニックないけど、身体能力でカバーしている」というように、それは「自己への嗜癖」や身体改造の快楽といった次元ではなく、あくまでも勝利のための手段として位置づけられるものだった。目標とする身体イメージについても「特に誰とか特定のキャラとかはない」と述べ、メディア表象からの直接的な影響は特にみられなかった。

興味深いのがBさんの食に関する意識である。Bさんもプロテインは摂取しているが、彼はサプリからではなく、食事から影響を摂ることを重視する。「減量中は気にする。体脂肪落としたり。普段は気にしない。食ったもんが栄養だと思ってる。食事でストレスを感じたくない。節制して負けたら悔しい。気持ちまで空腹になるのはいや。だからいいものを食う。あと、肉は消化が悪いというけど、闘争心を掻き立てるために必要。だから卵の白身だけとかみたいな食事はしない」というように、彼のなかでは食事は栄養を摂るものであると同時に闘争心や「男らしさ」と関連づけられ、重要視されているのがわかる。実のところトップアスリートは、アマチュアの総合格闘技競技者が理想化し徹底しているような食生活をしていないという矛盾がここにはみられる。

西山哲郎が「反薬物運動支持者の一部に見られる「自然らしさ」の保持と「男らしさ」の混同は、コンネルのいう〈ナチュラル・マシーン〉としての身体観と一致する」（西山 2006:118）と指摘しているように、Aさんの回答から考えられるのは、彼にとって必要とされるのは「ナチュラル」な身体であり、それがアイデンティティの一部となっているということである。Bさんにとって食は数値化できるものではなくて、もっと抽象的なイメージとして認識されており、「男らしさ」や野性性の獲得・維持と結びついている。[17] このような違いがあるが、共通しているのは両者にとって身体あるいは身体に摂り入れるものは自己意識の重要な位置を占めているということである。

恋愛／セクシュアリティからみる「集団＝関係性」

彼らの対人関係はどうだろうか。対人関係全般の傾向をまとめると、Aさんは自分では「普通じゃないか」と認識しているが、友人は格闘技関係に限定され、人数も二、三人と比較的少ない。Bさんは大学時代に主将をしていたというだけあり、コーチ、先輩、後輩、友人など幅広い交友関係を持つ。また、Bさんの回答には、レスリングを始めるきっかけとなったエピソードとして母親との関係や高校・大学時代の恩師、先輩・後輩との関係が頻出するが、Aさんの回答からは家族など周囲の人との関係はみえてこない。

両者の違いが最も明確に表れたのは恋愛やセクシュアリティに関する関係性においてである。Aさんには、現在つき合っている彼女はいない。彼女は欲しいか、あるいはモテたいかという問いには「いるに越したことはない。ただ、今やっていること（格闘技中心の生活）を崩してまではつきあいたくない」と述べる。格闘技生活に支障があれば恋愛を遠ざけたいと考えているのである。ここから読み取れるのは、体を鍛えて女性と付き合う、あるいはモテるために体を鍛えるというような関係性志向の「男性性」とは異なり、格闘技の試合で勝つことやそのための生活自体が自己目的化しているということである。

Bさんの恋愛・セックス観は、それとは対照的にみえる。彼はセックスについて「なきゃだめ。試合前には（精子を）抜く。それは老廃物を抜いて新しくするイメージ。彼女がいなかったら風俗行く。女子部員、チアリーダーなどとセフレ（セックスフレンド）だった」と語ったが、まずここで指摘できるのは、彼が「老廃物を抜いて新しくするイメージ」と表現しているように、セックスないし性欲の処理が身体を循環・代謝させることとされ、さらにそれが闘うための身体のイメージと接合されていること、あるいはその目的として理解されていることである。このような身体観は、マクロな視座からみれば、Bさんも同様に自己目的的といえよう。

その後に続く言葉はさらに興味深い。「全日本合宿の前、みんなで西川口や池袋の風俗に行ったりする。海外遠征の時は大会前のバンケット（パーティー）で飲んだあとナンパする。対戦相手の国の女を食う。『女を食わずしてその国の男に勝てん』といわれている」。ここから考えられるのは、ホモソーシャルな関係のなかで遠征国の女性とのセックスに至ることが試合での勝利のメタファーになっていることであり、「集団＝関係性」の次元のなかに、超越的なナショナルなものが介在し

表4-1　インフォーマントの比較表（いずれも2007年時点のデータ）

		Aさん（32歳・男性）	Bさん（23歳・男性）
プロフィール	区分	アマチュア総合格闘技競技者	アマチュアレスリング競技者
	所属	都内の総合格闘技道場（経営者でもある）	某団体レスリング部（都内）
	結婚	独身	独身
	学歴	東京の私立大学卒（一般入試）	東京の私立大学卒（スポーツ推薦）
	サイズ	身長166センチ、体重63キロ、体脂肪率13～14%	身長172センチ、体重88キロ、体脂肪率7～8%
	動機	プロレスのタイガーマスク（初代）に憧れて	太っていたため親に少年レスリングに入れられた
	メディア接触	本は格闘技雑誌（『週刊プロレス』『格闘技通信』『ゴング格闘技』）しか読まない	マンガの『サラリーマン金太郎』
自己＝身体性	身体への評価	満足している	満足していない
	理想の身体	身体の動き、テクニックが重要なので、どのような身体であるかは気にしていない	特にどの選手のような体になりたいわけではなく、試合で勝つために背筋と胴回りを大きくしたい
	食事	減量中以外はあまり気にしないが、サラダにドレッシングをかけない、脂肪は取り過ぎないなどは気にしている	減量中以外は食べたいものを食べる。肉は攻撃性、マッチョのイメージと直結しているため必要
	身体加工	ドーピングは選手寿命を縮めるからやらない。リスクを覚悟でやる人はやればいい。タトゥーは周囲も半分くらい入れてるし、別にいいと思う。ファッション感覚	ドーピングは検査が厳しいので考えたこともない。タトゥーは、海外ではやってるし、別にいいと思うが自分はやってない
集団＝関係性	対人関係	普通。親友は総合格闘技関係で2、3人	大学で主将を務めるなど社交的
	家族	家族からの影響、家族との関係にはまったく触れなかった	母親が妊娠中に五輪レスリングを見て感動し、親の勧めでレスリングを始めたなど、家族とのエピソードが度々現れる
	性	ヘテロセクシュアリティ。セックスは嫌いではない程度	ヘテロセクシュアリティ。身体を循環・代謝するものとして性行為をとらえる。また性行為は対戦相手に勝つためのメタファー
	恋愛	彼女は欲しいが、格闘技中心の生活が崩れるなら要らない	してなければだめ。女子部員やチアリーダーと恋愛経験あり
社会＝超越性	何のためにやっているか	ファンとして好きだからやってるだけ	基本的には自分のためで、五輪に出るのが目標だが、田舎で応援してくれている人や恩師のためでもある。同郷や大学OBなど組織への愛着から応援してくれる人が多いことに感銘を覚える

てくることである。このようなメンタリティを考える上では、かつて佐藤忠男（1959）が書いた「少年の理想主義」と題した論考に示唆的な記述がある。この論考は少年文化を主題にしており、「男らしさ」については明示的に書かれていないが、第二次世界大戦時に、マンガというメディア空間を媒介にして少年の理想主義と軍国主義が節合（アーティキュレート）され、増幅していく過程を鋭く指摘している。この記述が示唆しているのは、戦前の少年の理想主義は「社会＝超越性」と「自己＝身体性」が強く結びついていたということである。Bさんの自己意識にみられた少年的理想主義、つまり一見すると、好ましいものと思われる地域貢献や周囲への恩返しといった「社会＝超越的」なるものは、実のところ植民地主義的でナショナルな意識や抑圧的な性的志向性と近接している可能性もある。Bさんが大学のレスリング部で主将を務めるなど、幅広い交友関係を持っていることを考えると、このような傾向は彼に固有の特異なものではなく、その格闘技のトップアスリートたちにある程度共有されている傾向とも考えられるだろう。

5　後景化する「男らしさ」

これまで、道場および格闘技競技者のエスノグラフィを通じて、「自己＝身体性」および「集団＝関係性」の次元における彼らの「男らしさ」を考察してきた。まず、ここからあらためて確認できるのは、Bさんにみられるような典型的、あるいは伝統的ともいえるマッチョ志向の「男らしさ」がいまなお体育会文化には残っているということであり、そこにおける「社会＝超越性」的なものへの希求が、ナショナリズムや抑圧的なセクシュアリティへと反転するような構造をうちに含んでいることである。

それに対して、過去に行った総合格闘技道場へのエスノグラフィから得られた知見は以下の通りであった。それは、彼らが極めて現代的な身体観を持ちながら「ナチュラル」な身体であることを自認している様相があること、また、テレビが表象する格闘技やその選手のステレオタイプな表象に関して、彼らは批判的な態度を取る半面、格闘技雑誌やボディビル雑誌、あるいは有名格闘家の著書における身体情報を無批判に受容するような傾向があることであった。Aさんのインタビュー結果は、このような傾向をさらに補強するものであった。宮台真司（2009:27-28）は、「物語消費からデータベース消費へ」の移行について「関係の履歴からシーンの羅列へ」というように、「関係性」（あるいはその退行現象）を起点にして考える必要があることを主張している。これらの調査の知見も「関係性」の問題としてとらえられるものだろう。事例からは、「集団＝関係性」や「社会＝超越性」的なものは希薄化し、「自己＝身体性」の次元のなかでの往復運動が絶え間なく行われている様相が垣間みえる。

最後に、彼らはなぜ闘うのかということを確認しておきたい。当時は学生のトップアスリートで現在は企業スポーツ選手として活躍するBさんは、闘う動機を、所属している集団やそれらを超えた地域や社会のためと語ったように、それは決して「自己＝身体性」でも、経済的成功や名声を得るためといった動機でもなく、彼にとって少年期から続く、闘いでの勝利を通じた「社会＝超越的」なものへの希求であった。それに対して、アマチュアのAさんについては、これまで論じてきたように「自己＝身体性」の次元に準拠した意識を持ち、アマチュアであるにもかかわらず、ひたすら勝利の実現に価値を置くというある種矛盾した行動がみられた。筆者による一連のエスノグラフィからは、Bさんのような事例は、地域や社会を背負ってスポーツをすることができる一部のトップアスリートに限定されたものであり、格闘技にハマっている多くのアマチュア競技者の意識は、程度の違いこそあるにせよAさんに近いものであるように思われる。必ずしも、二人のインフォーマントへの調査結果から一般化することはできないが、少なくとも格闘技を行っている男たちの深奥にあるアイデンティティは、「自己＝身体性」の次元にその基軸が置かれているが、それは極めて自己目的化したものである。彼らは格闘技というスポーツ・ジャンルやその身体性に付随する「男らしさ」を自ら否定したり、排除したりはしない。ましてやそれは「男らしさ」や「男であること」に依存したり、それによって自己を証明しなければならないような性質のものではないと考えることができる。

注

（1）ここでの総合格闘技とは、パンチやキックといった立ち技の打撃と寝技である関節技を組み合わせたものを指し、近年盛り上がりをみせているものを指しており、長い歴史を持つボクシング、レスリング、空手、柔道といった競技や、エンターテイメントとしてのプロレスとは区別している。

英語圏では混合格闘技を意味するMixed Martial Arts（ＭＭＡ）、禁じ手なしを意味するNo Holds Barred（ＮＨＢ）、Free Fightなどの呼称があるが、ＭＭＡはカンフーなどを指す場合もあり、大会名であるＵＦＣ（アルティメット・ファイティング・チャンピオンシップ）が総合格闘技の代名詞となっている状況がある。ブラジルなどポルトガル語圏では「すべてが有効」を意味するバーリトゥード（Vale Tudo）と呼ばれる。このように、総合格闘技を意味する呼称にはルールに制限がないことを指すものが多いが、ほとんどの試合には一定の制限が設けられている。

（2）　総合格闘技の沿革および消費構造の変容については拙稿（岡井 2007）を参照。その後の推移については、『エンタテインメント2008』（ぴあ総研）を参照してほしい。

（3）　プロレスを社会学的に考察するための様々なアプローチを紹介したものとして、小林正幸（2002）による論考が参考になる。

（4）　研究の一部は、拙著（岡井 2007）ですでに発表している。エスノグラフィの概要については該当箇所で後述する。

（5）　松原の批判は、メディア化されない「本来の格闘技」を外部に想定した本質主義的批判と位置づけられるが、現代においてメディアに媒介されない格闘技を探すことは、それが総合格闘技であれ伝統的な武道であれ難しいだろう。

（6）　本節で扱う総合格闘技道場は東京都内にあり、総合格闘技とアマチュアレスリングの講座を併設している。会員は十六歳以上のシニアと幼児から中学生のジュニアからなる。人数は三百人以上いたが、女性の割合は一割にも満たない。年齢層は十代、二十代が多くを占めるが、三十歳代も常に一定層はいたし、四十歳代以上も少数ながらいた。筆者が会員だったのは二〇〇一年～二〇〇四年で、その間にとった会話内容のメモや技術講習の内容を記録したノートが本研究の元になっている。

(7) プロホルモンやプロステロイドは、一九九〇年代以降、法律で規制されていた従来の筋肉増強剤の代用として開発された。世界アンチ・ドーピング機構(WADA)は筋肉増強剤に該当するとして禁止している。

(8) 当時流行っていたのは「ゼナドリン」というサプリメントだった。これには日本では禁止されているエフェドリンという成分が入っており(現在市販されているものには入っていない)、使用している者はボディビル雑誌に掲載されている直輸入業者の広告をみて購入していた。ある使用者は「確実に痩せるが体脂肪が六%まで落ちたことで寒さを感じる」といい、空調の効いた道場内でフード付きのウインドブレーカーを着て震えていた。

(9) プロ選手が使用する冷蔵庫の上には、米国のサン社が発売する「T100」と呼ばれるプロステロイドが常備されていた。これもボディビル雑誌などの広告に載っている商品で、「副作用がない」ことが謳われていたが、当然ドーピングに抵触する薬物である。

(10) 「PRIDE」に代表されるような格闘技中継で、身体や人種、ナショナリズムに基づくステレオタイプを強調した「煽り」とよばれるような映像編集技法に対しては、否定的な感想を持つものが多かった。

(11) 同書については、道場における会話で身体が語られる際に頻繁に言及されていた。船木はその後、同書に続くものとして、『ハイブリッド肉体改造法』Ⅱ、Ⅲを出版しているが、タブーであったプロレス時代のステロイド使用を告白した本としても同書は大きなインパクトを持っていた。

(12) ともにベースボール・マガジン社から発行され、シリーズ化されている。

(13) Aさんへのインタビューは、二〇〇七年十月二七日にAさんが経営する東京都内の柔術系の総合格闘技道場で行った。なお、前節での調査における道場とは別である。前節で筆者がエスノグラフィを行った道場が元プロレスラーが創設した総合格闘技道場であるのに対して、Aさんが通っているのは柔術系の総合格闘技道場であるため、その違いが身体観や格闘技観に多少の違いをもたらしていることも考えられるだろう。Bさんへのインタビューは、二〇〇七年十月十三日に東京都調布市で行った。二人の属性など詳細は表4-1に詳しくまとめているので参照してほしい。
(14) 派手な「空中殺法」やトリッキーな動きを特徴としたメキシカンスタイルのプロレスのこと。
(15) 写真①のように、道場には八〇年代、少年に絶大な人気のあったマンガ・アニメの『キン肉マン』に登場するキャラクターのフィギュアが飾られている。
(16) 格闘技団体「修斗」(当時はシューティング)で黎明期を支えた柔術家、総合格闘家。一九九七年に、ブラジリアン柔術を中心とした道場、「パレストラ東京」(現・パラエストラ東京)を創設。
(17) また、自己の身体に関してはドーピングへの嫌悪を表明しているが、他者の使用については「使ったことは一切ない。ただルールで禁止されてなかったら使うのは自由だと思う。でも生徒には勧めない。格闘技を長くやってほしいから。薬は選手寿命を縮める」と指導者としての教育的な側面からコメントしている。

第Ⅲ部　集団＝関係性——男たちの対人コミュニケーション

第五章　一人ぼっちでラグビーを

――グローバル化とラグビー文化の実践

河津孝宏

1　グローバル化とスポーツ文化、そして男性性

わたしたちのスポーツ文化は、ここ二十年で劇的な変容を遂げている。それまでメディアの注目を独占してきたプロ野球や大相撲は退潮し、一九八〇年代後半からF1、Jリーグ、サッカーの国際大会や海外リーグ、さらにメジャーリーグ、NBA、総合格闘技などの競技が次々と表舞台に登場してきた(1)。これらの新たなメジャースポーツと密接に結びついたメディア資本の国際的再編を背景に、わたしたちが接するスポーツ文化も多国籍性を帯び、国内市場に内閉するものではなくなっている。

この一連の流れは、特定の場所に根付いた対面的な社会関係や共同性から個人を引き剥がしていく「脱埋め込み」（Giddens 1990=1993:35-44）の進行とともに、スポーツ文化の実践者を脱国境的で一元的な市場の中に再配置していくスポーツのグローバル化として理解できる。ただし、グローバル化の強大な力は、ローカルに積み上げられてきた伝統や制度を一掃してしまうのではなく、両者は錯綜しながら新たなスポーツ文化の実践のコンテクストを形成していくのだ。

また、多くのスポーツ文化にみられる男性間の連帯や共同性は、家父長制における男性優位性の確認・維持の装置となる「ホモソーシャリティ（男同士の絆）」（Sedgewick 1985=2001:2-7）として指摘されてきた。しかし、グローバル化とともにスポーツ文化の実践が多様なあり方に開かれていく中で、時に「体育会系」とも称される男性メンバー同士の閉鎖的な結束と連帯のあり方も相対化されることになる。

本章では、「男のスポーツ」としての性格を色濃く帯び、長い歴史と普及の厚みを持つ日本のラグビー文化を取り上げ、その実践におけるグローバル／ローカル双方のコンテクストの交差を読み取っていく。(2) 今日のラグビー者たちの経験をつぶさに拾い上げる中で、男性性とスポーツが置かれている現在の局面が炙り出されるだろう。

2　日本ラグビーの熱狂と停滞

ラグビーは、その発祥と発展に深く根ざしている独特のエリーティズムやアマチュアリズムを基調としつつ（Dunning & Sheard 1979=1983）、日本においても名門大学や一流企業のイメージと結びつき、戦後日本社会の集団主義的なエスタブリッシュメントを表象する一面を有してきた（3）。特に七〇年代末から九〇年代初頭にかけて、ラグビーは国内で大変な人気と注目を集めていた。

八七年に出版された『早稲田ラグビー』という文庫本がある。そこには、早稲田大学ラグビー部へのオマージュに満ちたコラムや、長野県菅平における強化合宿を詩的な写真で切り取ったコーナー、総合商社や広告代理店など一流企業に就職していったOBたちによる奔放な対談などが収められている。今から読めば、この本が表象している「汗と青春の学生ラグビー」の世界には相当なナイーヴさを感じてしまうとしても、少なくとも八七年の時点では、このような国内的な文脈に内在したラグビーの表象が商業出版のコンテンツとして成立する状況があった（4）。

同じく八〇年代に一世を風靡したテレビドラマ『スクール・ウォーズ』（八四年～八五年、TBS系列）でも、同様のラグビー文化が取り上げられていた。京都の工業高校における実話をベースにして描かれていたのは、弱小ラグビー部の指導者と不良生徒たちが取り結ぶローカルで濃密な人間関係と、彼らの結束の契機となるラグビーへの集合的情熱だった。当時は毎回涙を浮かべながらこのドラマをみていた筆者でも、今となってはツッコミを入れずにこのウェットな世界を受け止めることはできないだろう。

ラグビー人気絶頂期におけるメディア表象に対して抱いてしまう違和感は、九〇年代中盤以降のラグビー文化のメディア上での退潮と同じ地平の上で生じている。今日のラグビー文化の実践と男性性を検討するという本章のテーマを展開する上で、まずこの前後の経緯を確認しておこう。

一九八〇年代の「大学生的」熱狂

日本のラグビーはその黎明期から慶應、京大、早稲田、明治などの大学チームによって牽引され、戦後の社会人チームの台頭を経て、七〇年代から八〇年代にかけてポピュラーなスポーツ文化として本格的に離陸を果たしていく。その軸となったのは何といっても早明戦である。十二月の第一日曜日に行われる伝統の一戦は、明治の重量フォワードと早稲田の展開ラグビーという明確な対立構図を提供しながら、そして両校の微妙な対抗意識を交えて、単にラグビーの試合というより大学生とそのOBを中心とした一大イベントとして人気を博していった。

明治大学の学生としてサークルの仲間たちと早明戦には必ず繰り出していたという男性は、自身が現役学生だった九〇年代初頭の熱狂ぶりを次のように語る。「勝ったチームの学生が、新宿歌舞伎町のコマ劇場前を占領するんですよ。もうカーニバルですよ。勝った日にはすごいですから。明治はやっぱり受験で早稲田に落ちて入ってきてるから、ものすごい早稲田へのコンプレックスがあるんですよ。」つまり、ラグビーの早明戦は新宿での飲み会に向けた壮大なるプロローグだというのだ。

八〇年代後半に早稲田の名フルバックとして人気を集めた今泉清は、ペナルティ・ゴールを狙う際に大股で五歩ステップバックするルーティンでおなじみだったが、観客がそのステップに合わせて「イチ、ニイ、サン、シ、ゴ！」と大コールを発するのが当時の恒例となっていた。いささか奇妙なこの観戦スタイルも、学生たちの飲み会のコールとの連続性において了解可能なものになるだろう。当時の国立競技場を埋め尽くした観衆のノリは、スポーツ観戦というより学園祭のそれだったのである。

この今泉のほか、早明が清宮克幸、堀越正巳、大西一平、吉田義人など数多くのスター選手を生み出し、そこに平尾誠二と大八木淳史(5)を擁する同志社が立ちはだかり、日本選手権をそれぞれ七連覇した新日鉄釜石と神戸製鋼が君臨した八〇年代は、まさに日本ラグビーの絶頂期だった。

八〇年代／九〇年代の断層：コンテクストの開放

八〇年代から九〇年代初頭のラグビー熱は、メディアにおいても放散されていた。八〇年に創刊されたスポーツ総合誌『Number』（文藝春秋）は、クオリティの高い写真と作家性を前面に出したコラムやルポルタージュによってスポーツのストーリー性を浮かび上がらせる手法を確立し、新たなスポーツ文化を開拓するメディアとして注目を集めていった。その『Number』の表紙にラグビ

表5-1　80・90年代の『Number』誌の表紙掲載回数と有力チームの顔ぶれ

年度	ラグビー	F1	サッカー	大リーグ	プロ野球	大学選手権決勝		日本選手権優勝
71	—	—	—	—	—	早稲田	法政	早稲田
72	—	—	—	—	—	明治	早稲田	リコー
73	—	—	—	—	—	早稲田	明治	リコー
74	—	—	—	—	—	早稲田	明治	近鉄
75	—	—	—	—	—	明治	早稲田	明治
76	—	—	—	—	—	早稲田	明治	新日鉄釜石
77	—	—	—	—	—	明治	慶應	トヨタ
78	—	—	—	—	—	日体大	明治	新日鉄釜石
79	—	—	—	—	—	明治	同志社	新日鉄釜石
80	0	0	0	1	3	同志社	明治	新日鉄釜石
81	0	0	0	0	7	明治	早稲田	新日鉄釜石
82	1	0	0	0	8	同志社	明治	新日鉄釜石
83	2	0	0	0	10	同志社	日体大	新日鉄釜石
84	3	1	0	0	8	同志社	慶應	新日鉄釜石
85	3	0	0	0	7	慶應	明治	慶応
86	3	1	0	0	8	大東文化	早稲田	トヨタ
87	3	2	0	0	8	早稲田	同志社	早稲田
88	3	2	0	0	9	大東文化	明治	神戸製鋼
89	2	2	0	0	9	早稲田	日体大	神戸製鋼
90	2	4	1	0	6	明治	早稲田	神戸製鋼
91	2	5	1	0	4	明治	早稲田	神戸製鋼
92	2	5	0	0	4	法政	早稲田	神戸製鋼
93	0	6	2	1	3	明治	法政	神戸製鋼
94	1	4	6	1	4	大東文化	明治	神戸製鋼
95	1	3	5	3	4	明治	早稲田	サントリー
96	1	2	6	2	4	明治	早稲田	東芝府中
97	1	2	10	4	2	関東学院	明治	東芝府中
98	1	2	11	1	1	関東学院	明治	東芝府中
99	2	2	12	1	3	慶應	関東学院	神戸製鋼

ーが初めて採用されたのが八三年二月、当時の早稲田のスタンドオフである本城和彦の写真だった。(6)それから九二年に至るまでの約十年間、ラグビーはその競技シーズンの短さにもかかわらず、他の競技を押しのけて年に二、三回のペースでその表紙を飾ったのだった。

その『Number』の表紙の変遷をみていると、競技ごとの浮き沈みが鮮明に現れる（表5－1参照）。八〇年代後半の動きで目を引くのが自動車レースのF1グランプリだ。八七年の日本グランプリ再開をきっかけにして、アイルトン・セナとアラン・プロストの対決（確執）がヒートアップした九〇年には一躍ブレイクして四回の表紙採用。その後九五年まで年に三～六回で推移し、九四年のセナ事故死の後は漸減する。その次に台頭するのがサッカーだ。九三年秋のJリーグ開幕と「ドーハの悲劇」以降、日本代表への注目や海外リーグへの日本人選手の挑戦とともに表紙回数も年間一〇回に到達し、同誌のメインコンテンツの座を確かなものにしていく。また、九五年の野茂秀雄の渡米以降はメジャーリーグもその中に割って入り、同誌の表紙は八〇年代後半から一気に国際性を帯びたスポーツで占められるようになる。

一方のラグビーはどうなったか。『Number』上の露出をみれば、明らかにF1およびサッカーの台頭と入れ替わるように、九三年には表紙回数〇回に転落。それ以降は年一回あるかないかというラインで推移するようになる。単純な回数の減少よりも興味深いのが、表紙に採用された号での特集タイトルの変調だ。例えば「宿命の対決　早明決戦」（八七年十一月）、「真紅の殺到」（九〇年一月）といったタイトルは、早明戦のステータスや赤いジャージで無敵を誇った神戸製鋼の強さを無条件に認定することを前提に構成されていた。しかし時代が下ると、「開国前夜」（九六年二月）「日本ラグビー、未来への発進」（〇一年一月）、「神様、日本ラグビーに奇跡を」（〇三年十月）というトーンに変化する。これらのタイトルは国際舞台における日本ラグビーの位置づけを前提に構成されており、八〇年代のように国内のコンテクストに内在したままでは商品としての特集が成立しない局面の到来を示している。

ローカルな文脈からの離脱

このような変化からわたしたちが読み取れるのは、八〇年代後半からのスポーツ文化のグローバル化、脱国境化という明らかな流れだろう。競技市場のグローバル化は、同時に国内で完結していたスポーツ文化の受容コンテクストも国境を越えて開いていくことを意味する。大学間対抗という、まさしくローカルなコンテクストをベースに微細な差異を構築し、狭いエリアでの濃密なストーリーを紡いできた日本のラグビー文化は、いきなりその存立基盤が覆される事態に見舞われたのだ。

実際に八〇年代後半以降におけるラグビーのグローバル化は目覚ましく、八七年のラグビー・ワールドカップの開催を端緒にして、その後十年ほどの間にプロ化と国際大会の整備を通じて脱国境的で一元的な競技市場が形成されていく。一方で日本ラグビーも、九五年ワールドカップで強豪ニュージーランドに喫した歴史的大敗を機に、大学ラグビー中心のアマチュアリズムから決別して、トップカテゴリーである社会人リーグの全国化とプロ化、つまり「世界標準」へのキャッチアップを目指すことになる。(7) この流れの中で、アマチュアである大学ラグビーの位置づけは曖昧なものとなり、ラグビー人気の牽引車としてのステイタスを失うことになる。

国内のコンテクストに準拠してローカルな歴史と制度を育んできた日本のラグビー文化は、スポーツ市場のグローバル化という荒波に直面して、プロ化という名のもとに場所の特殊性を消失させる「象徴的通標」（Giddens 1991=2005:20）に手を伸ばし、その脱埋め込みプロセスを推し進めているようにみえる。

3　ラグビーをプレーする――ローカルな共同性の実践

このような日本のラグビー文化の経緯を踏まえて、ここでは「ラグビーを愛好すること」の今日的な実践のあり方に接近していく。その実相に迫るため、プレー／観戦を問わず様々な形でラグビーに接し、また接したことのある人たちへのフォーカス・インタビューを行った。(8) その中で得られたラグビーへの語りを素材として、個人の視点からラグビーをプレーするという経験を再構成していこう。

ラグビー部での日々――過酷さから連帯へ

各人がラグビーを始める経緯は様々だが、その後のラグビー部の活動の厳しさ、つらさは、異口同音に強烈なものとして語られる。特に、ラグビー特有の激しいフィジカルコンタクトは、日常生活では感じ得ないほどの危険や肉体的苦痛を呼び寄せ、特に初心者にとっては厳しい体力トレーニングや基本技術の不足などと相まって、入部後しばらくはつらい練習が続くことになる。

実際やって、いやあ、きつかったですし。最初二年間くらいは当たるのも怖かったですし、実際、体もできてない部分もあったんで。…やっと最近、体もできてきて、当たり方もわかってきて、楽しくなってきたかなって。

（J：東京の私立大学三年生、現役ラグビー部員、プレー歴：大学）

高校入ったばっかりだと三年生はでかいし、こいつらとぶつかったら死ぬなっていうのは、怖いなって、それはありましたよ。

（F：四七歳、プレー歴：小学校、高校、大学サークル）

さらに、ラグビー部は概して高校では週六日、大学でも週四、五日の活動を行っており、その拘束時間の長さと肉体的な負荷の高さのために、部員のラグビー外の活動や人間関係を制限しがちでもある。

僕は三年の秋までやって、夏とか先生が朝練やったあとに特別講習やってくれたんですけど、もう無理！　体力的に。眠くて。秋から勉強始めましたね。だいたい他の競技って春で終わるんですよ。高校スポーツって。あれは焦りましたね。周りがみんな受験勉強とか入ってるのに。

（B：三四歳、プレー歴：高校、大学サークル）

しかし、このような過酷なラグビー部の活動にも関わらず部員がラグビーを続けられる理由については、驚くほどに各自の意見が一致する。それは、メンバー間の連帯である。

なんか、みんなでワイワイやりながら、結構みんなで「やってる！」っていう感じもあるじゃないですか。（ラグビーの前にやっていた）水泳とかと比べてみんなでグワーっていう感じで、それは水泳部とは全く違いますよ。

（G：三五歳、プレー歴：高校）

なんかこう、やめられる雰囲気じゃない、強制的な意味じゃなくて。人間がいいから、やめにくいというか。いい意味で、一緒にやりたいっていうか。

（I：東京の私立大学三年生、現役ラグビー部員、プレー歴：高校、大学）

まあ同期がしっかりあると、違うよね。「つらい時も一緒に頑張ろう」じゃないけど、そういう雰囲気はありますね。

（J：大学三年生、現役ラグビー部員）

ラグビー部のメンバーは、他の運動系クラブと比べても非日常的で特殊な活動内容と長時間の拘束によって、外部からの「隔離」に近い状態に置かれやすい。さらに過酷な練習に共に取り組む中で、部員たちは互いを扶助しあい、その連帯や一体感を強めていく。

連帯の符丁としての男性性

両チーム合わせて三十人という多人数でゲームを行うラグビーでは、選手それぞれのプレースペースが狭まり、接触プレーも起きやすい。そこでは、卓越した個人技よりもチームとしての連携を保ち続ける献身的なプレー姿勢が重視され、激しいフィジカルコンタクトを厭わない勇気とタフさを要求される。その中でのプレーは必然的にある種の精神的高揚を伴い、また攻撃性や荒々しさといった男性的なトーンを帯びたものになる。

試合前とか泣き出したりしますし、今考えるとかなり恥ずかしいんですけど。音楽聴いたり、全然喋らずにテンション上げていって。試合前は、監督、キャプテン、副キャプテンがもうハート（精神面）のことしか言わないですね。関西弁でまくしたてるんでテンション上がるんですよ。ゴーン！　て体ぶつけて、みたいな。もう来てますね、テンション。

（B：三四歳、プレー歴：高校、大学サークル）

カッコいい言葉でいうと、無償の行為がたくさんあるんですよ、試合の中で。相手が全速力で走ってくるけど頭から突っ込んでセービングすればマイボールになるって時に、突っ込むわけじゃないですか。…試合になって、味方が相手にチャージされたりするでしょ。その相手、もう狙いますからね。それこそ、ちょっと高めのタックルで狙う。そいつがラック(9)で倒れたらガリガリって踏んでいく。仲間っていうか、自分がやられたのと同じだから、家族がやられたみたいな感じになっちゃうから、それは狙う、やった奴は特に。

（F：四七歳、プレー歴：小学校、高校、大学サークル）

勇敢で激しいプレーや攻撃的な姿勢は個人の資質に還元できるものではなく、長い時間を共に過ごし、きつい練習を共に乗り越えた仲間への連帯と、その反射影としての相手チームへの対抗心から生まれている。ラグビーにおける男性性の発露としてこの部分に注目するのなら、これは明らかにチーム内における連帯や結束に端を発しており、まさしくホモソーシャルな関係性の実践としてのラグビーがここにある。

チーム内部での濃密な経験／外部との断絶

学校スポーツとしてのラグビーという文脈で見逃せないのが、青春期の自身のエネルギーと情熱を注ぎ込む対象として、彼らの生活に「熱さ」や「濃さ」を注入してくれる存在として、ラグビーが選ばれている側面である。中学高校時代はソフトボール一筋だったというAは、大学ラグビー部の女子マネージャーになった経緯について語っている。(10)

大学に入ってサークルをいろいろ見に行ったんですけど、「(サークルは)緩いなー!」って思って。体育会活動に入ろうと決めて。ラグビーなんて、正直命にかかわるようなスポーツですからね。目の当たりにすると、へらへらできませんね。

(A:東京の私立大学四年生、ラグビー部女子マネージャー)

これと類似のコメントは、他大学の現役選手であるIとJにおいても語られた。大学に入った当初のIは、サッカーのサークルに入って「チャラくやって、飲み会とかもめっちゃ行く」つもりだったと言う。しかし今では「ラグビーをやっていなかったら、暇だったろうなと思う」と語り、大学生である自身の生活の潜在的な空虚さを指摘した。そのチームメイトで大学からラグビーを始めたJは、「他にやりたいこともないし、スポーツに打ち込みたかった。」と、まさしくその空虚さを埋める濃密な経験を求めてラグビー部の門を叩いている。

このようなラグビーへの特別なコミットメントに関連するのが、現役時代の指導者との人格的な結びつきだ。多くのインタビュイーが、ラグビーにおいて最も印象的だった経験として、指導者との関係に言及している。

高校の時も先生が言ってたんだけど、「つらい練習をお前らやってきたんだから、人生でこれよりつらいことないから、頑張れ」と。まあいい言葉だと思って。若いころだと、ありがたい言葉としてね、それを繰り返したことありましたよ。逃げようとしちゃうときにね。自分の支えになった。

（F：四七歳）

高校時代の自分の最後の試合が同点で、（勝者を決めるのは）抽選だったんですよ。結構いい試合で。半年前にボロ負けしたチームを相手に頑張って。そしたら抽選で、自分がキャプテンだから引いて負けてんです。その時に監督が、「今までやってきた積み重ねがあるからここまで来れたんだ」って、ありきたりの言葉なんですけど、凄く心に沁みて、つらさが達成感にもなったし。本当に監督って大きかったんで。やっぱり人に尽きますね、ラグビーって。いろんな経験をラグビーを通してしますよ。人によって救われてる部分がありますね。

（I：大学三年、現役ラグビー部員）

他の学生とは一線を画した生活の中でラグビーに打ち込んできた選手たちを、指導者は見守り、その言葉によって彼らのつらさに意味を与える。自分たちのラグビーへのコミットメントが見届けられ、それを評価された選手たちは、それがどんなに凡庸な言葉であろうと文字通り「救われる」のである。

しかし、このようにラグビーの経験がチーム内のパーソナルな関係に直結し、濃密なコミュニケーションを伴うものになるほど、その外部にいる者とラグビーの経験の共有を図るのは難しくなる。大学生のＩも部外の友人とのコミュニケーションにおいて、その困難を感じ取っている。

ちょっと常人ではないような眼で見られますよね。「ラグビーって痛いんでしょう、つらいんでしょう」とか。学科の友達とか、「よくやってるな」って言われますね。逆にだから、そこであんまり言わない、言えないですよね。「ラグビー好きだから」とも言わないですし。「いやあ、しょうがなくやってるよ」ぐらいの感じで。なかなか伝えられないですね、「仲間がいいから」とか、あんまり言えないですしね。温度差はありますね。（Ｉ：大学三年、現役ラグビー部員）

彼が抱いている仲間への強い愛着やラグビーへの思いを伝えるための前提が、チームの外部においては共有されていない。恐らく彼が切々とラグビーを語ったところで、部外の友人はその言葉を受け止める用意がないのだ。結局、ラグビーに対するステレオタイプ的な表象を自分が引き受けて、お茶を濁すしかない。外部とのコミュニケーションが不全となりやすい状況では、彼らが日々生きているラグビーの濃密な経験はそのプレー共同体内部に封じ込められることになる。

ローカルな共同性の実践

このようにラグビー実践の諸相を特に学生ラグビーについてみてくると、特にチーム内での人と人のつながりが焦点となって、当事者の経験が語られている。激しいフィジカルコンタクトと厳しい練習を契機にチームの結束を強め、その連帯の証明としての勇敢さを示してきた選手たちのコミュニケーションの輪は、チームの中だけで自己完結していく。ここで引用した語りのほとんどが、チーム外への言及なしに各自のラグビー経験を表象していることは、決して偶然ではない。

ラグビーの中で経験するつらさも達成感も苦痛も誇りも、すべてはチームの中で共有され、その蓄積の重みだけメンバー間の関係は代替不可能なものとなり、外部に対する自律性を高めていく。この閉じた空間の中でラグビーをプレーする共同体が形成され、各人のラグビーの実践はローカルで緊密な関係の構築に寄与していく。ラグビーをプレーすることは、スポーツの実践であると同時に関係性の実践でもあるのだ。

言い方を変えれば、ローカルな文脈に根差した共同的な空間が成立しているからこそ、学生スポーツはメンバーの献身的なコミットメントを引き出すことができる。ラグビー部への参加によって生活の充実感を求めたIやJのように、自分たちの思いを受け止めてくれる確かな関係を求めてラグビー者はローカルなプレー共同体に集うのだ。

しかし、学校制度と結びついたこの実践空間は各人にとって期限付きで一回的なものだ。濃密な現役時代を終えてしまえば、このローカルな共同性の「傘」の下に入ることはできない。特定の場所に根付いた関係性から離脱したコンテクストにおいて、ラグビーの実践はどうあるのだろうか。

4　ラグビーを観る——共同性からの離脱と競技性の消費

学生時代には濃密に没入できたプレー共同体から離れ、自身も実際にプレーすることができなくなった時、ラグビー文化へのコミットメントを維持するには二つの条件がある。ラグビーをめぐるローカルな共同性を維持すること、そしてラグビーという競技に関わり続けることである。前者については、かつてのチームメイトとの縁を温め続けるか、または新たにラグビー者との関係を開拓しながら、自身のラグビー実践の経験を共有する場を維持する努力が必要になる。後者については、観戦者という立場で競技としてのラグビーに接し続けることで、ラグビーへのスポーツ的な関心を維持できるだろう。この共同性と競技性という二つのポイントをクリアすれば、チームの仲間と強く連帯しながらラグビーをプレーしていた現役時代と同様に、関係性とスポーツ面の双方からラグビーに関わることができる。

共同性の再構築

現役プレーヤーとしてのキャリアを終えた後も、かつてのチームメイトと日常的にラグビーについて語り合ったり、共に試合観戦に出かけるには、卒業後も互いに近い場所で生活していたり、ライフスタイルやライフステージを共有していなければ難しい。実際には違う仕事に就き、それぞれの家族を持ち、居住地も分散していく中で、チームメイトとの関係は年とともに弛緩していくのが自然だろう。その中でラグビー実践における共同性を確保するためには、新しいラグビー者との関係を開拓しなければならない。

この点を首尾よくクリアしていたのは、インタビューＦである。Ｆは、現在四七歳。滋賀県の高校でラグビーをしていた頃、『スクール・ウォーズ』のモデルとなった伏見工業と試合をし、その後スター選手となる平尾誠二や大八木淳史もその場にいたという。その後八〇年代を早稲田大学で過ごし、自身はラグビー同好会を主宰しながら大学ラグビーの黄金時代を謳歌する。ちょうど早稲田に先述した本城が在籍し、早明戦の観客動員記録が生まれた時期でもある。Ｆは卒業後もしばらく草ラグビーでプレーを続け、大学時代の仲間と共にラグビー観戦を趣味として母校を熱く応援しながら、国内のプロリーグである「トップリーグ」や日本代表の試合も幅広くカバーしていた。

東京にいて秩父宮（ラグビー場）が近くて、結構観に行けるでしょ。この環境は大きいですよ。今まで雑誌でしか知らなかったことが、リアルで目の前でいろんな試合がみられるっていう、そういう楽しみはありますね。

二年前に早稲田がトヨタに勝ったでしょう。あれは、奇跡ですよね。あれはもうないんじゃないかな。それも観に行ってて、もう泣き叫びました！　早稲田の試合は特別！

トップリーグはもう全然違う！　レベルが違いますね。スピードが凄いのと、モール[11]、ラックも当たりが全然昔と違いますね。プロ化っていうのはこういうことなんだなと。

（F：四七歳）

彼のラグビー語りには淀みがない。八〇年代を語るのと同じトーンで現在のトップリーグやジャパン（日本代表チーム）についても鋭くコメントする。全盛期の早明戦に集った学生の熱がそのまま感じられる。彼のこれまでの人間関係もラグビーを軸にして形成され、人生のベースはラグビーになっているという。

そう、やっぱりラグビーやってた連中としか飲んでないですよね。今日も「忘年会、いつがいい？」ってメールが来てた。今でも一緒に試合見に行ったりします。…基本がラグビーって言うのかな、若いころの経験中心にその後積み重ねてきている感じがすごいあるんで、ラグビーがなかったらっていうのは考えられない。近所の居酒屋の息子が大学のラグビー部にいたんで、そこのオヤジさんと一緒に応援に行ったり、そいつがプロ契約で社会人に入って、それで応援行ったりして、オヤジさんと（ラグビー合宿のメッカである）菅平に遊びに行ったり。そういうふうに人間関係にラグビーが関わってるんで。

（F：四七歳）

Fの現在のラグビー実践は、前節で検討した現役プレーヤーたちと同じローカルな共同性に支えられている。彼は、現役選手としてのキャリアを終えた後も観戦者としての共同性を再構築し、そこが彼のラグビー実践を支える土台になっている。

しかし、Fのようなケースは、今日的な状況においては稀少なケースだと思われる。彼がこのような関係性を持てたのは、九〇年代中盤以降のラグビーの急速なグローバル化の前に観戦者としての共同性を形成できたことが大きい。Fが三十歳代だった九〇年代半ばまでは依然として早明・早慶戦や大学選手権・日本選手権など、シーズンに数試合のビッグマッチにおいて秩父宮か国立競技場に足を運べば、ラグビー者としての「務め」は果たせていた。これは、ローカルな文脈で構築された七〇年代以来のラグビー文化の延長であり、そこでのラグビーをめぐる関係構築やコンテクストの共有は比較的容易だったはずだ。正確に言えば、Fはグローバル化による「脱埋め込み」を受けておらず、八〇年代と同質の共同性の中に居続けることができている。

「脱埋め込み」後のラグビー観戦——グローバルで私的な実践

一方で、インタビュイーBに注目しよう。七五年生まれの彼は高校、大学とプレーを続け、現在はCS放送での海外のラグビー中継、特に南半球三カ国による国際大会（トライネーションズ、スーパーフォーティーン）に熱中している。また海外サッカーについても造詣が深く、欧州チャンピオンズリーグ開催週ともなると、深夜の生中継と録画した数試合を必死に観る生活だと言う。彼も高校・大学のチームメイトとは親交を続けているが、日頃のラグビー観戦の実践は単独性の強いものになっている。

（観戦の経験を）これは共有できる人いないですね。高校の友達とかもここまでラグビー観てる人はいなくて。ちょっと（自分が）おかしいんですけどね。喋れる人がいないですね。自分の中で完結してますね。今となっては、特に喋りたいとも思わないですけど。でも、（ラグビーの）ワールドカップ前ともなると、誰かに「俺の今のこの盛り上がりを伝えたい」と。それで高校のラグビーの友達とかに、優勝予想とか注目選手とかを頼まれてもいないのに送ったりしてるんですよ。特にリアクションないんですけど。

ラグビー好きの友達もこんなにラグビー観てないですね。（観るのは）もう海外だけですね。（最優先チームは）まずは、オールブラックスですよね。何年か前にオールブラックスとかワラビーズ[12]が来日したことがあって、そのときは行きましたね。思い切りサインボードにサインとかもらいましたけどね。オタクですね。

（B：三四歳）

彼が大学を卒業してプレーの第一線から退いたのが九〇年代後半。南半球や欧州でプロ化が進展し、国際的な試合カレンダーも整備され、日本のラグビー界では九五年ワールドカップでの歴史的大敗を受けてグローバル化への対応が急がれる中で、徐々に日本のラグビー者をめぐるローカルなコンテクストが開放されていく時期だ。さらに彼には、国際的なスポーツ文化を志向する十分な土台があった。

第一回のラグビーのワールドカップが八七年か。それで、ジョン・カーワン（現日本代表ヘッドコーチ）がいて、当時圧倒的な強さでニュージーランドが優勝して「すごい、オールブラックス強い」ってことになって。小学生、中学生くらいですよね。カッコいいって思って。今でもオールブラックスファンで、試合はすべて動向チェックしてますね。

僕F1も結構観てましたね。僕はやっぱりアイルトン・セナ世代で、でもゲルハルト・ベルガーが好きだったっていう。ドライバーのヘルメットで誰だかわかりましたからね。地図帳にグランプリの開催地に印とか付けたり。

小学校の時に（サッカーの）ワールドカップの、メキシコ（八六年大会）の時に小学生くらいでみてて、ドイツを応援してて負けて、で、イタリア（九〇年大会）でドイツが勝ったんだ。それで、面白いなーって思って。スポーツは何でも好きだったんですけど、確かに海外、外に繋がってる感じはありましたね。（B：三四歳）

今でも観戦の中心だというオールブラックスとの鮮烈な出会いや、八〇年代後半から九〇年代にかけてのグローバル・スポーツの代名詞であるF１とサッカー・ワールドカップの洗礼。九〇年代を通してローカルな共同性の中で学生ラグビーをプレーしていた彼だが、並行してグローバルに一元化したスポーツを観戦するリテラシーも着実に蓄えていたのだ。プレーから引退した彼にCS放送による海外ラグビーの中継が湯水のように注がれた時、彼は先述のFのようにローカルな共同性の中で国内のラグビーを観戦することより、自らが求める南半球のラグビーをコンテンツとして消費することを優先させる。その時、国内ラグビーは、サッカーとの兼ね合いもあって後回しにされたままだ。

（国内リーグの）トップリーグはスカパーでやってますけど、僕も追えないですね。（観るのはもう海外だけですね。（トップリーグは）本当気になる試合だけですね。秩父宮もとんと行ってないですね。行きたいんですけどね。（B：三四歳）

個人でアクセスできるコンテンツの範囲が劇的に広がり、本人にリテラシーがあれば限りなくマニアックなコンテンツに浸ることができる今日の環境において、メディア実践はひたすら共同性をそぎ落とされ、個人化していく。オールブラックス好きが高じてニュージーランドへの短期留学まで果たしたBが南半球のラグビーにこだわる個人的なコンテクストは、他のラグビー者一般と直ちに共有できるものではない。彼はグローバル化されたラグビー市場をエンジョイするための資源に恵まれていたがために、率先して「脱埋め込み」に応じ、その後も何らかのローカルな共同性の中に「再埋め込み」されることなく、自由で孤独な実践を続けているのだ。

5　排他性と優越性なき「男」

グローバルなラグビー市場を自身の関心とリテラシーを頼りに歩くBの実践は、まさしく九〇年代以降のラグビー文化の変質を象徴するものだろう。インタビューを通じて、彼の真摯でストレートなラグビーの思いは十分伝わってくる。しかし、彼自身が述べているように、このような特殊なインタビューでもなければ、彼の思いは発露されることはなかった。それは、彼の家庭においても同様だ。

（好きな大会である）「トライネーションズ」は春ですね、三、四、五月と。サッカーのシーズンともかぶりますけど、そこは両方観ますけど。よく奥さんに言われますよ。「あれ、今度はラグビー？」って。多分精一杯の皮肉なんだと思いますよ。一時期やっぱり、かなり不満が強かったみたいで。…なんか、以前シリアスな話になった時に「これは俺の生きがいっていうか、生きる糧だ」みたいに自分が言ったらしくて、向こうは「そこまで言われたらしょうがないな」って、なんかの時に言ってましたね。（B：三四歳）

彼のラグビーやサッカー観戦の実践は、家庭においても共同性の外にある。それでも、このような実践は、彼がこれまで重ねてきたスポーツ文化との関わりの履歴からみれば自然なもので、「ニュージーランドの国歌が歌える」という彼が彼であるための生活史的な拠り所にもなっている。「生きる糧」という表現は決して誇張ではない。

そして、この実践においては、高校時代のように彼の気持ちを奮い立たせてくれた監督もいなければ、支え合うチームメイトもいない。彼の生活において最も重要な実践がローカルで具体的な参照点を持たないまま寄る辺なく続けられ、それはますます個人的でマニアックなものになっていく。このような共同性なき実践における実践者は、男でも女でもなく「私」でしかない。

ラグビーにおいて発露する男性性が、メンバー間のホモソーシャルな連帯を維持し確認するための符丁であることは先に確認した。しかし、本章で検討してきたラグビー者たちの実践には他者の姿が見えてこない。自らを「男」というカテゴリーに区分けするために必要な「男でない者」を、彼らは語りの中で分節化・対象化することはなかった。それどころか、大学ラグビー部の女子マネージャーAの語りは、彼女がプレーに参加できずともチームの強い連帯の中に組み込まれていることを示している。

やっている時は楽しいというより、好きなんですよね、みんなが。同期が、すごく仲間に恵まれたな、と思います。練習中のみんなの顔一人ひとり見ていたら、私がここでふざけたり、生半可なことできないなと思いますよ！…四年生になるとあと一年しかないっていう。みんなと夏に旅行に行ったんですけど、あと何ヵ月しか一緒にいれないねっていう話ばかりして。…試合は、自分がやるわけではないんですけど、緊張してしまいますね。負けないでほしいっていうのはもちろんですけど、怪我しないでほしいっていう。（A：大学四年生、ラグビー部女子マネージャー）

これまでスポーツ文化の実践におけるジェンダーをみつめてきた諸研究は、そこに「男性保護区」(Sheard & Dunning 1973=1988) や「性的アパルトヘイト」(Lever 1983=1996) を見出し、男性集団によるアイデンティティ形成・維持の装置としてのスポーツ文化の側面を照らし出してきた。そこでは女性や同性愛者、あるいは体力や覇気に欠ける者が他者として設定され、排他的・優越的カテゴリーとしての「男」であることを証明する場としてスポーツの実践が位置づけられていた。

もちろん、ラグビーにおける激しさや豪胆さなどの要素は、ゲームの特性上なくなることはなく、プレーヤーたちの強い連帯もラグビー文化の要諦であり続けるだろう。しかし本章で記述してきた今日のラグビー者たちの「男らしさ」は、これまでの諸研究が着目した「男でない者」に対する優越性や排他性を前提にしていない。いまやラグビー者たちは、「仲間」であるために必要な限りで「男」を引き受けているのであって、決してその逆ではないのだ。だからこそ、「仲間」の連帯から解かれた時、つまりラグビー者がプレー空間の共同性から「脱埋め込み」を受けた時に、彼らはもはや「男」というカテゴリーから離脱して、「私」としてラグビー文化に関わっていくのだ(13)。

注

(1) 歴史あるスポーツニュース番組だったフジテレビ系列の「プロ野球ニュース」は、二〇〇一年に「すぽると!」に衣替えすることになった。

(2) 本章では、プレーや観戦や語りを通じてラグビー文化に関わる実践者を、「ラグビー者」と呼び表すことにする。

(3) 同じく階級性を孕みながらも個人競技であるテニスやゴルフに比べると、ラグビーについての国内メディアにおける表象や受容は、その伝統や分厚さにおいて際立っている。

(4) ちなみに、この年に行われた早明戦は、数々のスター選手が結集して戦われた「雪の早明戦」として学生ラグビー最盛期の象徴となり、ファンの脳裏に深く刻まれている。

(5) 大八木淳史と平尾誠二。ともに伏見工、同志社大学、神戸製鋼で活躍。同志社の大学三連覇(八二~八四年)、神戸製鋼の日本選手権七連覇(八八~九四年)の中心選手。

(6) 早稲田大学やサントリーで活躍した元日本代表スタンドオフ。早稲田在籍は七九~八三年。華麗なプレースタイルと端正なルックスで幅広いファン層からの人気を集めた。八一年の早明戦は六万人以上の動員を記録した。

(7) 八七年にイングランドでプレミアシップ(プロリーグ)がスタートし、九五年にはハイネケンカップ(欧州クラブ選手権)、九六年にトライネーションズ(ニュージーランド、オーストラリア、南アフリカの代表対抗戦)、スーパーフォーティーン(南半球三ヵ国の地域代表チームによる大会)が次々と立ち上げられた。日本においては〇三年、それまでの社会人選手権を改組した「トップリーグ」がプロリーグとしてスタートする。

(8) インタビューは二〇〇八年十月から十二月に実施された。インタビュイーの十人は観戦やプレーを通じてラグビー文化に内在的に関わった経験がある者で、年代やラグビーへの関わりにおける多様性の確保を念頭に、雪だるま式サンプリングで選定された。聴き取りにおいては、設定されたトピックにおけるインタビュイーの語りを統制しない半構造化インタビューを採用した。インタビュー内容は逐語的にトランスクリプションに起こされ、その語りが生み出されるコンテクストを明らかにすることが目指された。

（9）ボール保持者がタックルされボールダウンした地点に双方の選手が集結して、ボールを奪い合う状態。

（10）ラグビー部においてプレーに参加できない女性マネージャーは、一義的にラグビーという競技から排除され、そのうえで周縁的存在として包摂されている存在であることは、本章でも前提として確認しておく。

（11）ボール保持者を含む両チームの選手がボールダウンせずに立ったまま組み合う状態。

（12）オールブラックスとはニュージーランド代表チームの愛称で、ワラビーズとはオーストラリア代表チームの愛称。

（13）こうした「集団＝関係性」の変容に基づき、本章のタイトルもロバート・パットナムの『孤独なボウリング（原題：*Bowling alone*）』（Putnam 2000=2006）にちなんでいる。

第六章　「男らしさ」の装着
——ホストクラブにおけるジェンダー・ディスプレイ

木島由晶

1　〈男〉を演じる

「男らしさ」の脱皮と獲得

「男らしさ」は「鎧」であり、脱ぎ去るべきものという議論はますます盛んであるが、その裏返しである「鎧」を身にまとうことについては、近年、ほとんど語られることがなくなった。しかしかつて、脱ぎ去るのではなく、いかにして「男らしさ」を獲得するかについて真剣に問われた時代があった。そのことを端的に示しているもののひとつに、小説家・北方謙三の人生相談がある。

Q：マーロウが言った言葉「男はタフでなくては生きていけない。やさしくなくては生きていく資格がない」――この台詞が好きなのですが、先生は男の優しさとはどんなものとお考えですか。お聞かせください。ただ優しい男ならどこにでもいるように思うのですが、この台詞の持つ優しさとは違うように思うのです。（京都府、S・K、二十歳）

A：……男の優しさとは、自分のルールを押し通そうとして他人を傷つけた時、自分が傷つけた以上に自分で傷ついたかどうかにある。……表面的なやさしさは、女を落とす時のテクニックにすぎないことを忘れずに、心の中の傷を隠して生きていく男だけが、いい女にめぐり逢えるのだと、俺は断言するぜ。（北方 1988:8-9）

「青春相談――試みの地平線」と題されたこの問答は、男性誌『Hot-Dog PRESS』に一九八六年から連載された。これは「男らしさ」に自信のない投稿者が、「男らしい」と定評のある回答者に人生の教えを乞うスタイルを採っており、回答者の「小僧ども」と呼びかける尊大な言葉づかいや、断定的で熱のこもったコメントの数々が話題を呼んで、今日では「伝説の人生相談」とも称されている（北方 2006）。そしてこの時、投稿者と回答者の双方で獲得すべきとされていたのが、ハードボイルドという「鎧」だった。

右の引用にもみられる通り、今日ハードボイルドと聞いてだれもが思い浮かべるのは、アメリカの小説家レイモンド・チャンドラーが私立探偵フィリップ・マーロウに語らせた例の台詞であろう。

もっとも、この「タフ」と「やさしさ」の二語は、原著にあった"hard"と"gentle"の二語を小説家の生島治郎が大胆に意訳したもので、忠実な訳語といえない[1]。しかし生島の訳語は、どんなにつらいことがあっても、人前では笑みを保っておくべき、といった「男の美学」を上手に表現したものとして、映画『野性の証明』（一九七八年）の宣伝用コピーに採用され、以後、多くの人に知れわたることとなった。

この台詞に象徴される「男の美学」は、裏を返せば「弱さをみせるな」ということであり、そうした努力を怠ったなら、人によっては「女々しい」（silly）と感じて恥じるかもしれない。しかしもちろん、やせ我慢を続けることの方が恥と感じられたり、「女々しい」という印象にひそむ性差別的なふくみが看取されたりすれば、この時獲得すべきとされた「鎧」は、そのまま、脱ぎ去るべき「鎧」に転じる。

指針なき時代の不安

いずれにせよ、獲得や脱皮といった動きが人々のあいだで切実な課題として意識されるためには、自明であるはずの「男らしさ」という観念にゆらぎが生じていなければならない。一般的にいえば、これは明らかに家父長制が失墜していく戦後史の動きを象徴しており、現在もなお進行中の現象であろう。しかし、「団塊世代」「共通一次世代」「新人類」「団塊ジュニア」「ポスト団塊ジュニア」といった世代論的区分をかりてもう少し限定するなら、ゆらぎがひときわ切実に受け止められていたのは、とくに「新人類」世代であったといえよう。

例えば、一九八〇年代の後半に「アッシー、メッシー、ミツグくん」が流行語となり、三歩下がって男性の後を付き従うような「弱い女」と「強い男」の関係性が転倒して報じられたとき、『Hot Dog Press』のような若年男性向けのメディア媒体は、デートマニュアルなどの形で「どうすれば女性を攻略できるか」という特集を頻繁に組んだ。それは一方では、旧来の「男らしさ」からの脱皮をうながすものであったが、他方で同時に、失われつつある「男らしさ」をふたたび獲得するための指南書でもあった（そもそも「ナンパのすすめ」と「硬派な人生相談」が一つの雑誌に「同居」していたこと自体、ゆらぎの大きさを物語っている）。

しかし今日では、状況は一歩進んでいる。デートマニュアルが用済みとなり、事前に下調べをして女性をエスコートするようなふるまいが時代遅れになって、脱皮や獲得の基準となるはずの「男らしさ」という観念そのものにも共通の了解をみいだせなくなった。実際、藤村正之が指摘するとおり、各種のデータを検討するうちにみえてくるのは、「勇猛果敢というような硬直的な『男らしさ』は期待されなくなっているし、多くの若年男性はそれができなくなっている」（藤村 2006：225）ことである。こうした意味での切実さを劇画的に示す一つの好例を、私たちは「佐藤友哉の人生・相談」にみることができるだろう。

カードローン地獄に嵌ってしまいました、どうすれば良いのでしょうか？　不良だらけの高校に入学したのが原因で不登校になってしまいました、どうすれば良いのでしょうか？　……こんなに重たい相談内容に答える技量が、知識が、経験が、僕にはない。どう答えたら良いのか全く解らないのです。……では相談ですが、人生相談が出来るほどの作家になるにはまず何をすれば良いのでしょうか？（佐藤 2004：208-209）

文芸誌『ファウスト』に二〇〇三年から連載中のこのコラムは、北方の人生相談と比べた場合、二重の意味でねじれたスタイルを採っている。すなわち、みせてはならないはずの「男の弱さ」をさらけ出し、答えを示すはずの回答者が読者に教えを乞う点で、従来の人生相談をパロディ化している。だからもちろん、佐藤は北方流の「鎧」を身につけようとしていなければ、それを脱ぎ去れば楽になるとも思っていない。むしろ佐藤は、そうした「鎧」がもはやロール・モデルにならないことを嘆きつつ、「卑屈さと劣等感」を剥きだしにして、「いつものように道化を演じ」てみせるのである（佐藤 2004）。

こうして、かつてはくっきりみえていたはずの「鎧」の姿がみえなくなると、切実さを帯びてくるのは、いかに脱皮／獲得するか以上に、何を指針とするかという課題である。ただしそれはむろん、権威に下駄を履くような旧式の「鎧」ではありえない。いわば「剥き身」のままで放りだされ、何を着てよいかがわからない――この点に、今日の青年をめぐる新しい男性問題がある。

「男らしさ」を演じる職業

これは演技的な問題といえる。なぜなら、本当に「男らしい」かどうか以上に、そうみえるかどうかが問われているからである。そしてその変化はなにより、北方と佐藤の演じ方に表れている。すなわち、北方は「鎧」の獲得を理想と信じられたからこそ、「強い男」を演じて読者に指針を示したが、佐藤はそんな風には信じられないからこそ、「弱い男」を演じて読者とともに指針の在り処を探している。つまりここには、旧式の「鎧」がリアリティを失った後に、人前でどういうふりをしていればよいかという問いがあるから（実際、佐藤の連載第一回目の相談は「カメラ映りをよくするにはどうすればよいか」である）、そうした問いに「鎧」からの脱皮というスローガンは効力をもたない。

ならばどうすればよいか。本章では、今日的な「男らしさ」の演技を考えるにあたって、ホストクラブで働く男性従業員（ホスト）に注目したい。理由は二点ある。一つは、ホストが「よき男性」としてふるまうことを期待される職業だからである。ホストクラブでは、私たちの日常生活にみられる〈男〉と〈女〉の関係が、つぎのような形でねじれて表れる。まずこの商業空間では、旧来的な「強い男」と「弱い女」の役割（role）が、転倒して遂行される。つまりそこでは、女性が金で男性を「買う」のであり、ホストの支配権や決定権は客の側にある。しかし他方で、ホストクラブでは「強い男」と「弱い女」の役柄（character）が、誇張して演じられる。そこでは、女性が男性に金を「貢ぐ」のであり、そうした金銭的奉仕を客は少なからず楽しんでいるのである。いずれにせよ、ホストが「よき男性」とみなされなければ、店にお金は支払われない。

もう一つは、ホストクラブそのものに「男らしさ」の変化が示唆されているからである。ホストクラブとは、男性スタッフが接客する飲食店をさすが、一九九〇年代の前半ごろから、歓楽街のホスト遊びは中年文化から青年文化へとシフトした。すなわち「男の社交場」とされてきた歓楽街がいかがわしさを失い、「マダムの社交場」だったホストクラブに若い女性も気軽に立ち寄りはじめた。例えば、小説家の中村うさぎ、漫画家の倉田真由美とともに、日本各地のホストクラブを取材した編集者の深澤真紀は、今日の状況をつぎのように要約している。「ホストクラブというと金ぴかの内装に、派手なスーツを着たホストがいて、マダムを接待するというイメージが強かったが、近年は内装もシンプルになり、ホストも普通のスーツを着ていることが多い。お客も若いので、合コン乗りのような店も多い」（中村・倉田 2002:239）。

こうした状況の変化を調べるために、筆者はかつて、実際にホストクラブで働いていたことがある。時期は二〇〇一年の三月から六月にかけての延べ百日間で、場所は大阪・梅田にある某店である。この店は、近年さかんにテレビ番組などで取りあげられており、関西随一の収益と、多くの「カリスマホスト」を有することで知られる。筆者はここでの参与観察中に様々なホストと知りあい、行動をともにした。そして、そこでつちかった人脈をたよりに、店を辞めて以降も、たびたび梅田・新宿の歓楽街にあるホストクラブを中心に聞きとり調査を続けている。筆者が調査したのは、①オーナーが二十歳代前半〜三十歳代前半で、②店は九〇年代の後半以降につくられたものであり、

③従業員も客も二十歳前後の青年層を中心としている。以下では、これらの調査でえられた知見をもとに、今日のホストがいかに「男らしさ」を演じているかを検討していく。

2　上演舞台としてのホストクラブ

ゴッフマンのユニークネス

ホストが演じる「男らしさ」を考えるにあたり、有益な手がかりを与えてくれるのがアーヴィング・ゴッフマンの社会学である。ここでは、そのアイデアのうちいくつかを援用して、分析の下地を整えておきたい。まずは彼の着眼の特色を、大きく三点、抽出しておこう。

第一は、人々の行為の中身（何をするか）よりも、外見（どうみえるか）に注目したことである。伝統的な社会学の概念と対置するなら、「役割─行為」（role-action）の側にではなく、「役柄─表出」（character-expression）の側に力点がおかれる。よって、これを〈男〉と〈女〉の関係性にあてはめた場合、「男は仕事、女は家庭」といった役割分業のありよう以上に、「男は堂々と、女は可愛らしく」といった挙動やしぐさが、いわば役柄分担のありようが分析される（Goffman 1979）。

第二は、集団そのものよりも、それが立ち現れる背景に注目したことである。社会学では通常、「社会」を人間関係の網の目ととらえて、その関係性のあり方から集団を類別するのが一般的だが（「コミュニティ」と「アソシエーション」など）、ゴッフマンはむしろ、人と人とが居合わせる社会的場面の方こそを類別してみせた。すなわち、集団が「ある」のではなく、いかにして集まり（gathering）が形成されるのかに注目して、極から極をいえば、「出会い」（encounter）から「全制的施設」（total institution）までを分析の対象とした。前者は、単に人々が居合わせる曖昧で流動的な状況（雑踏におけるすれちがいなど）を、後者は、外部から厳格に隔離され、管理のゆき届いた施設（精神病院や監獄など）をさす。

第三は、そうした場面で他者の面前に表れる「私」の姿を、重層的にとらえたことである。大村英昭の表現を借りると、「従来、『役割分化』や『役割葛藤』、さらに『役割隔離』（むしろ観客隔離）などの概念によって、横に並べて把握されてきた複数の『私』が、ゴッフマンにおいて、互いに包括—被包括の関係をもったいわば深さの層として把握された」。すなわち、会社では「よき社員」、家庭では「よき父」……というふうにとらえるのではなくて、ホンネとタテマエ、素顔と仮面などの言葉で呼び表されてきた「対象レベルにある『私』と、メタ・レベルにある『私』」とを、いわば同時につかみとろうとするところに特徴がある（大村 1985:7）。

こう整理すると、ゴッフマンのユニークネスは、従来の社会学的な認識枠組みの「図」と「地」の反転で成立しているともいえる。実際、彼の視座からは、どんなに人々がかっちりと組織づけられているようでも、それはきわめて移ろいやすい（vulnerable）ものでしかない。しかし、にもかかわらず、あるいはだからこそ、人々は互いに協力しあい安定した秩序の維持に努めようとする。こうした対面相互作用のレベルにおける固有の秩序の探求に、ゴッフマンは一貫して関心をもち続けたのだった（Goffman 1983）。

パフォーマンスと局域

『行為と演技』（Goffman 1959=1974）は、そうした「ゴッフマン社会学の方法序説」として、「対面的相互行為を分析するための基本的な道具立て」（吉見 1989:178-192）を整備した著作に位置づけられている。ここで彼は「劇場のパフォーマンス」という分析視角を採用する。これは要するに、人と人とが居合わせている場面を「劇場」に、そこにあるものを「舞台装置」に、そして、そこにいる人々を「役者」や「共演者」や「観客」などに見立てて分析するものである。

カフェを例に考えてみよう。人は他者と居合わせる時、その場にふさわしい役柄を演じている。言葉を換えれば、他者の目からふさわしく映るように、自分の外見の印象を管理している。例えばウェイターは、店で働いているあいだは、「ここはカフェで、私はウェイターである」という状況の定義にしたがい、ウェイターらしくテキパキ動く。他方で客もまた、店にいるあいだは、「ここはカフェで、私は客である」という定義に沿って程よくくつろぐ。こうして私たちは、意図的か否かにかかわらず、いわば「みえない上演台本」にしたがって生活している。

しかしそうはいっても、だれもが均等に状況の定義にかかわるわけではない。その場を統制しやすい側と、しにくい側との関係は、しばしば非対称的であり、そして劇場論の眼目は、前者の「パフォーマンス・チーム」が後者の「オーディエンス」に対し、適切なリアリティの維持に努めるさまを明らかにする点にある。例えば、カフェを運営するスタッフ（パフォーマー）は、そこを訪れる客（オーディエンス）よりも、はるかに「有利」な立場にいる。そこには、レジやコーヒーメーカーなどの「舞台装置」が整えられており、スタッフだけがそれを自在に操ることが許されていて、さらにはスタッフどうしが連携するなどして、客の入手できる情報に様々な制約を加えることができる。

そして場面がこのような状況にあるとき、パフォーマーたちの演じる舞台＝「局域」（region）は、大きく三つに分離されやすいとゴッフマンはいう。局域とは、知覚の仕切りとなって区画された場所のことで、特定のパフォーマンスを準拠点とした場合、①役柄がオーディエンスの眼前で成功裏に演じられる「表局域」（front region）、②オーディエンスから隔離されて役柄から降りる「裏局域」（back region）、③そのどちらにも属さない「局域外」（outside）とに区別できる。カフェであれば、だれもが立ち入ることのできる客席が「表局域」、"STAFF ONLY" の札が掲げられた控え室や厨房が「裏局域」、そして、店の外のあらゆる空間が「局域外」に相当する。

さて、以上の概念装置を借りた場合、ホストクラブも飲食店の一種であるから、基本的にはカフェと同様の局域編成でとらえることができる。けれども、ホストの局域には、それと決定的に異なる部分がある。このことを理解するためには、ここで一度ゴッフマンから離れ、ホスト業の特色へと目を転じるのがよい。

自営する従業員

ホストの「朝」は、太陽がしずむと同時にはじまる。月下の歓楽街は、きらびやかなネオンを陽の代わりとして働く、夜の世界の住人たちで満ちあふれている。彼らは一般の会社員が仕事を終えるアフターファイブから出勤し、明け方までみっちり働く。そのためホストも、一般の会社員とは逆の時間帯で働いており、昼間はもっぱら寝ているものと考えられがちである。

しかし、ホストは日中働いていないのかというと、けっしてそうではない。というのも、彼らの仕事は接客だけではないからである。ホストは、店に雇われている従業員であると同時に、なかば自営業のような側面ももっている。あるいは、店のテーブルを借りている個人事業主のようなもの、といった方がよいかもしれない。客を店に連れてくるのはホスト自身の仕事、そして売上をあげるのもそのホストしだいである。しかも、そのやり方はそれぞれのホストに一任されている。店内のマナーやルールは最低限のものしか用意されていないので、それさえ守れば、基本的には何をやってもお咎めがない。

それなら一体、ホストは日ごろ何をやっているのか。彼らの仕事は大きく、①「接客」、②「キャッチ」、③「営業」の三つに分けられる。①は、あらためていうまでもないだろう。ホストのホストたるゆえん、つまり店で客を楽しませることを意味する。雑談したり、ラブラブな雰囲気を演出したり、「一気」したり、カラオケをしたり、ゲームをしたりする。いうならば、連日コンパをしているようなものである。

②は文字どおり、女性をつかまえることを意味する。ホストクラブはキャバクラなどとはちがって、広告さえうっておけば客が勝手に店にやってくるということはまずない。加えて、店の前で客引きをしてくれるボーイもいない。そのためホスト自身が街に繰りだし、行きかう女性に果敢に声をかける。

そして③は、客（ないし客候補）と店の外で親睦を深めることを意味する。つかまえた女性に客になってもらうために、あるいはすでに店に通ってくれている客を手放さないために、ホストは様々な手段を講じる。例えば、友達との集まりのさいの「カレシ」の代役、買い物のつきそい（荷物もち）、銀行の振込み、病気のときの看病または買い出し、引越しの手伝い、旅行中のペットの世話、日曜大工、自転車のパンク直し、家事手伝い、ストーカーの撃退、病院（産婦人科をふくむ）へのつきそいなどである（沢村 2001:38）。こうしてみると、ほとんど「なんでも屋」のようだが、基本的には、客と店外デートを重ねているのだと思えばよい。

明けない仕事

図6-1は、一般的なホストの仕事のサイクルを図示したものである。まず矢印の流れは、①②③の三つの仕事が相互にどのように結びついているのかを示している。ホストは、キャッチした客と、営業を通して親睦を深め、店に連れてきて接客する、という一連の行為すべてに関わっている。なかでも、彼らにとってもっとも重要かつ難しい仕事は、勤務時間内に客を店まで連れてくること

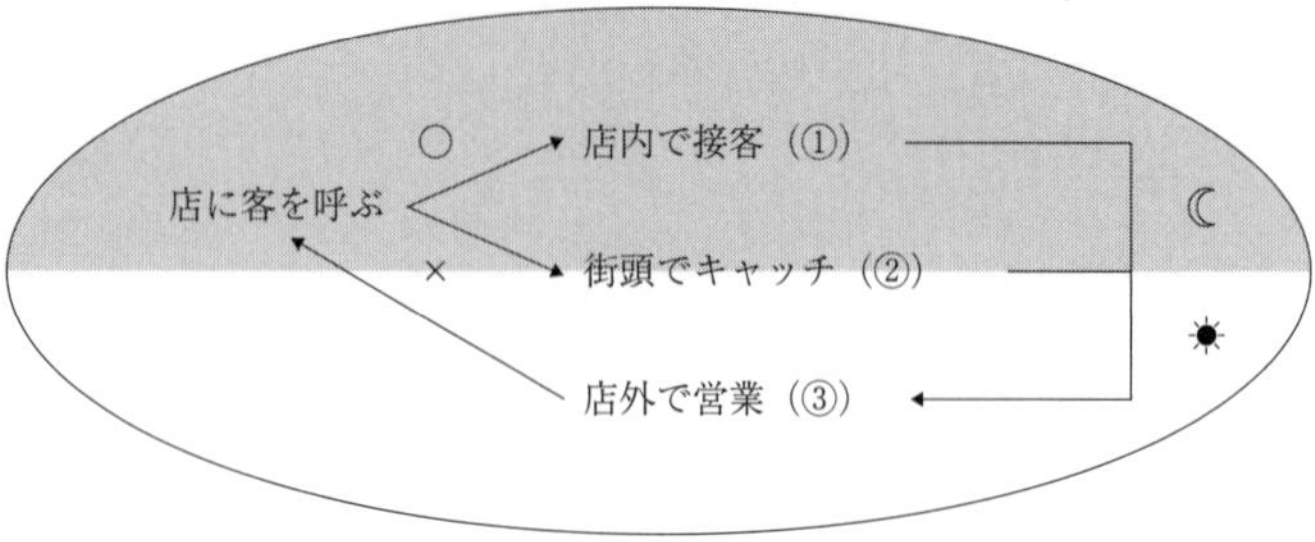

図6-1　ホストの仕事のサイクル

である。客を連れてくることができてはじめて、接客（①）というホスト本来の仕事も成りたつのであるから、もしも連れてくることができなければ、街頭で客をキャッチ（②）するところからはじめねばならない。そして、客を店に連れてくるために、ホストは勤務時間外に積極的に営業（③）にはげみ、客との親睦を深めようとする。したがって新規の客をつかまえる場合、②→③→①の手順をふむことになるが、一度指名をとってしまえば、その客とはひたすら③⇔①をくり返す。

一方、楕円で囲った枠の上半分と下半分は、昼と夜の区別を表している。上半分に示した接客は夜間、下半分に示した営業は昼間、そして中央に示したキャッチは、昼夜分かたずおこなっているという意味である。ホストが店に拘束されるのは夜であるから、夜は従業員の役割、昼は自営業の役割をはたすといってもよい。ともあれ、図示したように接客はホストの仕事のほんの一部にすぎない。むしろ営業こそが彼らの仕事のなかで大きなウェイトを占めており、また、重要な意味をもつ。

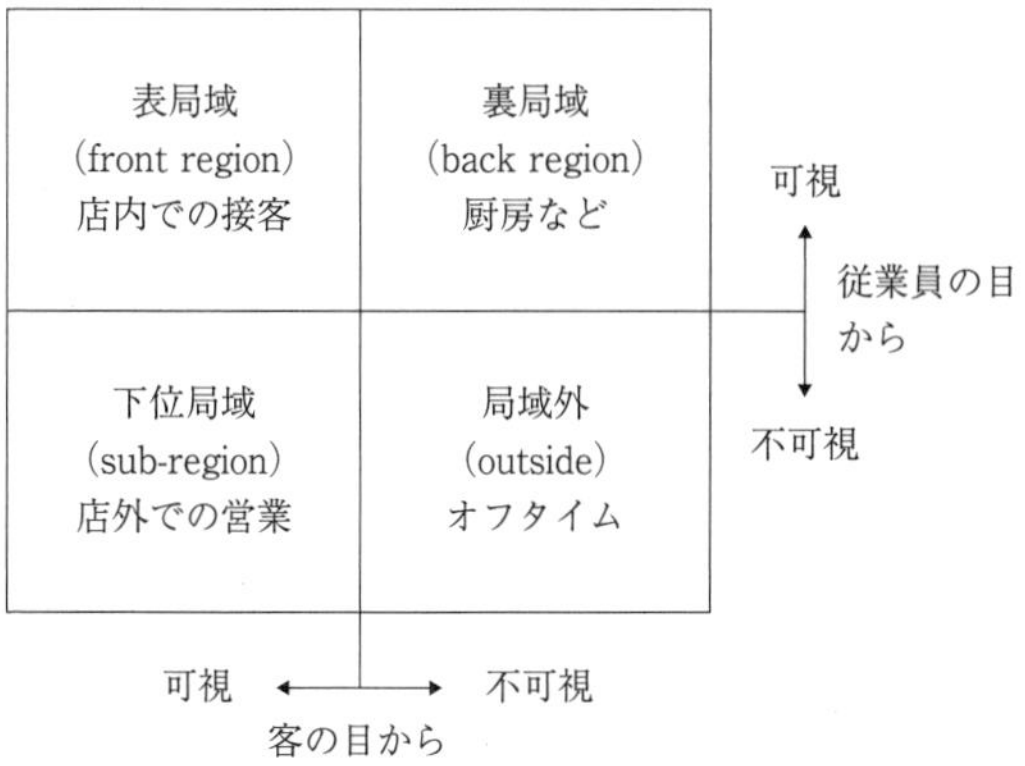

図6-2　ホスト社会の局域編成

ホスト社会の局域編成

以上をふまえると、ホストの局域は物理的な空間で区別しきれないことがわかるだろう。彼らは店の外でも積極的に客と接触している。たとえ閉店時であっても、客の面前にいる以上は、ファストフード店にブティックホテル、公園に遊園地、客の家から自宅にいたるまでのあらゆる空間が「舞台」となる。すなわち、彼らの局域は時間的にも分離されており、夜の接客場面が「表局域」であるとすれば、昼の営業場面はいわば「下位局域」(sub-region)と呼ぶことができる。

そしてこの「下位局域」が、もう一つの「舞台裏」を形成する。ここで重要なのが、従業員でありつつ、実態は自営業者に近いという、ホスト業の二面性である。この観点からみた場合、「裏局域」は客の目から隔離された従業員どうしの「舞台裏」であるが、「下位局域」は、他の従業員の目から隔離されるという意味で、個人事業主としての「舞台裏」になる。つまりそこでは、他のホストにはけっしてみせられない営業の姿も露呈される。

こうした局域編成を図示したものが図6-2である。「表局域」は、ホストの役柄がもっとも効果的に演じられる場所だが、「裏局域」と「下位局域」は、その役柄から半分ずつ降りているような状況といえる。つまり彼らは、一日のなかで居合わせる相手をころころと入れ替えつつ、生活時間の大半をホストの役柄ですごす。したがって、彼らが演じる「男らしさ」の特徴をつかむためには、店の中に注目するだけでは足りない。むしろなかなか注目されない部分、とくに店の外でのふるまいと併せて検討する必要がある。

3　ホストクラブのジェンダー・パフォーマンス

ホスト社会の競争原理

ホストクラブは一種の駆け込み寺である。近年でこそ、各種のメディアで華々しく取りあげられるようになり、ホストに憧れて店の門を叩く青年も増えたが、しかしそれでも、入店希望者の大半は、前の仕事が肌にあわないと感じて辞めてきた転職組であり、そしてそうした人々に対しても、店は広く門戸を開いている。

理由は大きく二つある。一つは、慢性的に求人難だからである。見た目のお気楽な印象とは裏腹に、ホストの仕事はかなりの重労働なので、なかなか長くは続けられない。つまりすぐに人が辞めていくので、来る者は拒まれず、どんな人でもたいていは採用される。もう一つは、採用しても損をしないからである。給料は基本的に歩合で支払われるし、(2) 福利厚生の類も保障されていない。店はただ接客の場を提供しているようなものであるから、店に迷惑さえかけなければ、どんな人でも居てくれて構わないとされる。

こうした意味で、ホストの雇用は一般企業のそれと比べると、はるかにルールが単純化されている。前科は問われないし、学歴や経験も必要ない。そして、しばしば誤解されがちであるが、イケメン（美男子）でなくともよい。もちろん、見栄えがよいにこしたことはない。しかし見栄えのよさと仕事のできは必ずしも一致しないし、それに重要なのは結果であるから、手段はどうあれ、ともかく売上げればよいということになる。

実際、ホスト社会は売上至上主義に貫かれている。売上は一方で、人気あるいは魅力といったあいまいな価値の基準を一元化し、計測・比較可能なものに変換してホストの価値を規定する。これを象徴するのが「売上ランキング」である。街頭広告で、ウェブサイトで、風俗情報誌で、要は公の目にさらされる際にはいつでも、ホストは№1、№2……といった売上順で公表される。ちなみにこれは「裏局域」でも徹底しており、先月の自分の売上はいくらで、それが店のホストのなかで何番目に位置するのかを示す「売上表」が、男性用（つまり従業員用）トイレや厨房などの目につくところに貼ってある。

他方で売上は、ホストに様々な恩恵をもたらしている。つまり店は売上に応じて待遇を変える。

例えば、歩合給の割合を上昇させたり、出勤時間をフレックス制にしたり、豪奢なマンションを貸し与えたりする。閉店後におこなわれるミーティングの席順や、「幹部」「支配人」「店長」といった職階(3)も、基本的には売上で決まる。だから売れないホストと売れっ子ホストの格差は、金銭面以外でも大きく開く。すなわち、売上げなければ目も当てられないが、反対に大きく売上げたなら、地位に名誉に金に女に……といった諸々の世俗的な成功を、彼は丸ごと手にすることができる。

こうして、ホストにとって売上の競争は、「面子」の競争でもある。彼らは売上のランクをあげることに、なにより心血をそそいでいる。店内の「売上ベストテン」に名をつらねること、一つでもランクをあげて№1の座に近づくこと、手にした№1の座を少しでも長く維持すること……。要するにこの業界に身をおくかぎり、彼らの売上競争に果てはない(4)。

生活世界の局域化

ホストが売上を伸ばすためには、〈男〉を磨いておく必要がある。もちろん、客は「いい男」と居合わせるために店でお金を支払うからである。したがって売上競争に熱心なホストほど、その仕事から解放されているはずの「局域外」においても、自分の商品価値を高める努力に余念がない。

それは例えば、役柄の整備に費やされている。客と会う際にいっそう魅力的に映るよう、髪形や服装に気をつかうのはもちろんのこと、ジムや日焼けサロンに足しげく通い、タトゥや美容整形で身体加工をほどこすなどして、客に好まれる外見を整えている。また、コミュニケーションのとり方をつかむべく、心理学書を読んでは「女心」の理解に努め、お笑い番組を観てはトークの「もっていき方」を研究している。

あるいは営業の「舞台」を整えている。人気の料理屋やアミューズメント施設をおさえておくのも、むろん効果的な「下位局域」を知るうえで重要であるが、一人暮らしの場合は、いつ客が訪れてもいいように、自宅を「営業用」に演出するのがてっとり早い。すなわち、居間にラブソファを、寝室にブラックライトを置くなどして、自宅をブティックホテルのように飾り立てておき、チワワが流行ればチワワを飼うなどして、そこに親しみやすさのある「アイテム」を投入するのである。

これらの場合に興味ぶかいのは、売れたなら売れたぶんだけ、身辺の演出にかけられる費用も増えてゆくことである。例えば、筆者が働いていた店には、平均して月に一千万円を稼ぐ「カリスマホスト」が在籍していたが、彼はその収入を達成したころから、運転手付きのロールスロイスで通勤するようになった。聞けば、レンタル代だけで月に一千万円近くの費用がかさむのだという。もとより、歩いて五分の距離でもホストはタクシーで通勤したがるものだが、たとえ彼の発言にいくらか誇張が含まれているにせよ、手元にほとんど収入が残らないだろうことは想像にかたくない。

ここには、ソースティン・ヴェブレンのいう「衒示的浪費」(conspicuous waste)の原理がみてとれる(Veblen 1899=1961)。わたしたちは、自分の欲望を満たす実用的な消費とは別に、他人にみせびらかすために無用な浪費をすることがある。ヴェブレンによると、そうした浪費の根底には見栄(emulation)、すなわち、名誉を求め、上下の差別を明確にして、他人に優越したいという欲求がはたらいており、この意味で浪費をすることは、他者との関係性を表示することに等しい。

ただし見栄といっても、ヴェブレンの眼目は、見栄を張りたいという個人的な欲求よりも、見栄を張らされてしまうという社会的な規範の側にあった。すなわち、たとえ浪費が個人的におこなわれているようでも、背景にあるルールや習慣などは、社会的な過程をへて形成されてきたものであるから、人はしばしば、暗黙のうちに公認された「規則の体系」(a code of accredited canons) にしたがって浪費しているのだという。

これをふまえてロールスロイスの例に戻れば、彼の浪費はつぎのように理解できよう。すなわち、少しは貯金すればいいようなものの、稼いだぶんだけ演出に注ぎこむのは、彼自身がそう欲求しているからというより、むしろホスト社会の規範的な要求にしたがう部分が大きいと考えられる。彼は「カリスマ」の名誉に酔いしれつつ、その面子に見合うだけの金額を浪費させられているわけである。

ともあれ、ホストが身辺の演出に精をだせばだすほど、彼らの生活世界はいわば「局域化」していく。つまり「局域外」であったはずの時空間が、「舞台」の準備と上演にかかわる「局域内」へと変貌していく。そして、こうした「局域化」の進行が生活世界の全域を覆い尽くせば、役柄であったはずのホストの「仮面」は、かぎりなく当人の「素顔」に近づく。すなわち、外見と中身、演出と実像といった区別がつかなくなり、彼にはふだんからホスト然としたたたずまいが備わることになる。

面子でつながるバディ

ホスト社会の競争原理は、客の側にも同じように作用している。つまり彼女たちもまた、自分と接するホストが売れるのは名誉であり、鳴かず飛ばずのままでいるのは恥である、といった感覚を少なからず共有している。

その最たる理由は、客とホストが中長期的な二者関係を築く点にある。ほとんどのホストクラブには、一度自分の担当に指名したホストを二度と変更できない「永久指名」の制度がある(5)。客は店に通うかぎりは、いつでも同じホストと遊ぶことになるから、そのホストに人としての親近感を、あるいは「商品」としての愛着をいだきやすい。ここにホスト遊びが「擬似恋愛」と呼ばれるゆえんがあるが、そのような関係のもと、客は程度の差こそあれ、担当ホストの売上に貢献する形で彼らの競争ゲームに参入していく。この意味で客とホストは互いの面子をかけて共闘する、いわば「バディ」の関係にある。

なお、客とホストがこうした関係にあるとき、ホストが客を手玉にとっていると考えるのは必ずしも正しくない。逆のケースも多々みられるからである。「キラー」と呼ばれる客が典型だろう。彼女たちは、売れっ子ホストには興味を示さず、店に入ったばかりの新人にねらいを定めるところに特徴がある。それはジャニーズ・ファンの女子が、まだ「ジュニア」でしかない(メジャー・デビュー前の)アイドルを「応エ《マ》ン《マ》」する状況と似ている(辻 2003:304-30)。とはいえ「キラー」は、コンサートに足しげく通い、ＣＤや写真集を購入して人気に貢献するようなファンの段階には留まっていない。彼女たちは、実際にホストと交流をはぐくみながら、あたかもペットを飼育するかのように、ホストを育てて悦に入るのである(6)。

ともあれ、ホストが複数の客と「バディ」の関係をとり結び、順調に売上を伸ばしてゆけば、店を中心にしたホストどうしの売上競争と同型の構図が、今度は、担当ホストを中心にした指名客どうしの支払い競争という形で立ち現れてくる。つまりそれぞれの客が、そのホストにもっとも必要とされ、どの客よりも金払いのよい「太い客」の座をかけて争うようになる。こうして客も、ホスト社会の見栄の張り合いに規範的に巻きこまれながら「衒示的浪費」に駆り立てられていく。

そしてこうなると、もはや担当ホストの側もただでは済まない。客の一人ひとりに対して、「お前が一番」あるいは「特別」といった態度で接することを余儀なくされるからである(7)。その演技はとりわけ、営業場面である「下位局域」において発揮される。典型的なものは「素の自分」の演出である。例えば客に「私だけには他の客にみせない姿もみせている」と思ってもらうべく、彼は「通常営業」の他にも、ジャージに着替え、ドライヤーで寝癖をつけ、自転車をこいで客の家に行くといった「出前営業」を織り交ぜることになる。

また、印象管理のためには、時間差で客に会うという「オーディエンスの分離」（Goffman 1959=1974）も欠かせない。ホストは街中での営業が終われば、必ず改札口まで客を見送るし、可能であるなら、電車に乗りこんだ彼女が視界から消え去るまで手を振りつづける。これは客に「優しさ」を示すばかりでなく、客どうしの鉢合わせを避け、「特別な存在としてあつかっている」という印象に齟齬をきたさないための基本的な技法である。売れっ子になればなるほど、彼らはささいな要求でも客の呼びだしに応じなければならなくなるから、まして年中行事のある日などは大変である。例えばお正月には、三が日のあいだ中、一時間おきに別の客と「初詣」をくり返すことになる。

オブジェとしての男性性

こうして夜のホストクラブは、ホストのみならず、客にとっても己の面子をかけるひのき舞台となる。ただしよく知られる通り、この「表局域」は年中同じペースで盛りあがらない。ひときわ「舞台」が輝くのは、なんといっても一カ月間の売上が決定する月末（締め日）であり、それは閉店時間の「終幕」に向けてどこまでもヒート・アップしていく。

この時店のなかでは一般に、テーブルごとに図6-3のような形で接客がおこなわれる。テーブルの角に担当ホストと指名客とが寄りそって座り、二人を「邪魔」しない距離で、脇に接客を支援する数名のホスト（「ヘルプ」と呼ばれる）が席に着く。担当ホストを準拠点とした場合、「ヘルプ」は彼の「パフォーマンス・チーム」になる。すなわち、客の前で担当ホストは「いい男」を演じ、「ヘルプ」はそれを協力して持ちあげる。(8) この観点からみれば、客はホストどうしの「パフォーマンス」を眺める「オーディエンス」の立場にある。

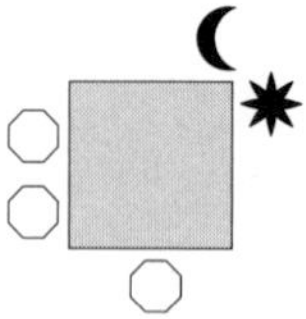

図6-3　接客時の風景

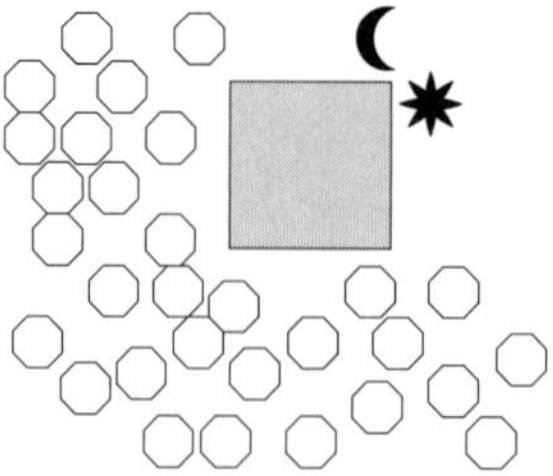

図6-4　ドンペリコール時の風景

☾は担当を、✷は客を、○はヘルプを指す

しかし重要なのは、この時客も、文字どおり「パフォーマー」としてふるまう点にある。前述のとおり、ゴッフマンの劇場論は、本来ならば劇場（役者）ではないものを劇場（役者）に見立てるところに眼目がある。ただしホストクラブは、それ自体がきわめて劇場的な性質を帯びた非日常の空間である。店には百万円単位の高級酒がゴロゴロしており、客はドレス・アップして意気揚々と店の門をくぐる。つまり客は、ホストの働きぶりを眺めるばかりでなく、その場に見合う〈女〉として映るよう、店のなかで精一杯の背伸びをしている。だからホストも、「ふだんの私」以上に気合を入れた客の演技を、損なわないよう演技することが求められる。

そこでパフォーマンスの準拠点を、担当ホストの側から指名客の側に転じてみると、別の風景が浮かんでくる。客は他の客や「ヘルプ」に、というよりは店全体に向けて「いい女」を演じ、店のホストはそれを協力して持ちあげている。なかでもそれが際立つのは、客が高額の酒を注文する「ドンペリコール」[9]の局面である。この時店中のホストは、それぞれのテーブルでおこなっていた接客を一時中断して、彼女と担当ホストをぐるりと囲み（図6-4）、彼女の功績を最大限に褒めたたえる。すなわち、司会者役のホストがマイクを使って音頭をとり、他のテーブルにも響きわたるように全員で掛け声のシャワーを浴びせる。コールの仕方は定期的に変わるが、指名客と担当ホストの名を連呼した後に、「これからもよろしくね♥」などと感謝の意を伝えるのが基本形である。こうして、店は一気に記者会見でもしているようにショー・アップされる。

したがってそこには、「外助の功」とでも呼ぶべき特徴がある。客は昼に「尽くされる女」となり、担当ホストをあごで使うなどして存分に満足感を味わう。そのぶん夜は「貢ぐ女」として金銭的な奉仕に努めるわけだが、従来の「尽くす女」と異なるのは、通常の性別役割分業が男性を「陰」で支える役回りであるのに対して、彼女たちは店で奉仕し、店でその功績が大々的に賞賛される点にある。「光」を浴びているのは、担当ホストというより、むしろ客の側なのである。

ゆえに担当ホストは、夜は「貢がれる男」としてふんぞり返っているようでも、実は客の「衒示的浪費」を満足させるオブジェのようなものである。一見、楽をして儲けていそうなホストであるが、みてきたとおり、昼間も客の都合に振り回されるため、彼らの言葉を借りれば、「一般のサラリーマンより三倍大変」な重労働といえる。そして、そうした水面下の労働でみせる「一見するとマッチョなようで実は繊細」といった役柄の二面性が、客の側からすれば、少女マンガで描かれる男性ヒロインへの幻想（例えば雨の日に一人濡れた子犬を抱き上げている不良のような）などと合致して「萌える」のであり、またホストの側からしても、自尊心を満足させる「快楽」の源泉なのである。

4 「男らしさ」のコーディネイト

望まれる男性像の探知

以上、ホスト社会における「男らしさ」の演技について検討してきた。ここで、旧来的な演じ方の典型を、冒頭でみた北方謙三に求めるならば、ホストの演じ方がそれと二つの点で大きく異なることを確認できよう。

一つは、「男の美学」をもたないことである。これはデヴィッド・リースマンのよく知られた社会的性格の類型、つまり「内部指向型」(inner-directed)と「他人指向型」(other-directed)に当てはめると理解しやすい(Riesman 1961=1964)。前者は、文字通り自分の内側にある価値の基準に照らして、ある目標に向かって一路に邁進していくタイプであり、いわば「信念の人間」である。他方で後者は、他人やメディアの評価といった外的基準に心を配って目標を達成していくタイプであり、いわば「空気を読む」人間である。リースマンはこれを航海術にたとえた。「内部指向型」は手元に羅針盤をもち、北なら北と方向が決まれば、嵐があろうと目的地に向けてガムシャラに突っ走っていくが、「他人指向型」はレーダーを片手に、嵐の到来を事前にキャッチして、安全な航路をとって目的地に着く。

この比喩でいえば、北方流の演技には明確な「羅針盤」がある。彼は「男の理想」を内面にインプットして生きることを称揚する。つまり「自分のルールを押し通して」生きることが、「男が男を失わない」ために必要だと説く（北方 1988）。しかしホストの演技はそうでない。彼らがしたがうのは客のニーズであって、相手の反応を敏感に察知する「レーダー」を研ぎ澄ませながら、望まれる男性像を演じているにすぎない。そして北方が「男の誇り」を守り抜くことに自尊心をもつのに対し、ホストが自尊心をもつのは、売上のランクを守り抜くことである。

望まれる状況の探知

いま一つのちがいは、単一の役柄に固執しないことである。かつてトラヴィス・ハーシは、風俗嬢（セックスワーカー）は非熟練労働者というよりは、かなりの技術（skill）を備えた者であることを強調したが（Hirshi 1962）、同じことは水商売にも当てはまる。もちろん、どのように熟練するかは様々であるが、ホストの場合は役柄の表出に高度な熟練を要するため、だれもがホストになれるけれども、プロとして身を立てるのはむずかしい。

この点でホスト業はたしかに、アーリー・ラッセル・ホックシールドのいう「感情労働」（Hochshield 1983=2000）の一種といえる。すなわち、献身的な態度を崩さないケア・ワーカー、悲痛な面持ちを崩さない葬儀屋、上品な物腰を崩さないキャビン・アテンダント……と同様に、ホストは「お前は特別」といった親密な態度を崩さないことを要求されている。ただし彼らの役柄は、けっして葬儀屋などのようには一貫していない。ホストは役柄のモード・スイッチングを自在に、かつ瞬時に要求される、いわば「カメレオン型」の感情ワーカーである。

例えば彼らは、「カレシ」のようにふるまう「恋人営業」や、気さくな仲間として接する「友だち営業」はもとより、あえて暴力的な言動を駆使する「オラオラ営業」や、性交渉を重んじる「枕営業」など、相手と場面に応じて営業スタイルを使い分けている。こうした複雑な対応が求められるのは、男女交際そのものを仕事にしている部分が大きいだろう。草柳千早が論じるとおり、私たちはだれもが、相手と親密になろうとする過程においては、ひときわ高度な戦略や駆け引きをおこなう「恋愛の商人」だからである（草柳 1991:129–56）。

加えて、ホストと客の関係は「遊び」のフレームで構成されており、正直と不実、誠実とシニカルといった真偽の区別はあらかじめ壊れている。ホストクラブは「うそ」を楽しむ場所である。ともかくホストは、客からの「サイン」を見逃さず、客が叱ってほしければそのように、優しくしてほしければそのようにして、客の望むようにしか応対しない。だから仮に「本命」としてつきあっている女性がおり、あるいは結婚していても、彼らは客の前では必ず指輪を外して「いない」と答えるだろう（沢村 2001）。こうしてホストは、「本当の私」という「イデオロギー」（Goffman 1959=1974）から遠いところにいる。

「男らしさ」の衣へ

しかしだからといって、ホストがまったく浮世離れした存在なのかといえば、けっしてそうではない。彼らの演技は、私たちの日常的な演技とも通底している。というのもホストは、一つの理想、一つの「私」を信じぬくことが困難になった今日における「男らしさ」のあり方を、ある部分で象徴しているからである。

実際ホストは、「男らしさ」を無理に獲得しようとも、脱ぎ去ろうともしていない。今日ではむしろ、「かくあるべし」といった言葉の方が「鎧」のように重たくひびく。そうした「べき」の圧力に対して、彼らは「らしくある」とはどういうことかと悩まない。もとより、高邁な理想や目標意識をもってホスト業をはじめる者は少ない。彼らは「形から入る」のであって、「らしさ」は後からついてくるものである。

そのため、彼らにとって「男らしさ」とは、必死で獲得／脱皮する「鎧」というよりは、なんとなく着脱する「衣」のようなものである。河原和枝が指摘するように、「一九六〇年代後半にファッション革命が日本にも輸入され」て以降、既存のアイテムを組みあわせる衣装のコーディネイトは、「たんなる外見ではなく、『私らしさ』を、つまり私の考え方やライフスタイルまでをも表現する重要な要素」（河原 2005:3-35）になった。そして今日のホストは、衣装を「私らしさ」とするばかりでなく、クリストファー・ラッシュが指摘するように「私らしさ」を衣装のように演じてもいる（Lasch 1984＝1986:29-30）。

すなわち、ホストにとって「私」とは、複数の役柄がつまったクローゼットのようなものとしてある。状況に応じて必要な役柄に「着替える」こともあれば、制服のように同じ役柄を「着続け」

たりもする。「薄着」のままで十分な場合もあれば、幾重にも「厚着」しないと落ち着かない局面もある。そしていかなる場合も、しょせんは「衣」にすぎぬという認識で動くから、古典的な「男らしさ」であっても、型板（テンプレート）を利用するようにして「羽織って」しまえる。それに屈託がないのは、先述のとおり、自分の望む〈男〉以上に、相手の望む〈男〉を演じようとするからである。

こうした「衣」のイメージには、「男らしさ」を一方的な束縛とみるのでなく、そうある状態を楽しむような、いわば「試着」を許す寛容さがふくまれている。ただしその快楽はむろん、状況に適切な役柄をどう「着こなす」かという不安と背中合わせの関係にある。だがいずれの方向でとらえるにせよ、内的な「男の美学」から外的な「男の商品価値」へ、あるいは、異性を引っかける「ナンパ」から異性に愛される「モテ」へといった形で、今日の若年男性は「男らしさ」を上手にコーディネイトしていかざるをえない。そして、こうした動きが相応に高まりをみせているからこそ、「指針なき時代の指針」として、ホストが各方面から脚光を浴びているのであろう。(10)

注

（1）原文は“If I wasn't hard, I wouldn't be alive. If I couldn't ever be gentle, I wouldn't deserve to be alive.”(Chandler 1958:153) であり、それを生島は自作の後書きのところで、「タフじゃなくては生きていけない。やさしくなくては、生きている資格はない」（生島 1964:213）と訳している。

（2）店によっては「最低保障」といって、一日で二千円程度の日給が付くこともあるが、基本的には歩合で支払われる。歩合の割合、すなわち店と従業員との取り分は、おおむね半々と相場が決まっている。求人情報誌には「給料優遇！　時給四千円以上！」といった景気のよい文字がおどっているものだが、それはあくまでも従業員全体の給料を均等割りした数字であり、実のところは、もしも自分の指名客がつかなければ、ひたすらただ働きに近い状態が続くことになる。

（3）もっとも、これらの役職は、売れっ子ホストと売れないホストを識別する記号的な意味あいが強く、そのホストに明確な役割が与えられている場合は少ない。

（4）そのため彼らは、「裏局域」においても、ホストの役柄から完全に降りることがない。例えば閉店後の店内ではもちろん、ほっとひと息ついてお茶を飲むような時間は流れている。彼らは思い思いに『少年ジャンプ』を読んだり、携帯ゲーム機で遊んだりしてはしゃぐ。ただしそれらは、「素の自分」（少なくとも、そのように感じている自分）をどこかにしまいこんだままくつろいでいるのであり、互いを源氏名で呼びあいながら、素性を明かさなければ、個人情報も詮索しない。

（5）これはホストどうしのいざこざを避ける目的で定められている。というのも、ホストからみて指名を替える要求は、「自分に飽きた」と表明されるに等しく、しかも、乗り換えられた相手と店で懇意にされたならば、彼の面目は大きく失墜せざるをえないからである。要は、恥と嫉妬の念にかられて、ホストどうしの仲が険悪になるから、店は「担当替え」を認めない場合が多い。

（6）付言すると、彼女たちを「若い燕」を囲うような、すなわち、年配の女性が年下の男性を手玉にとるようなイメージでとらえるのも正しくない。先にふれたとおり、今日のホストクラブは青年文化に変貌しているから、年の差以上に大きいのは経験の差である。つまり、ホストにとっては就業経験、客にとってはホスト遊びの経験がものを言う。

（7）もちろん、ホストにとって真に大変なのは、客がホストを「そういう職業である」と承知していることを承知したうえでふるまわなければならない点である。

（8）　ここには素朴な疑問があろう。何度かふれたとおり、彼らは同じ店の従業員である一方、互いに売上を競うライバルである。しかしにもかかわらず、彼らが夜の店内で協力しあう最大の理由は、双方の利害が一致する点にある。複数の指名客が来店した場合、売れっ子ホストは「ヘルプ」の協力なしには一人で客を回せないし、逆に売れないホストも、常連客（「幹」と呼ばれる）が知人（「枝」と呼ばれる）をひき連れて来店した場合、「ヘルプ」につけば「枝」をふってもらえる、すなわち、担当ホストのいない客から指名される最大の機会がえられるのであり、こうして店では、売れっ子ホストを中心としたいくつかの派閥が形成されやすい。

（9）　ドンペリとは、高級シャンパン・ドンペリニヨンの略称である。ラベルの色で高級さのレベルが分かれていて、ホストクラブでは、もっとも安価な白のドンペリで五万円程度、ピンクで十万円程度、ゴールドで二十万円程度、そして最高級のプラチナで八十万円程度の値段が設定されている。なお、一般に「ドンペリコール」というが、もちろんドンペリ以外の高級洋酒（ワインやウイスキーなど）でも同様のコールはおこなわれる。また、店の値段設定とは別に、客の言い値で金額が設定されることもままある。筆者の参与観察中には、ドンペリ一本に一億二千万円の値が支払われるケースもあった。

（10）　例えば、二〇〇八年の一月十日に、一橋大学で、ある「カリスマホスト」がゲスト講師として招かれたことなどに象徴される。こうした講演の場でホストは、たいてい接客の経験などをふまえ、「女性の光っている部分をみつけてあげるのが大切」などと説く。

第七章 「エッチごっこ」に向かう男たち
——性風俗利用における「対人感度」

多田良子

1 性風俗利用者への着目

本章は、性風俗サービスを利用している男性について考察を行うものである。性を買う者は、問題含みな存在として言及されることが多く、実態に関する詳細な研究はあまりなされていない。時には、性風俗サービスに対する否定的なイメージと重ね合わされ、彼ら自身の快楽を一方的に押し付けているものと論じられることもある。では彼らは、いったいどのような快楽を求めて、性風俗サービスを利用しているのだろうか。

例えば、ＮＨＫ「日本人の性」プロジェクトが行った調査(1)（以下、「ＮＨＫ調査」）では、「セックスの意味」に関して、女性に比べ男性のほうが「快楽」と答えた割合が高かった（男性四〇%、女性二七%）。一方で、全体的にみた時に最も割合が高かったのは「愛情表現」（男性七九%、女性七三%）であり、「ふれあい（コミュニケーション）」や「安らぎ」といった項目とあわせてみると、いずれも他のネガティブな意味合いの項目（「征服欲」や「不快・苦痛」など）よりも割合が高かった（NHK「日本人の性」プロジェクト編 2002）[2]。このように、セックスは単に性的な快楽を得るだけのものではなく、いくつかの意味合いが複合的に集約された行為であることがわかる。

では、それが金銭を媒介にしたらどうなるのだろうか。買売春[3]や性風俗サービスのようにセックスやセックス疑似行為を金銭を介して行う場合、人々はどのような意識を持っているのだろうか。本章では、性風俗サービスを利用する男性への調査から、彼らがどのような理由や考えに基づいてそれらのサービスを利用しているのか考察してみたい。

2 「マッチョ」な利用男性というイメージ

多賀太（2006）が指摘しているように、「男性問題の発見」の一つに「女性を苦しめる男性」というものがある。買売春の議論はまさにそれを代表するものである。女性たちに対する暴力や搾取が持ち出されると、それを行っている者として男性が問題視され、買売春それ自体の批判へと繋がる。直截に記せば、そこでは違法な取引と合法的な性風俗サービスも混同されてしまうことが多く、性風俗サービスに関する研究では、利用男性たちはしばしば「買春」する存在として批判的に論じられてきた。例えばある著作では、以下のように論じられている。

インタビューしてわかったことは、「買春する男」はなーんにも考えていないということだった。「買う男」にとっては、相手の女性の個性は、とりあえずなんにも問題になっていない。「ハラが減ったからごはんを食べる。眠いから寝る。性欲があるから女を買う」という感じだ。「買春とは女の体を使ったマスターベーションである」ということがよーくわかった。（福島・中野 1995:2）

また売買春否定論者の一人である高橋喜久江は「女にとっては苦役、男にとっては単なる排泄になっているのがバイシュン（売春・買春）である」と論じる（高橋 2004:209）。ここから連想される「買春」男性のイメージとは、対人的な行為であるということを何ら加味したり考えたりせずに、精液を排泄することだけを目的としてマスターベーション的な一人よがりの行為をしている人々というものではないだろうか。若尾典子も「買春」男性の目的は「女性の身体の性的服従を実感すること」にあると論じるが（若尾 2003:192）、これらの議論では、「買春」男性は女性に対して一方的な接し方をするということが前提となっている。つまり対人的な行為であるにもかかわらず、「買春」男性は相手の存在を感じることなく、まるで一人でセックスをしているかのようにとらえられているのである。

次に量的なデータをもとにした議論を検討しよう。まず「男性と買春を考える会」の調査（以下「買春調査」）では、「買春」をする動機について「生理的欲求として当然だから」（三四・〇％）という理由が上位に挙がっていた（男性と買春を考える会 1998）[4]。その他、和崎春日による調査でも、男性の「性風俗」利用の主たる理由として「生理的欲求」（九一・七％）が挙げられていた（和崎 2005）[5]。これら調査からも、「買春」または性風俗サービスの利用とは、射精に特化した快楽を得るものであって、非対人的に行われているものであるかのように感じられてくる。

しかし鈴木南水子は、SM（サド・マゾ）プレイサービスにおける「買春」男性を論じる中で、また別の男性像を提示している（鈴木 1998a, 1998b；鈴木・村瀬 2001）。SMプレイサービスでは、射精をすることと同等か、またはそれ以上に、サービスをする側とのコミュニケーションが求められるのだという。SMプレイサービスは性風俗サービスの中でもやや特異なサービスであるので、安易にそれを他と比較することはできないかもしれないが、他の性風俗サービスにおいても、対人的なコミュニケーションへの欲求が無いとは言いきれないだろう[6]。

本章では、射精中心的で非対人的な性風俗サービスの利用を「マッチョ」な男らしさと呼び現わした上で、それとは異なった利用意識に着目したい。結論を先取りすれば、本章ではインタビュー調査を通して、「マッチョ」な男らしさとは対照的に、対人的なコミュニケーションを求める男性像を取り上げる。

なお、本章では「性風俗サービス（業）」を以下のように定義する。まず、性風俗サービス業全体を包含する「性産業」については、『岩波女性学事典』（井上・江原・加納・上野・大沢 2002）の「セックス産業」の定義に準じて定義する。[7] さらにそのうち、労働者・従事者が対面的にサービスを行う業種を性サービス業とし、射精を導くセックスおよびセックス疑似行為がサービス内容に含まれる業種を「性風俗サービス業」とする。また対面的であるが、射精の促しがサービスに含まれない業種（例えば、ホステスクラブ等）を「性接待サービス業」とし、「性風俗サービス業」とは異なる業種と位置付ける。なお、今回は議論の拡散を防ぐため、性接待サービス業は若干の言及をするにとどめる。

3　性風俗サービスの利用状況

調査の概要

アンケート調査は調査会社[8]を利用し、まず日本全国に居住する約五〇〇〇人弱の男性に対して、性風俗サービスに関する一〇問程度の質問に回答してもらった。データクリーニングを行った結果、有効票は四七七一票であった。[9] またそれと同時に、インタビュー調査への協力の可否も尋ね、ここ一年以内に性風俗サービスの利用があり、かつ利用頻度の高い人を優先的にインタビュー調査のインフォーマントとした。インタビュー調査は、二〇〇六年一一月から二〇〇七年三月までの間に二九人の男性に対して行い、なるべく年齢層やパートナーの有無などが均等になるように選定した(10)。

アンケート調査の結果

まずアンケート調査の結果からみていこう。性風俗サービスを過去に一度でも利用したことのある男性は、回答者全体の約半数（二二五〇人、四五・一％）に上った（図7-1）。「買春調査」でも全体（二五〇二人）の四六・二％の男性が「買春」経験があると回答しており、ワーディングやサンプリング方法の相違はあるものの、近似の結果が出たということは、ある程度日本の男性における性風俗サービス利用の実態を現しているといえよう。また、ここ一年以内に性風俗サービスの利用があった者は四七一人で、回答者全体でみると九・九％だが、性風俗サービスの利用経験者でみると約四分の一を占めていた（図7-2）。木原ら（1999）が行った調査では「過去一年間に売買春を経験した男性」は、欧米諸国のほとんどが数％であるのに対して、日本は一三・六％とやや多く、また福富（2000）においても、日本において四〜五年の間に「性風俗」を利用した者の割合は一二・五％という報告があった。このように、本調査とある程度近い傾向は先行研究でも示されていた。なお諸外国の調査に目を向けると、シャンディティスら（Xanditis, McCabe 2000）が紹介しているイギリスの調査では、五年以内に金銭の支払いによってセックスをしたことのある者は、全体の一・八％であった。法律の相違があるのでこうした結果は安易に比較出来るものではないが、日本の性風俗サービスの利用頻度の高さがうかがえよう。

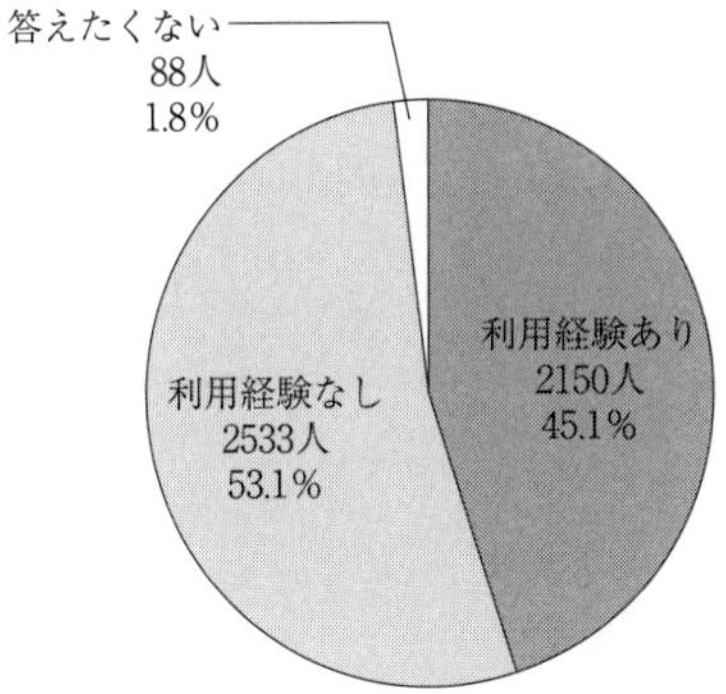

図7-1　性風俗サービスの過去利用経験（N =4771）

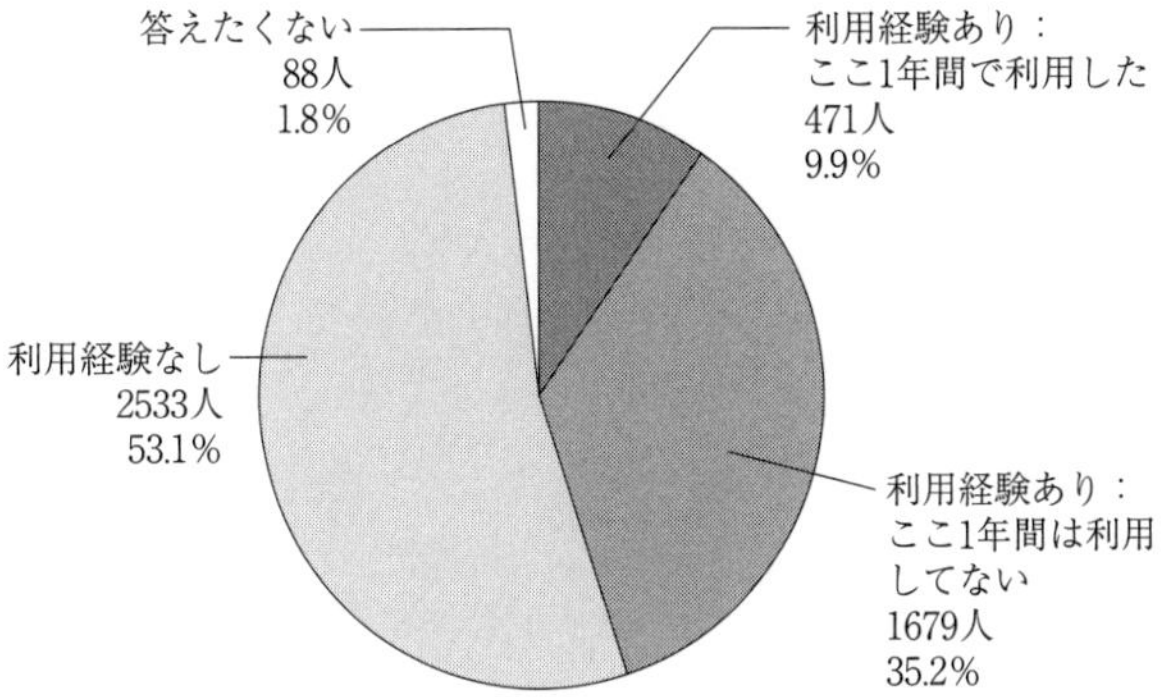

図7-2　性風俗サービスのここ１年間の利用経験（N =4771）

次に、過去の利用経験を年齢層別にみてみよう。一九九八年の「買春調査」では、利用経験のある割合が一番高かったのは三五～三九歳であった。その約十年後に実施された本調査では、四五～四九歳の割合が一番高かった（図7‐3）。確たることは今後の追証を待たねばならないが、三五～三九歳のライフステージにおいて常に利用が増えるというよりも、現在四五～四九歳のコーホートにおいて、性風俗サービスの利用に関する特性があると考えられるかもしれない。「NHK調査」をまとめた著作の中で、宮台真司と上野千鶴子は「買春調査」の結果に触れ、そこには八〇年代前半の日本における風俗産業の構造変換が影響している可能性があると指摘していた。永井良和も同様に、「届出を受ける警察が把握していた数字をみれば、八〇年代前半が性産業のピークであったことは明白である」（2002:157）と指摘していたように、八〇年代は様々な性風俗サービスが出現した時代であった。この時代に青年期を過ごしたコーホートの男性たちが、他の年齢層と比べて利用割合が高いということは、妥当な結果であるといえるかもしれない。

ただし、ここ一年間の利用経験に関しては、やや異なった傾向がみられる。過去に性風俗サービスの利用経験があるものの中で、なおかつここ一年間にも利用経験がある者の割合をみると、一番高くなっているのは二〇～二四歳で約四分の三（七六・七％）に達している（図7‐4）。先の結果と合わせて考えてみると、現在四五～四九歳のコーホートは、他と比べて過去の利用経験の割合は高いが、最近の利用頻度については必ずしもそうではないということがわかる。

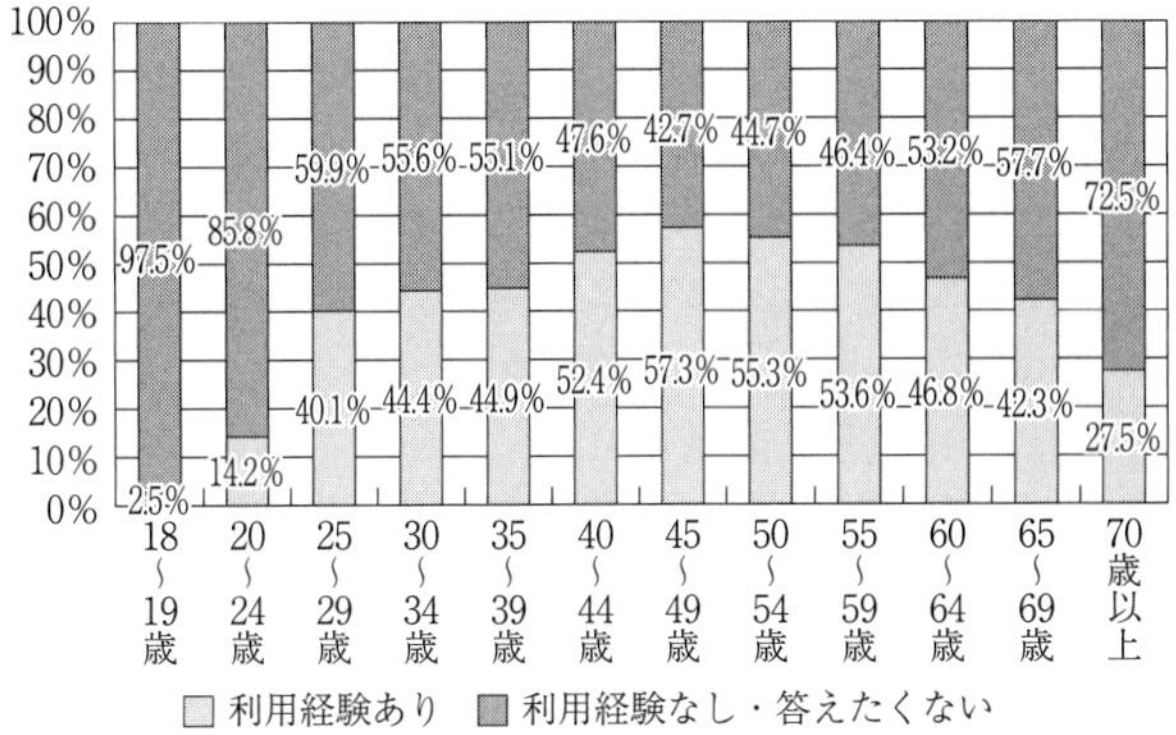

図7-3　性風俗サービス過去利用経験（年齢層別・N＝4771）

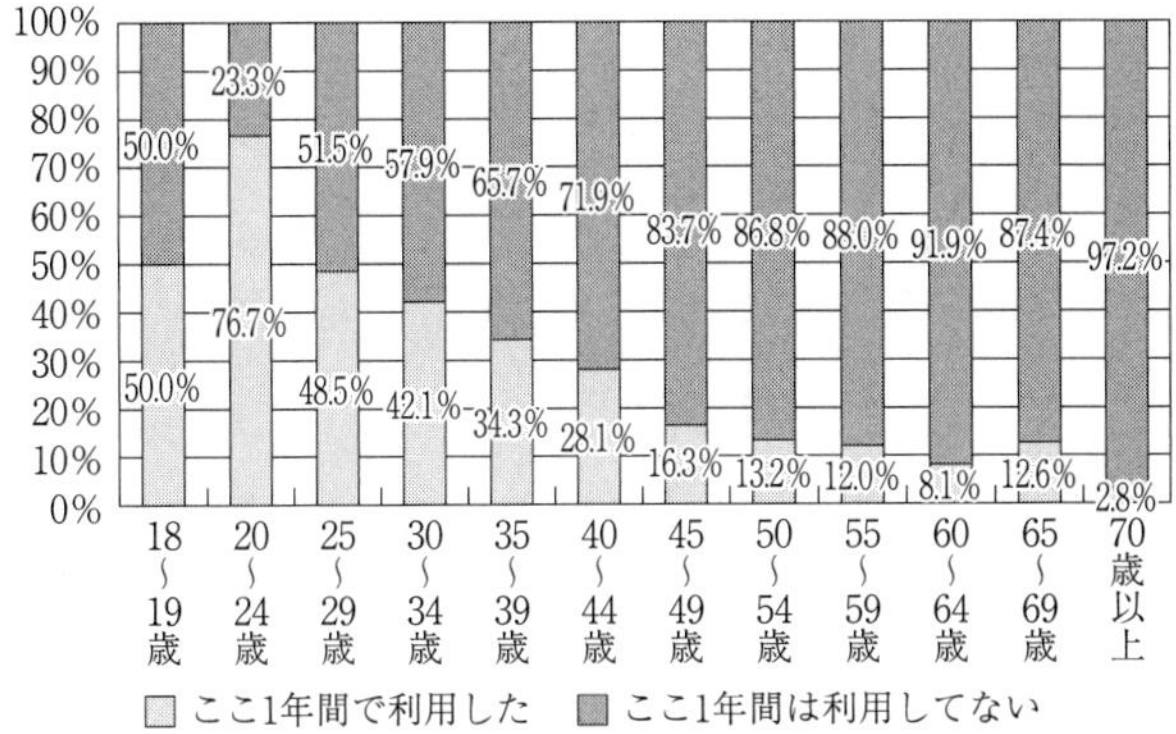

図7-4　ここ１年間の利用経験（年齢層別・N＝2150）

性接待サービス業との比較から

続けて、性風俗サービスとは別扱いとなる性接待サービス業の利用実態にも少し触れておこう。アリソン（Allison 1994）は、日本企業における男性たちの人間関係が、ホステスクラブの利用を通してより強固になっていく様子を明らかにした。今回の調査でも、「キャバクラ」を最初に利用した際の理由としては、「会社の付き合い」（四九・一％）や「友達に誘われて」（四二・〇％）などが多くなっていた。

しかしこれと対照的に、性風俗サービスに関しては「好奇心」（三二・〇％）や「生理的欲求」（三三・八％）といった回答の割合が高く、利用意識に違いがあるのがわかる。これには性接待サービスが複数の人間でサービスを行うものであるのに対し、性風俗サービスは基本的に個室のような空間において一対一でサービスを受けるものであるという違いによるものであろう。利用の理由として「好奇心」や「生理的欲求」などが多くを占めていることは、性風俗サービスの利用男性に対する批判的な「眼差し」を助長するものかもしれない。この結果をそのままに受け取ると、先に述べた「マッチョ」な男らしさに通じるだろう。八〇年代のアジア諸国への「買春ツアー」がバッシングを受けた頃は、人身売買に対する日本人男性たちの無頓着さが露呈していた[11]。その時代においては、先にも触れたように「買春」男性たちは「なーんにも考えて」いなかったのかもしれない（福島・中野 1995）。しかし、近年では日本でも人身売買に関する政策面での本格的な検討が始まりつつあり、そのような社会的状況の中で性風俗サービスを利用し始めた若年層の男性たちにおいては、意識変化が生じている可能性もあるのではないだろうか。

4　利用における「対人感度」

「性」に何を求めているのか

ではインタビュー調査の結果を紹介しながら、利用男性たちの「マッチョ」な男らしさとは対極的な側面を取り上げよう。それは結論を先取りすれば、対人的な欲求と、だからこそサービスの限界に気づくということである。本章ではそのような意識を「対人感度」と呼んでおきたい。「対人感度」とは、新しいかたちの欲望を説明しようとするものであり、新しい「男らしさ」と関連するものといいうる。新しいというのは、そうした意識を語ったインフォーマントのほとんどが、二十〜三十歳代前半の若年層だったからである。

先に紹介した「NHK調査」でも、「セックスの意味」に関して、若年層（十〜三十歳代）は中高年層（四十〜六十歳代）に比べて「愛情表現」（若年層八三・七%、中高年層七〇・七%）や「ふれあい」（若年層四九・七%、中高年層四一・六%）と回答した割合が高かった。(12)

実は、今回のインタビュー調査の二九人のインフォーマントのうちでも、「マッチョ」な男らしさを体現するような語りをしたものは数人しかいなかった。女性のインタビュアーを前にして、男性としての「本音」や「真実」は語りづらい面があったかもしれないが、「男性だと逆にしゃべりづらかった」といった意見や「墓場まで持って行くつもりだった（誰にも話すつもりはなかった）」と語ってくれたインフォーマントもいた。そのようなことを考慮すると、彼らは今まで自分たちの経験を語る場や、語る語彙を持ち合わせていなかったという側面もあるということを指摘しておきたい。

対人的な欲求

筆者は以前、パートナーのいない男性における性風俗サービスの利用動機として、「寂しさ」が多々語られることを論じた（多田 2007）。若年層であるほどパートナーのいない割合も高いので、それは若年層に特徴的な利用動機ともいえるだろう。この点について特徴的な内容を語っていたのはAさんであった。Aさんは、三十歳代前半で離婚の経験があり、調査時点ではパートナーはおらず独り身であった。

Aさん（三十歳代前半）：「月に何回っていうよりも、旅行に行って一人になった時。寂しくなったり抜きたくなったりやりたくなったりで（デリヘルを）呼ぶっていうパターンが多い」

インタビュアー：「（女の子が帰ってしまった後）寂しいとわかっていても呼んでしまうのは？」

Aさん：「まさにその通り。終わった後に、あー呼ぶんじゃなかったなっていうのはありますよ。他のことにお金費やせばいいのにって。（中略）寂しさ。一人でいて寂しいっていうのが一番でしょうね。もしかしたら、もしかしたらがあるかもって期待を持ちながら」

Aさんは「一人が寂しい」という理由を語っていたが、男性が「寂しい」と語ることは、一昔前なら「女々しい」等と揶揄されたことではないだろうか。この点について多賀太は、「男性を『女性化』するという実践は、男性内に差異を構築し、一方を『真の男』として優位に位置づけ、他方を『不完全な男』として劣位に位置づけるための最も容易に利用可能な方法」（多賀 2006:41）と指摘している。そのような実践が存在する今日の社会においては、自身の感情をそのままに表現することに関して躊躇が生じる可能性がある。つまり、Aさんが「寂しさ」を語ることはある意味、「スタンダード」な「男らしさ」から逸脱したふるまいともいいうるだろう。

またAさんが「もしかしたら、もしかしたらがあるかも」と語っているのは、その女性と次の日に一緒に観光ができるような親密な関係性を築けたらということであった。そうした動機は、射精のような身体的な快楽だけを求める「マッチョ」な男らしさとは異なるものである。

このような語りが出てきた背景には、Aさんの世代において「男らしさ」の規範が変化してきていると考えられるのではないだろうか(13)。男性であっても「寂しい」といってよい、そんな変化の兆しともとれるのではないだろうか。

次に、さらに特徴的な内容を語っていたBさんを取り上げたい。Bさんは調査当時、二十歳代後半で未婚、恋人もいなかった。

インタビュアー：「自分で（オナニー）しても射精できるのに、高いお金出して（性風俗サービス）に行くのは？」

Bさん（二十歳代後半）「一番は女性に触れたいからだと思う。彼女がいたらいかないかもしれませんね。最近付き合ってないからわかんないけど。彼女と付き合ってる頃は（性風俗サービス業に行く）頻度減ってましたね。基本的には女性に触れたいが一番ですね。で、エッチごっこしたい。イチャイチャしたり。やはり触れたい」

「エッチがしたい」のではなく、「エッチごっこがしたい」のである。いわば射精することに主眼を置いているのではなく、むしろそれに至る過程（プロセス）や身体を介したコミュニケーションを欲していると考えられるのである。この点について岩間夏樹と辻泉は「ＮＨＫ調査」を分析する中で、恋愛・結婚の時代的な意味の変化について以下のように述べていた。「セックスは、端的な言い方をすれば、男性にとって『ストレス解消』であり、女性にとって『義務』であったものが、『ふれあい』や『愛情表現』に、そして『安らぎ』に位置付けを変化させた。」（ＮＨＫ「日本人の性」プロジェクト編 2002:137）このようなセックスそのものに対する意識の変化は、性風俗サービスの利用にも影響しているのではないだろうか。「マッチョ」な「男らしさ」は、そのようにセックスの意味が変化するのに伴って、若い世代にはあまり継承されていないのではないだろうか。

同じく「NHK調査」では、「買春」に対する許容度、「売春」に対する許容度ともに、男性においては若年層のほうが中高年層よりも許容する割合が高くなっていた。この点に関連して、先のBさんに性風俗サービスで働く女性についてどう思うか聞いたところ、「今の子（定期的にサービスをしてもらっている女性）とは付き合いたいと思っている」と語っていた。これはBさんに調査時点でパートナーがいなかったということを考慮に入れても、「主婦／娼婦」の二分法の線引きが明確でなくなっているということをあらわしているのではないだろうか。つまりセックスまたはその疑似行為をすることと、「愛情表現」や「ふれあい」が結びついてきたがために、性風俗サービスやそこに従事する女性への割り切れなさが生じていると考えられるのである。

それは、次のCさんの語りにもみられる特徴であった。二十歳代前半のCさんには、年上の彼女がいるもののセックスがあまり好きではないため、会う度にセックスを求めて身体だけが目的だと思われるのを避けるために、性風俗サービスをたまに利用しているということだった。

Cさん（二十歳代前半）「ピンサロは（フェラチオをしてくれるけど）、個人的にはそういう行為って、相手に対して心がないとできない（と思う）。（中略）割り切ってできるっていうのは、頭ではわかってるけど理解、納得出来ないっていうのがあって。フェラしてくれるっていうので、この人は心を開いてくれているんだって勘違いする。わかっていても勘違いする」

Cさんは、それがサービスであって、自分のことが好きでしてくれている訳ではないと「頭では」理解しつつも、一方ではそれと相反して、フェラチオをしてくれる女性には自分に対する好意があると、あえて「勘違い」もしている。こうした割り切れなさからは、性風俗サービスに対して、射精のような身体的快楽だけを求めているのではないということが、あらためてうかがえよう。

また若年層ではないが、明確に対人的なコミュニケーションを求めていると語っていたインフォーマントもいた。六十歳代前半のDさんは、股関節に障害があるため自由に足を動かすことができなかったが、はっきりと「やればいいという感覚はきらい」と語っていた。時には「缶ビールとか買って行って。二時間くらい借りきっちゃって。中で一緒におしゃべりしたり」という過ごし方をすることもあるという。

Dさん（六十歳代前半）：「（自分は）着たり脱いだりに時間がかかるから。だいたいのとこ（ろ）って時間決められてるから。時間の長いところを選ぶ」

インタビュアー：「それは結構高いところですか」

Dさん：「まぁ高いところっていうか。別に本番でなくても、僕は構わない。なんていうか、一つのそれが癒しの場としてある。抱擁が癒しになる。そういう中高年でも、抱擁（中略）なんていうの。抱き合うことが一つの癒しになる。（中略）一人でずっと生活してきたから、一人が（い）やじゃないけど、やっぱりたまにそばに誰か居てくれたらいい、ということです。甘えたりとか。僕の場合、風俗行くのはデイサービスの一つでもある。自分で身体のこう、足の爪切ったりだとか、全部洗うこと出来ないから。無理なところは洗ってもらう」

Dさんはボランティアで精神障害者のサポートをしていたが、その経験の中で「精神的に辛いときに癒してくれる人がほしいとか、添い寝してくれる人が欲しいとか」そういった有償サービスがあっても良いと考えるようになったと語っていた。

さて、これらの実態から明らかになったのは、いわゆる「親密圏」なるものが成立しているとまではいわなくとも、対人的なコミュニケーションへの欲求に基づいた性風俗サービスの利用が間違いなく存在しているということであろう。一方通行のようなサービスではなく、まさに対人的なサービスを求めているのである。このような調査の結果からは、性風俗サービスの利用において、サービス提供者側を「人」として感じるような、いわば「対人感度」とも言うべきものが見出せたといえよう。

サービスの限界

しかし、そうした「対人感度」には別の側面も存在する。男性たちが対人的な欲求を持っていることは先に述べた通りだが、顧客側がいくら望んだとしてもサービスをする側がどこまで応じるかは別問題である。筆者は、性風俗サービスは感情労働の一種であると考えているが、有償サービスとしての限界もそこにはあるのではないかと考えている。インフォーマントの中には、そうした限界を性風俗サービス利用に対する否定的な考えの根拠として語るものもいた。Eさんは調査当時二十歳代後半で、恋人はいなかったが、恋人がいた時には性風俗サービスを利用しても面白くなかったと語っていた。

Eさん（二十歳代後半）：「テクニック的には上手かったけど、感情が無いから盛り上がらなかった。お金払ってやるってことがいいのかわからない。（彼女などの親しい女性とするのと）全然別個。相手への思い入れが大事」

先に取り上げたインフォーマントたちと同様に、Eさんもセックスには「相手への思い入れ」が大事だと考えているのがわかる。Eさんにとっては、「感情」のない性風俗サービスは満足のいくものではなかったのである。中にはテクニックの「上手さ」こそが性風俗サービスの醍醐味と語るインフォーマントもいたが、Eさんにとっては、射精や快楽を得ることに「感情」が伴っていることが大事だったのである。これはサービスする側の演出の仕方にも関わってくることだが、そもそもそれが有償のサービスであることを、Eさんは前提としてよく「理解」してしまっており、それだけ性風俗サービスにおける「対人感度」が高いのだともいえるのではないだろうか。

また、そのような限界を、自分に対する嫌悪感として内包しているインフォーマントもいた。次に取り上げるFさんは、調査当時には交際相手がいたが、付き合う前には性風俗サービスを利用していたという。

Fさん（二十歳代前半）：「（性風俗サービスに行くと）嫌気がさす。自己嫌悪で。俺何やってんだろって。いや、なんかもう、機械的じゃないですか。すべてが。人間なのに。それに対しての嫌悪感がすごい強いんですよ。一回行ったら行かねぇって思うけど、また彼女いないときに言われたら（誘われたら）どうかなっていうのが正直ある（中略）本番無いほうが良かった。なんか気が楽。体力的なものじゃなくて、セックスってなると相手のこととか考えちゃう。例えば風俗嬢に彼氏がいて、その彼氏が、彼氏が働かせてるっていうのもあるけど。それもよくわかんないけど。人間を物みたいに。フーゾクだとサービスだし、ヘルスだと（良いけど）。でも（ソープランドはペニスを）入れられたら相手が傷つくのかなって。それで結構気が（のらない）。それを考えなくて済むっていう（ヘルスのほうが良い）」

Fさんの自己嫌悪感は、サービスする側の女性に対する思いにも繋がっているのではないだろうか。「寂しい」とか「コミュニケーションがとりたい」といった利用動機は語られなかったが、その利用には「対人感度」の表出があり、全くの一方通行というわけではなさそうである。Fさんにとって現在の性風俗サービスは、「機械的」で「人間を物みたいに」扱うところに感じられているが、そこからはセックスとは「愛情表現」や「ふれあい」であって、個人間のコミュニケーションであるという思考のベースがうかがえよう。つまり女性が有償サービスの対象として立ち現れることで、それが対人的なコミュニケーションからは疎外された関係として把握され、と同時に、それを求めてしまったことで自己嫌悪感を抱き、結局はサービスをしている女性に対しても申し訳なさや同情心が湧いてくるものと考えられるのである。

今まで、こうした「対人感度」は、あまり注目を集めてこなかったのではないだろうか。セックスに対する意味付けや、買売春、あるいは性風俗サービスをも含めたサービス業が全体として変容しつつある中で、相手に対して感じるこうした想像力は今後非常に重要なものになっていくはずである。第三次産業が発展する中で、サービスをする側のスキルはどんどん上がってきたが、その際に「対人感度」とは、サービスを受ける側のスキルとでもいうべきものであろう。いわば自身の欲望や快楽を満たすだけではなく、サービス全体がどのようなものであり、人としての相手がいてこその有償化されたコミュニケーションであるということを考え、感じるためのものである。それは対人的なコミュニケーションを有償化する際になくてはならないものかもしれない。あるいはこうした「対人感度」は、性の取引における強制や搾取といった負の側面を無くしていくことに役立ち得るものかもしれない。

5 「対人感度」の行方

このように、性風俗サービスを利用している男性は、何も考えていないわけではなかった。本章で検討した事例からは、快楽＝射精といった「マッチョ」な男らしさよりも、対人的なコミュニケーションへの欲求を強く持ち合わせていることが明らかになった。かつて宮台が中高年男性のセックスについて、「セックスをコミュニケーションでするものだとは考えていなかった（中略）素のコミュニケーションの快楽を与える技量ではない」（上野・宮台 1999:30）と説明していたように、彼らの時代にはそれで良いものとされていたのだろう。しかし若年層のインフォーマントからは、それとは異なった新しい価値観に基づいた性風俗サービスの利用がみえてきた。彼らには、性風俗サービスの中であっても、セックスをコミュニケーションとしてとらえる意識がみられたのである。そうした「対人感度」の高さは、時に寂しさや自己嫌悪を引き起こしもするが、むしろそこで行われているのが個人間のコミュニケーションであるということを気付かせるものでもあった。

ここで少し言及しておきたいことがある。少し前まで筆者の周りの「研究者世界」では、買売春を肯定するか否定するかといった是非論は学者のすることではなく、むしろ運動家たちがすることだというような風潮があった。しかし近年では、自らの立場性を表明することの重要さが浸透してきている。例えば、青山薫（2007）は自らの立場について、トラフィッキング（人身売買）などの奴隷的な売買春への批判とセックス・ワークの権利主張の、「中間」を取ると述べた。筆者は青山ともまた異なる立場にあり、強制や搾取を伴った性の取引に関しては断固認められるべきではないと考えているが、そもそもサービスという枠内における行為として、金銭を介した性の取引には肯定的な考えを持っている。ただし肯定する上では、利用者とワーカー双方の権利主張の側面と管理者の介在の仕方が慎重かつ丁寧になされることや、性風俗サービスに関係のない人々に対する配慮を欠かさないこと等がもちろん求められよう。性風俗サービスは、その「現場」だけのものではなく、金銭を介さない性行為とも関連するような、広く社会的な存在でもある。そして、そこにおける営みは、多くの人々の行為とも関連しているのである。

一九九六年の『月刊状況と主体』(14)の中で性風俗サービスの経営者は「買春のルールって、必要だと思う（中略）相手が望まないことはやらない、相手の立場に立って、例え、金を払っても、相手を無視してセックスしないってことは、大切なことだと思うけれど」と語っていた（いのうえ 1996: 99）。これは、性風俗サービスならずとも、どんなセックスにとっても大事なことであろう。快楽の享受に人間の存在が必要であるならば、自身の快楽に際して、それがどのような結果をもたらすのかを想像することが求められるのではないだろうか。そのような想像力のためにも「対人感度」を磨くことが重要ではないだろうか。「対人感度」とは、性風俗サービスのみに求められるものではなく、広く言えば性行為全体、そして人と人とのコミュニケーション全体において求められるものともいえよう。

注

(1) 調査が実施された期間は、一九九九年十一月〜十二月にかけてである。

(2) 詳細な結果は以下の通りである。「ふれあい(コミュニケーション)」(全体四七%、男性三〇%、女性四〇%)、「安らぎ」(全体二三%、男性三四%、女性九%)、「征服欲をみたすもの」(全体三%、男性四%、女性四%)、「不快・苦痛」(全体二%、男性〇%、女性二%)。

(3) 本章では「買う」者がいるから「買売春」と「売る」が先頭にくる「売買春」は使い分けをしている。筆者は「買う」が先頭にくる「買売春」があると考えている立場なので、基本的に「買売春」とするが、先行研究の引用箇所においてはその論者の使っている漢字の並びのままにしている。ただし、だからといって筆者のような考えであるとは限らないことを断わっておく。

(4) 最も割合が高かったのは「刺激を求めて」(四二・五%)であり、その次に「生理的欲求として当然だから」(三四・〇%)、「売る人がいるから」(三三・八%)と続いている。パーセンテージは報告書のケース数から筆者が算出した。

(5) その後に続く理由は「癒しぬくもり」(五七・九%)となっているが、割合の差は大きい。なお、この設問は「イメージ、意見」としてまとめられているものである。

(6) その他、田崎(1994)も『インパクション』八四号の対談の中で、セックス・ワーク(性風俗サービス)の精神的な側面を指摘している。

(7) 「セックス産業」とは「性的興奮を喚起・充足させるためのサービス・情報・商品の開発・提供に関連する産業。性産業とも(いう)。狭義の意味での売買春に限らない。客との身体接触を伴うものと、ポルノ画像のように接触を伴わないものに大別され、前者はさらに、性交(膣・ペニス性交)を伴う場合と伴わない場合に分けられる」((井上・江原・加納・上野・大沢編 2002: 300-301)とされている。

(8) 株式会社クロス・マーケティングのインターネット調査を利用した。
(9) 四七一人の年齢の内訳は、十八〜十九歳八一人、二十歳代四七一人、三十歳代九五四人、四十歳代一〇一三人、五十歳代九五五人、六十歳代以上一二九七人となっている。
(10) インタビューを始める前には、インタビューの内容と、気を付けてはいるがインタビュアーが不快な表現をする場合があるかもしれないこと、またそれによって嫌な思いや答えたくない気持ちになったときは遠慮せず伝えて欲しいこと、またインタビュアーが女性であることに対する配慮はなるべくしないで欲しいこと等を告げた。
(11) 松井やよりは、東南アジアへのセックスツアーに対して、「経済大国化がもたらしたもう一つの問題は、物の豊かさと心の貧しさである。利潤追求の論理が貫徹して、すべてのものが商品化され、女性までもモノとして売買の対象となってしまった。別のことばでいえば、非人間化されてしまった。そして、女性を人間として扱うことができない男性もまた、非人間化されている」(松井 1988:194-200) と指摘しているが、当時の現状を確かに言い当てているのかもしれない。
(12) 逆に中高年層は若年層に比べて「ストレス解消」(若年層一三・六%、中高年層二〇・五%) と回答した割合が高くなっていた。また「買春」をすることに対しては、男性中高年層よりも男性若年層のほうが寛容であるという結果が出ていた。これらの結果と今回のインタビュー調査の結果とは繋がるところがあり、男性たちの性風俗サービスの利用における意識の違いの一つの要因として、世代的な差異が存在していることがうかがえよう。
(13) この点については、女性のインタビュアーを前にしたために男性内のからかいの回避が可能となり、「寂しい」という動機を語ってくれた可能性があることも指摘しておきたい。
(14) 一九九六年の『月刊状況と主体』では、いのうえせつこにより『買春する男たち』と題して六回にわたる連載がなされた。

第Ⅳ部　社会＝超越性——男たちのロマン

第八章　オーディオマニアと〈ものづくりの快楽〉

――男性／技術／趣味をめぐる経験の諸相

溝尻真也

1　「男の趣味」としてのオーディオ

携帯電話やパソコンで音楽をダウンロードし、ｉＰｏｄをはじめとするデジタル音楽プレーヤーで、場所に関係なくそれを楽しむ。あるいは大容量のブルーレイディスクに記録された映画を、大型液晶テレビと５・１ｃｈサラウンドのホームシアターで楽しむ――。音楽機器のポータブル化が極限まで進んだ現在、そして多種多様なメディア機器のリンクの中で情報受容空間が形成されるようになった現在、昔ながらのステレオセットから流れ出る音にこだわる、いわゆるオーディオマニア的な趣味のあり方は、もはや「過去の文化」になりつつあるといえるかも知れない。こうした流れを受けて、オーディオ分野を縮小、あるいは撤退したメーカーも多い(1)。しかしながら、こうしたステレオセットを用いて音楽を鑑賞するオーディオ趣味は、後述するように、戦前から続く歴史的社会的状況の下で形成されてきた、極めて古い歴史を持つ趣味のあり方であった。

また本書の趣旨に即していえば、オーディオ趣味は一貫して「男の趣味」とみなされてきた。ある女性誌に掲載された次の記事は、それを象徴している。

「大きくて、ハード、そしてメカニック」……それが今までのオーディオのイメージ。私たちには、音楽は絶対に欠かせない生活のビタミンだから、それもしようがないとは思っていたけれど、何か割り切れない気持ちを持っていたのも事実。(『non・no』一九九〇年二月二十日号：一五八頁)

もちろんこの記述にもあるように、趣味としての音楽鑑賞は、決して男性のみに限定されているわけではない。オーディオに触れることができるのは男性のみ、という状況があるわけでもない。身体的な差異のために女性の参入が困難な領域、というわけでも決してないだろう。つまり、少なくとも現在において、オーディオ趣味が「男の趣味」である必然性はないのである。しかしそれにもかかわらず、オーディオ趣味は常に「男の趣味」とみなされてきた。「女性のオーディオマニアは原則的に存在しない。専門誌の統計をみても女性の読者は全体の一％に満たない」（川野 1995:109）とまでいわれてきたこの状況を、私たちはどのように理解するべきだろうか。

本章は、この「男の趣味」とみなされ続けてきたオーディオ趣味に焦点を当てつつ、戦後日本における男性と趣味の関係、その一側面を描き出すことを目的とするものである。

2　オーディオ自作とその生成

家庭空間をめぐるコンフリクト

前節で確認したように、オーディオ趣味＝「男の趣味」という結びつきは、イメージとしても実態としても、一見自明であるかのように見える。しかし「男の趣味」という言葉が持つ含意を考えれば、この結びつきがそれほど単純なものではないことがわかるだろう。

そもそも趣味とは、特に手芸や工作などに代表されるものづくりの趣味とは、家内領域において実質的な生産労働を行うという、矛盾を内包した営みであると考えることができる。例えば山崎（2005）は、実質的には生産労働に属する実践であるはずの女性たちの手芸が、近代において、良妻賢母が嗜むべき再生産労働として「偽装」されるさまを論じている。

また一九二〇年代のフランスでは、労働者の余暇の時間を家庭整備へと向けさせる実践としてブリコラージュが提唱されたという（Corbin 1995=2000）。余暇／趣味とはあくまで家内領域において営まれる実践であり、そこでは実践の場としての家庭が前提されていた。しかし、「近代労働を支えるための重大な営み」（松原 1977:8）として専門家から提唱されていた余暇／趣味は、戦後、労働者による「自分自身のための時間の探求」（Corbin 1995=2000:438）へと変容していく。こうした流れの中、余暇／趣味の実践者である労働者――その多くは男性――と、その実践の場として前提されていた家庭空間、および家庭を構成する家族との間には、緊張や葛藤が生じはじめることになる。特にオーディオ趣味とは、家庭空間で営まれる実践であるにもかかわらず、その家庭を構成しているはずの家族が、一切要請されないどころかむしろ排除されるという、矛盾を内包した営みである。後述するように、それはオーディオ趣味が持つ全人的な没入経験、すなわち「フロー経験」（Csikszentmihalyi 1975=2000）という特質と、それによって引き起こされる家庭空間をめぐるコンフリクトに、明らかに見て取ることができるだろう。「男の趣味」としてのオーディオ趣味について考えるとは、こうしたコンフリクトを通して顕在化してくる、家庭空間のポリティクスについて考えることでもある。

「オーディオ自作」への照準

オーディオ趣味のあり方は多種多様である。アメリカの民族音楽学者マーク・パールマンは、装置をいじり、微調整すること（tweak）にオーディオ趣味の特徴を見出したが（Perlman 2003）、どのような目的で、いかなる装置を、どのように微調整するか、それらの組み合わせの数だけオーディオ趣味も存在しており、その全体像を描くのは不可能に近い。

その中で本章は、オーディオマニアの中でも「自作派」と呼ばれる人々——すなわち必要な部品を買い揃え、アンプやスピーカーといった装置を一から自作する人々に焦点を当てる。オーディオ自作は、吉見（1995）やポスカンザー（1995）らが論じた一九二〇年代のアマチュア無線・ラジオ文化との連続性を有する、メディア史の観点から見ても非常に興味深い趣味のあり方である。またオーディオ自作とは、好みの音を追求するのにとどまらず、その音を媒介する装置の製作という技術的行為そのものに没入していく、極めて自己目的的な実践でもある。したがって、男性／技術／趣味の関係について考えるにあたっても、オーディオ自作は非常に興味深い実践であるといえるだろう。

戦前期における自作趣味の歴史概観

細川周平と松岡秀明は、日本における最初期のオーディオマニアとして上司《かみつかさ》小剣《しょうけん》を挙げている（Hosokawa & Matsuoka 2008）。「マドリイ」と名づけた蓄音機は彼にとって崇拝の対象であり、彼はそうした自らの蓄音機への偏愛を「機物愛」と呼んだ（上司 1936: 89）。また上司は「私の愛機マドリイ姫に對する態度は、狂人で、家のものなんぞには決して手を觸れさせないばかりか、三尺以内へは近寄らせない」（上司 1936: 90）と述べているが、既にこの時代において上司にとってのオーディオ趣味が、家族にさえ触れることを許さない極めて孤独な実践になっていたことは、本章においては示唆的である。

しかし、日本におけるオーディオ自作趣味について考える場合に重要なのは、ラジオ自作趣味との連続性であろう。それは一九二五年のラジオ放送開始前後に相次いで創刊された、無線技術雑誌の変遷に見て取ることができる。ラジオという新技術に際して、新聞社や独立の研究者らが「理想主義と企業精神とに強く促され、できる限り大衆の熱気を煽ろうとしていた」(ポスカンザー 1995: 99) この時期、これらの雑誌はより優れたラジオ受信機の作り方を詳細に紹介する、アマチュア・ラジオ自作者の手引書としての役割を担っていた。

この頃の無線技術雑誌の特徴は、ラジオ自作という営みが、科学技術の普及・啓蒙と結びついた実践として位置づけられていた点にある。例えば一九二五年に創刊された、現在も続く無線技術雑誌『無線と実験』(無線實驗社→誠文堂→誠文堂新光社) 創刊号には、「我國の青少年よ此の最新の科學研究に努力せよ」と題された記事が掲載され、単に娯楽としてラジオ放送を受容するのみならず、「國家前途の爲め」に「國富の源泉たる科學的研究」に勤しむことが唱えられている (『無線と実験』一九二四年五月号: 九頁)。こうした流れの中、アマチュア・ラジオ自作者たちは、日本の科学技術水準を欧米レベルにまで引き上げるための国民的プロジェクトとして、自らの営みを位置づけていくのである。(2)

もちろん戦前の日本において、一定の電気工学の知識を持ち、回路図を読み解き、電気部品を購入してそれを組み立てることのできた人々は、ごく一部の層に限られていた。『子供の科学』(子供の科學社→誠文堂→誠文堂新光社）に代表される子ども向け科学雑誌を見ても、簡単なラジオの組み立て方は紹介されてはいたものの、この時代の「〈少年文化〉のナンバーワンの花形」は蒸気船・軍艦および飛行機（戦闘機）であり（辻 2008:118）、ラジオは決してその主役ではなかった。また、科学雑誌以外の様々な媒体においてもラジオのつくり方は紹介されていたが（その多くは、比較的手軽に組み立てることのできる鉱石ラジオであった）、鉱石式よりもはるかに複雑な内部構造をもつ真空管式のラジオが普及していく一九二〇年代末以降になると、ラジオ自作は次第に一部のアマチュアを中心に営まれる趣味になっていく。高度な知識と経済力が要求されるラジオ自作は、戦前の段階からすでに極めて限定的な営みだったのであり、これらが趣味として子どもを含め広く一般に営まれるようになるのは、後述するように、むしろ戦後のことである。(3)

しかしながら、メーカー製のラジオ受信機が極めて高価で故障も多かった当時、彼らに頼むことによって購入費用も部品代＋αで済み、かつ故障してもすぐに修理を頼むことができるアマチュア・ラジオ自作者の存在は、自作を行わない消費者にとっても重要な存在であった。こうした状況の下、当時のラジオ受信機の多くが「自作アマチュアと中小企業によって製造・供給された」（高橋 1998:75）という。

戦前の無線技術雑誌を見る限り、一九二〇年代の最初期のアマチュア・ラジオ自作者に重視されていたのは、音質よりも音量であった。こうした雑誌において音質に関する話題が散見されるようになるのは、一九三〇年代以降のことである。(4) この頃になると電気蓄音機が一般家庭にも普及しはじめるが、電気蓄音機では読み取った情報を電気信号に変換し、アンプで増幅した上で、スピーカーから音として出さなければならない。つまりこの段階に至ると、電気蓄音機やラジオ受信機と、真空管を用いたアンプ、そしてスピーカーをそれぞれ製作し、それらをつなげるという、現在の形に近いオーディオが提唱されるようになり、それらをよりよい音で聴くための技術的実験の場として、こうした雑誌は機能していくことになるのである。

しかしながら、戦争の激化とそれに伴う物資不足の中で、こうした複雑な構成のラジオ／オーディオに関する製作記事は次第に姿を消していく。日本において再びオーディオに光が当たり始めるのは、朝鮮戦争の特需によって経済状況が好転すると同時に、高忠実度＝ハイファイの概念が広まり、「聴ければいい」という状態から、一般の人々も次第に音質を重視するようになっていく、一九五〇年代以降のことである。

科学技術領域における女性の排除

戦前の無線技術雑誌においても、ラジオ／オーディオ自作はやはり「男の趣味」とみなされていた。少なくともこれらの雑誌を見る限り、女性に向けた記事や女性読者のものと思われる投稿は、ほとんど無いに等しい。『無線と実験』創刊号における読者への呼びかけが、「我國の青少年よ」から始まっていたことを鑑みても、こうした雑誌は、そもそも女性読者を想定していなかったと考えられる。

しかし、確かにこうした雑誌言説が結果としてラジオ／オーディオ自作＝「男の趣味」という観念を作り上げた側面はあると考えられるが、雑誌内では必ずしも女性読者の排除を意図した言説が直接的に展開されていたわけではない。例えば、初期の無線雑誌には、「女性よ、貴女方の權力はすでに世界に認められてゐる、が、どうして女性方は、レデイオへ突進しないか。「レデイオなんか男のもてあそぶもの。」なんて云ふ時代は過去のもので、又男性のみが専有するものではない」（『無線と実験』一九二九年九月号：八六六頁）といった投稿も見られる。したがってラジオ／オーディオ自作趣味が形成されていく過程において、女性の参入が極めて限定されていた要因は、当時の男性／女性を取り巻く歴史的社会的状況にもまた、求めることができるのではないだろうか。

ハッカーは、主に二〇世紀初頭のアメリカで工学分野から女性が排除されていく過程を、エリート技術者を弁別する目的のために工学部において数学科目が重要視されるようになっていく過程と重ねて分析を行ったが[5]（Hacker 1983=1989）、これと同様のことは日本でも起きていた。二〇世紀初頭の日本でも、女性に対する科学教育の重要性は説かれていた。しかしその内実は、科学的知識を用いた家事の合理化を目指したものなどであり、「國家前途の爲め」に「國富の源泉たる科學的研究」の必要性を説いた男性に対する姿勢とは位相が異なっていた[6]。公共領域と家内領域が分離していく近代化の流れの中で（落合 1989）、科学に対する意味づけもまたジェンダー化されていく。そして、こうした科学技術領域から女性を制度的に緩やかに排除していく歴史的社会的状況の下、「最新の科學研究」とされたラジオ／オーディオ自作は、まさしく「男の趣味」として立ち現れていくのである。

3　オーディオ趣味の快楽と困難──オーディオ自作者への聞き取り調査から

「好みの音の追求」という快楽

前節で確認したのは、戦前の歴史的社会的状況の中で、結果としてオーディオ趣味が「男の趣味」として立ち現れていくその過程であった。戦後もオーディオ趣味のあり方は様々な変容を経験していくことになるが、冒頭で確認したように、この頃に形成されたオーディオ趣味と男性の結びつきは、その内実を変えながらも基本的に現在に至るまで保持されていると考えられる(7)。

では戦後の日本において、実際の当事者である男性たちがオーディオ自作に見出してきた快楽とは、いったいいかなるものだったのだろうか。本節ではオーディオ自作者への聞き取り調査を元に、これらを検討していくことにしたい(8)。

現在のオーディオマニアの音楽に対する態度は様々ではあるが、インフォーマントの多くは、やはり「音楽は非常に大きい」(U氏、七二歳)と語る。オーディオとは音楽を聴くための装置であり、その音楽をいかに良い音で再生するかという点が、彼らにとっての重要事になっているのである。

しかしその「良い音」の定義をめぐっては、「リスニングルーム中央のソファーで眠れる音」(A氏、七一歳)、「情報量が多く、細かい部分まで聞こえる音」(E氏、五四歳)など各人によって異なり、彼らの間で意見が一致することはない。一九五〇年代、高忠実度＝ハイファイの概念が日本でも一般的になったことによって、オーディオマニアたちの間では生の音、すなわち原音こそ自分たちの追求すべき音である、という理念が共有されるようになった。しかし彼らが再生していたのは、原音を確かめることが不可能なレコードという録音メディアであったため、この原音再生という理念もやがて共有不可能になっていく。その結果、彼らの追求する音は原音から「好みの音」へとシフトしていったという（増田・谷口 2005:201-205）。

一方で、この「好みの音」もまた、多くの場合実際に音として確認したものではなく、聴取者自身のイメージの中にのみ存在しているものである。したがって、実際にスピーカーから流れ出る音と、イメージとしての「好みの音」が完全に一致することはない。しかしだからこそ、この埋まることのないズレを何とかして埋めようとする「焦りにも似た欲求」（A氏、七一歳）が生まれ、それがオーディオマニアを駆動させる原動力になっている。完全に一致させることはできないと知りつつも、自らが持つ「好みの音」のイメージに少しでも近づけるべく、オーディオ機器を自作・調整し続ける快楽。これをあるインフォーマントは、「次々に山を登るとまた次の山があるみたい」（I氏、五七歳）と表現している。こうした内発的動機付けに基づく一種のフロー経験として、彼らは装置をいじり、微調整をし続けるのである。彼らにとってのオーディオ自作とは、行為者が持つ技能に関して最適の挑戦が用意された状況下で営まれる、全人的な行為への没入（Csikszentmihalyi 1975=2000:85-87）に他ならないといえるのではないだろうか。

〈ものづくりの快楽〉――工作少年からオーディオマニアへ

これまでに確認してきたように、オーディオ自作の快楽とは、「好みの音」と実際に流れ出る音とのズレを埋めるために、装置を自作し続ける快楽であった。ここで重要なのは、完成した装置を用いて音を聴く行為はもちろんのこと、それ以上に、自作行為への没入そのものもまた、彼らにとっては快楽として経験されているという点である。例えば、オーディオ自作者の中には、外観にこだわり装置を作り込む人々が一定数存在している。一種のネタとして外観にこだわる人や、オーディオ以外の自分の趣味を機器の外観に反映させる人など、そのこだわり方は様々ではあるが（図8-1参照）、いずれにせよ彼らは高度な技術を駆使し、自ら組み立てた装置を外面的にもいじり、微調整し続ける。つまりここにおいて彼らは、もはや「好みの音」とは無関係の要素まで含んだ、装置を作り込む行為そのものに快楽を覚えるようになっているのである。この作り込みという行為が内包する快楽を、ここでは〈ものづくりの快楽〉と称しておくことにしたい。

ではオーディオ自作者たちは、「好みの音」の追求とは一見無関係に見えるこの〈ものづくりの快楽〉に、いかにしてたどり着いたのだろうか。

確かにオーディオ自作者の多くは音楽を重要なものと捉え、その音楽を「好みの音」で再生するために、様々なオーディオ機器の製作に勤しんでいる。だが、こうした音楽やオーディオ機器に対する彼らの態度は、多くの場合、自作を始めた当初から一貫していたわけではない。

（製作者撮影）

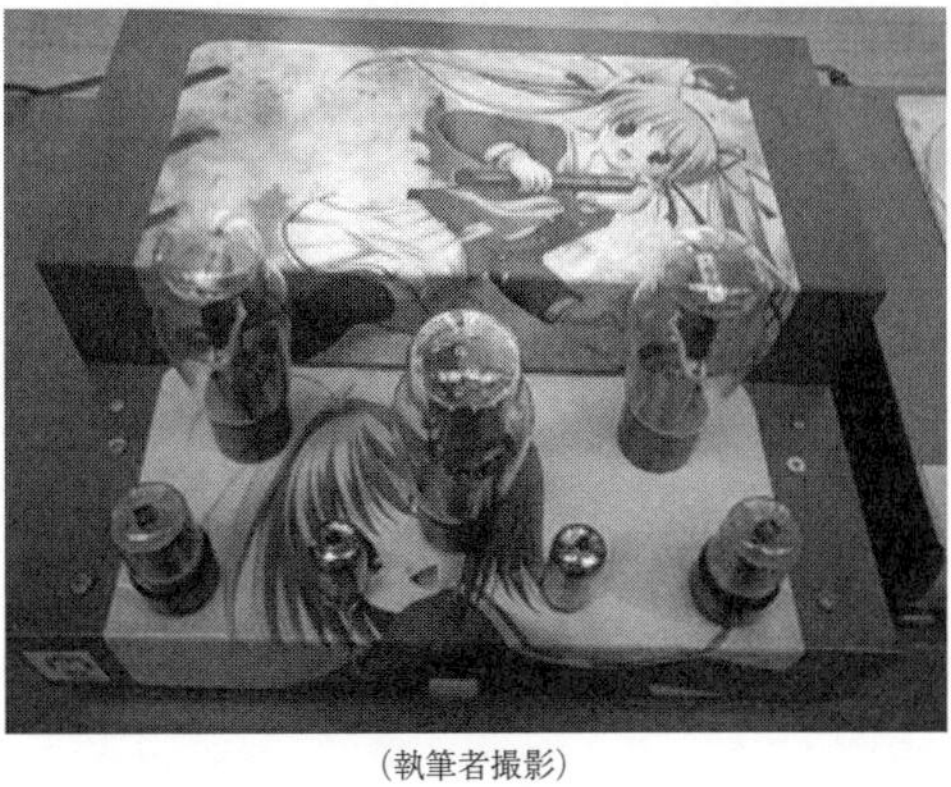

（執筆者撮影）

写真は上から「PCL86 超三極管接続ビール缶アンプ」、「痛アンプ　第弐弾」。いずれも「手作りアンプの会」会員製作。なお「ビール缶アンプ」は、日本オーディオ協会主催の2008年Ａ＆Ｖフェスタ・自作オーディオ自慢大会においてベスト人気賞（アンプ部門）を受賞している。

図8-1　自作アンプの一例

インフォーマントの多くは、ラジオ／オーディオ自作を始めたきっかけを、工作をするのが面白かったためと語っている。彼らのライフヒストリーにおいては、工作への興味が最初にあり、そこからラジオ自作、そしてオーディオ自作へとその興味が進展していったのであって、多くの場合、音楽への関心は、結果として「後からついてきた」（I氏、五七歳）ものなのである。「「好みの音」の追求のためにオーディオを自作し、微調整し続ける人々」というオーディオ自作者の位置づけ方自体、歴史的には決して自明ではなかったということが、彼らのライフヒストリーからは浮かび上がってくる。

もちろん、彼らの快楽を「好みの音」の追求のみに還元できないのと同様、それを工作という〈ものづくりの快楽〉に一元的に回収するのも、やはり妥当ではないだろう。あるインフォーマントは「最初はやっぱり物を作ればいいっていう前提だったんですけど、やっぱりそれはだんだん欲が出て、いい音で聴きたいとかいろいろなれば、……どうしても作らざるを得ない」（I氏、五七歳）と語っている。つまり作ることへの欲望と音への欲望は循環しており、この終わりなきループこそが、彼らをオーディオ自作へと駆り立てているのである。(9)

一九五〇年代から六〇年代の日本において、工作は少年の娯楽の代表格の一つであった。もちろんそこには、多くの少年たちにとって決して豊かとはいえない環境の下、遊ぶのに必要な「ほとんどのものは自分で作るしかない」（N氏、五八歳）状況があったわけだが、逆にいえばそうした状況が、少年たちの間に工作が娯楽として広がっていく素地を形成したのである。

こうした背景の下、ラジオ自作趣味は、一部のアマチュアによる限定的な営みであった戦前期に較べて急速に拡大していく。ラジオ自作は、比較的容易に組み立てが可能な鉱石ラジオから、真空管式ラジオ、そしてオーディオ自作へと、より高度な段階へのステップアップが可能な趣味であり、『模型とラジオ』（科学社）、『無線と実験』（誠文堂新光社）といった初心者向け雑誌から、『ラジオ技術』（少年教材社）、『初歩のラジオ』などの専門雑誌まで、その各段階に応じた雑誌も存在していた。そして自作したラジオから流れ出る音は、彼らの欲望をさらに喚起していく。一九五一年に開始された民間放送の中立性に希望を見出した者（U氏、七二歳）や、日本に駐留していた米軍向けラジオ放送（FEN）から流れ出る音楽に豊かな国「アメリカ」への憧れを抱いていた者（N氏、五八歳）など、音への欲望のあり方は世代によって様々ではあるが、この時期、まさしく作ることへの欲望と、そこから流れ出る音への欲望とが循環的に結びつく形で、子どもの娯楽にとどまらない奥行きを持った趣味として、オーディオ自作趣味は形成されていったのである。

したがって、多くのオーディオ自作者にとってその快楽は、「好みの音」の追求のみならず、〈ものづくりの快楽〉と不可分に結びついている。換言するならそれは、自ら部品を調達し、設計し、組み上げる苦しみと楽しみである。例えば図8-1の「ビール缶アンプ」を自作したY氏は、「あのアンプのおかげでかなり実装の技術（が）上がったね。上手く、こう空間に詰めていく。あれのおかげだよ。あのアンプ、普通のシャーシ（引用者注：アンプの土台となる部品の名前）で組んでたら、あの経験は出てこない」（Y氏、五六歳）と語っている。彼らにとってオーディオ自作とは、趣味であると同時に技術的修練の場でもあるのである。「もう、徹夜だろうが何だろうがとりあえず作るんですよ。（中略）苦しいとか腹減ったとか疲れたとか、感じる以前にもう、ものづくりに熱中しちゃうんです」（E氏、五四歳）というインフォーマントの語りは、そうしたものづくり＝技術的修練こそが、彼らにとっては何よりの快楽として、すなわちフローとして経験されていることを、如実に示しているといえるだろう。

家庭空間をめぐる「闘争」

ここまでに見てきたように、オーディオ自作の快楽は〈ものづくりの快楽〉と不可分に結びついていた。だが本章前半で確認したように、オーディオ趣味と男性の結びつきは歴史的社会的状況の中で立ち現れてきたものであり、この〈ものづくりの快楽〉そのものに本質的に男性性が内包されていた、と考えることはできないだろう。少なくともオーディオ自作に関する各インフォーマントの語りやふるまいを見る限り、そこに男性性との本質的な結びつきを見出すことは困難である。

しかしながらそのような中にも、その趣味に対して歴史的社会的に付与されてきたジェンダーを、彼らが否応なく認識させられる瞬間がある。それは、オーディオ自作が家庭空間で営まれる趣味であることからくる困難、すなわち家庭という空間編成の問題と「男の趣味」をめぐるポリティクスに起因したものである。

例えば、あるインフォーマントは、オーディオ自作が持つ〈ものづくりの快楽〉を、次のように語っている。

一人になれる。集中。（中略）集中だね。休日の前夜は最高だよ。女房を早く寝かして。ダウンライトで図面と部品だけ照らして、好きな曲小さくかけて。で、もう、「回路基盤が入らねえ」とかいってやってる時。これが一番のゴールデンタイム。（Y氏、五六歳）

注目すべきは、このインフォーマントの中で〈ものづくりの快楽〉が、「女房を早く寝かし」た後の「一人になれる」空間において経験されている点である。もちろん、彼らにとってのオーディオ自作という行為が機械に対する没入である以上、そこに他者が必要とされないのは当然である。しかし、家庭空間の中で他者を必要としない行為に没入するとき、「家族は、お互いの感情マネージ（情緒的満足を得たり不満を処理する）の責任を負う」という、近代家族に不可欠な「愛情原則」（山田 1994:46）が危機に晒される可能性が生じてくる。例えば、新婚当時もオーディオ自作に熱中していたというあるインフォーマントは、ある日「家に帰ってきたら、家内が泣いてる訳ですよ。『全然相手にしてくれない』って」（A氏、七一歳）と語っている。すなわちそこで起きていたのは、人間ではなくオーディオという機械に情緒的満足を求めてしまうことから生じる、家庭空間における「感情マネージの不全」（山田 1994:51）なのである。(10)

こうした問題は、一九七〇年代の余暇研究において既に指摘されていた。例えば渡辺秀樹は、家族と余暇のあり方を類型化し、家族に何らかの緊張や葛藤をもたらす、家族の特定成員の個人的な余暇行動を「家族葛藤的な余暇」とする一方で、集団としての家族の均衡維持に寄与する「家族協調的（harmonius）な余暇」を、「われわれが目標とする余暇のタイプ」として位置づけている（渡辺 1977:140-141）。しかし本章においてわれわれが着目すべきは、家族協調的な余暇が「目標」とされるような歴史的社会的状況の中で、それでも機械を相手とする孤独な趣味に、どうしようもなく没入してしまう男性たちの葛藤である。

そしてこの葛藤は、オーディオルームというマテリアルな空間において顕在化する。オーディオ趣味が一定の空間占有を必要とする趣味である一方で、日本の住宅事情を鑑みれば、男性が自分専用のオーディオルームを所有するのは極めて困難である。したがって、自分の空間を確保しようとする男性と、家庭空間を管理する役を担う（担わされる）女性との間には、どうしても溝が生じてしまう。特に、オーディオ自作の成果は音を出すことによって確認されるわけだが、音は視覚情報に較べて遮断することが困難な性質を持っている。そしてそれは、オーディオ自作者が、その趣味に関心を持たない（持てない）家族――主に配偶者――から、必然的に「『うるさい！』とよく言われ」（I氏、五七歳）てしまうことを意味している。

もちろんその中でも多くの男性たちは、「オーディオルームに家内の好きな人形を飾る」（A氏、七一歳）、「手芸好きの家内にアンプのカバーを作ってもらう」（O氏、三七歳）など、様々な形で折り合いをつけながらオーディオ自作を営んでいる。しかし、この「折り合いをつける」という行為こそが、実は彼らの葛藤を象徴しているといえるのではないだろうか。オーディオ自作があくまで家庭空間で営まれる趣味である以上、その趣味に没入すればするほど、彼らは家族との間に生じる様々なコンフリクトに直面し、何らかの形で折り合いをつける必要に迫られる。その時彼らは、家内領域において趣味を営むこと自体、それが営まれる場としての家庭空間をめぐる「闘争（battle）」（Keightley 1996）にならざるを得ないという事態を、否応なく認識させられるのである。

オーディオ自作とは、家内領域において営まれるものづくりというフロー経験――他者を必要としない機械への全人的没入――であるが故に、常にこうした家庭空間をめぐるポリティクスを顕在化させてしまう実践でもあるのだ。

4　オーディオ趣味は本当に「男の趣味」なのか？
――趣味とジェンダーをめぐる関係の再考へ

本章では、戦前から戦後期における、オーディオ趣味の生成過程とその快楽／困難について論じてきた。本節ではまとめとして、これらの時期の日本における男性と趣味をめぐる関係について、再検討を行っていきたい。

これまでに見てきたように、一九二〇年代の黎明期から現在に至るまで、オーディオ趣味は一貫して「男の趣味」とみなされてきた。戦前、科学技術の普及・啓蒙の手段として、女性を制度的に緩やかに排除しながら形成されてきたオーディオ趣味は、戦後期の少年工作ブームや、ラジオから流れ出る音への欲望などと結びつきながら、一九五〇年代以降、急速に広まってきた。

そして、こうしたオーディオ自作者の経験を詳細に見ていくと、その快楽はものづくりからくるフローとして経験されていたことが明らかとなった。本来こうしたフローはジェンダーにかかわらず経験可能であり、したがってオーディオ自作者が経験していた〈ものづくりの快楽〉自体に、男性性が本質的に内包されていたということはできないだろう。

しかし一方で、その行為を取り巻く環境のレベルも含めてオーディオ趣味を考えた時、この趣味に歴史的社会的に付与されてきたジェンダーが、当事者の前に不可避的に立ち現れてくる瞬間がある。機械への没入にはそれに関する知識の内面化が不可欠であり、そうした特定の知識の内面化(不)可能性を規定する環境のあり方は、その時々の歴史的社会的状況と決して無関係ではいられない。科学技術とジェンダーの結びつき方に代表される様々な歴史的社会的状況の中で、オーディオ趣味は結果として「男の趣味」としてみなされるに至ったのである。

加えて、オーディオ趣味があくまで家庭空間で営まれる行為である以上、その行為に没入すればするほど、家庭空間の管理者とみなされてきた女性との間にはコンフリクトが生まれ、折り合いをつける必要が生じてくる。趣味を営むこと自体がどうしても女性との「闘争」にならざるを得ないとき、彼ら自身もまた、どうしようもなくこの趣味を「男の趣味」として認識していくのである。

本章を通して見てきたように、趣味とジェンダーの結びつきとは、行為／環境レベルの様々なフアクターが交錯する極めて複雑な場の中で、結果として立ち現れてくるものであった。もしも様々な条件の下で特定世代の「男の趣味」とみなされ続けてきた帰結として、現在オーディオ趣味が「過去の文化」になりつつあるのだとすれば、私たちが為すべきこととは、オーディオ趣味＝「男の趣味」といった、一見自明に見える趣味とジェンダーの結びつきを括弧に入れつつ、その結びつきが歴史的社会的条件の中でいかに形成されてきたか、また当事者にそれがいかに経験されてきたのかを解きほぐし、記述していくことに他ならないのではないだろうか。

注

（1）一方で現在、ピュアオーディオと呼ばれる高級機が相次いで発売されるなど、一部でオーディオ回帰の流れが存在していることも、また事実である（麻倉 2007）。しかし、それらはあくまで団塊世代をもう一度オーディオ趣味に回帰させようとする流れであって、若い世代に新たにオーディオ趣味を広めようとする流れではない、という点は留意しておく必要がある。

（2）例えば、彼らは無線技術の重要性を訴えるために、軍事・国防のための技術としての無線の有効性を唱えた。一九二五年、『無線と実験』主幹の苫米地貢は、「國防の脅威 殺人光線に備ふる處ありや」と題された記事を発表し、欧米で実験に成功したという電波兵器の脅威に備えるためにも、日本の無線技術の水準を引き上げる必要があると説いている（『無線と実験』一九二五年九月号：五二六‐五二七）が、こうした主張は当時の無線技術雑誌においては珍しいものではない。ただし、当時のラジオの自作および送受信という実践は常に国家統制との闘いであり（代表的な例として、一九二五年前後に起こったラジオ受信機の型式証明をめぐる争いがある。これについては山口（2002）などに詳しい）、ラジオ自作者たちは自らの営みを守り維持するために、日本の科学の発展のためには無線技術が重要であることを強調しなければならなかったという側面も、無視することはできないだろう。

（3）自作にかかる費用に加えて、当時ラジオを受信するには聴取料が必要であり、特に初期の段階ではそれは極めて高額であった。『無線と実験』では、東京放送局が仮放送を開始する前の段階から既に「卽ち、其の聽取料の如き世界一の高率たる年額二十四圓なるが如き、その暴擧は共に齢すべきにあらず」（『無線と実験』一九二四年一一月号：二頁）と、その聴取料の高さを批判する論が展開されている。

（4）例えば一九三二年の『無線と実験』には「音質に關する觀念が發達して來た今日、多くのラヂオは音量よりも音質へと進んで居ます。本誌にも諸賢が發表せられる優秀なる稿が多く、之に依って本誌も益々發展せられる事は眞に慶賀に耐えません」という投稿が寄せられている（『無線と実験』一九三二年八月号：六六七頁）。こうした「音質の良い○○の製作」という製作記事が掲載されるようになったのも、一九三〇年代以降のことである。これについては山口（2006）なども参照のこと。

（5）ハッカーによると、アメリカでは、エリート技術者から工場技師へと連なる階層構造をつくり維持するための装置として、数学のテストが機能したという。工学者をはじめとするエリート技術者たちは、現場で必要とされる技能からは乖離した抽象的な数学のテストを、工学専門職への入口として重視した。それは、エリートたちが数学教育を誰にどの程度実施するかをコントロールすることで、自らの地位や文化的均質性を保持するための制度であった（Hacker 1883=1989）。また同時代の日本における数学教育と女性の関係については、根生（2005）などを参照のこと。

（6）代表的なものとしては、「これからの妻たるものは、か丶る文明の利器を利用して、（中略）旨く家事を治めるようにならねばならぬ、それには學校で實用的に科學の思想を吹き込むことが必要である」（下田［1904］1983:308）といった主張がある。この他に女子の科学教育に関しては、「家政ヲ理シ兒子ヲ教養スル」ために科学の有用性を説いた永江（［1892］1983:77）や、「感情に強くして理性に弱く、直覚力に強くして思辯力に弱き」女子のために理数教育を行う必要があると説いた成瀬（［1896］1983:89）などの言説があるが、いずれも国家発展、特に国防のための科学的貢献が強調された男性に対するそれとは、位相が異なっている。

なお坂田謙司は、当時女性向け雑誌にもラジオ自作に関する記事が掲載されていたことを挙げて「このような受信機制作を実際に行う担い手としての役割は、読者である女性に対して求められていたのである」（坂田 2002:171）と論じているが、これに対し山口誠は「氏は雑誌言説の水準と同時代の社会文脈の水準に自覚的ではない」（山口 2003:159）と批判を加えている。さしあたり本章において重要なのは、ラジオ自作は科学技術の啓蒙言説と結びつく形で語られていたが、男性に対する言説と女性に対するそれとの間に、啓蒙の位相に差異を見出すことができる点、そして、当時の科学技術教育をめぐる制度的背景を鑑みれば、実際にそうした言説とラジオ自作とが女性たちの生活世界において結びつくことは、極めて稀であったと考えられる点である。

（7）本章では、戦後日本におけるオーディオ趣味の歴史的変遷について詳述することは、紙幅の都合上断念せざるを得ない。なお現段階で目にすることができる、オーディオ趣味の通史に言及した学術的研究としては、Hosokawa & Matsuoka（2008）などがある。

（8）このフィールドワークは、筆者が二〇〇八年三月から翌年一月にかけて行ったものである。具体的には、自作オーディオサークル「手作りアンプの会」の関東支部月例会（三土会）での参与観察、および、オーディオ部品の製作・販売に携わる人物二人を含むオーディオ自作者一四人へのインタビュー調査による。インフォーマントは五〇歳代を中心に、三三歳から七二歳までの男性であり、その多くは大学の理系学部を出た後技術職に就いている。インタビューは一人あたり一時間から三時間程度、場所は主に都内の喫茶店等で行った。なお、参与観察を行った自作オーディオサークルの月例会には毎回二〇〜三〇人ほどの参加者が集まっていたが、少なくとも筆者が確認した限り、女性の参加者が現れたことはない。

(9) オーディオマニアの中には、自作派以外に「買い替え派」と呼ばれる人々も存在しているが、こうした買い替え派の実践も、買う／集めることへの欲望と音への欲望の循環構造の中で駆動しており、「そういう人たちの情熱というのは、作る人たちの情熱とね、変わりない」（A氏、七一歳）といえる。買い替え派を含むオーディオマニアの実践については、Perlman（2003）、Hosokawa & Matsuoka（2008）などを参照のこと。

(10) もっとも「趣味のためなら女房も泣かす」というこの価値観自体、当時のジェンダーをめぐる歴史的社会的状況の反映であると考えた方がよいだろう。（近代）家族自体が、元々こうした不全を構造的に内包した、「矛盾に満ちた存在」（山田 1994:51）なのである。ただ本章において重要なのは、後述するように、オーディオ趣味とは家庭空間において一人で営まれる実践であるが故に、この家族をめぐる矛盾が不可避的に顕在化してきてしまう点である。

第九章　なぜ鉄道は「男のロマン」になったのか
――「少年の理想主義」の行方

辻　泉

1　現実離れした「男のロマン」

「男らしさ」と趣味

男性の趣味には一見すると理解不能なものが多いが、対照的に女性の趣味には理解可能なものが多い。例えば、キャリアアップのための英会話や資格教室、シェイプアップのためのエアロビクス、「花嫁修業」としての料理教室、気分転換のための海外旅行といったように、いずれも「現実」の社会で役に立つものばかりであろう。

幼児期のごっこ遊びにしても同様である。一般的に女の子のものとされている、おままごとや人形遊びが、家庭内での家事や育児と結びついているのと比べ、電車ごっこを楽しんだ男の子たちは、誰しもが鉄道会社の社員になるわけではない。

だが大人になってからも、役立ちそうもない「現実離れ」した趣味を手放せない男性は多いようだ。とりわけ乗り物や機械いじりに夢中な男性たちは、時に仕事そっちのけで打ち込んだりする。それを非難された時には、決まって用いてきた言い逃れがある。

それは「男のロマン」というものである。「男の／ロマン」という表現からうかがえるのは、それが女性にとっては理解しがたいものである（と少なくとも当人たちはそう思っている）ということ、さらに「現実」の社会で役に立つかどうかといった規準を「超越」したような、言語化しがたい魅力を持っているということであろう。

だが、彼らにそうした趣味を持ったきっかけを尋ねてみても、「自分でもよくわからない」「いつのまにか」「幼い頃からずっと」といった答えが返ってくることが多く、その内実はよくわからない。そこで本章では、日本社会における「男のロマン」について、むしろ社会的な背景から理解を試みたい。とりわけ担い手が男性に偏った趣味を取り上げ、その内実を社会学的に掘り下げてみたい。

鉄道趣味とは何か

そのために、ここでは鉄道趣味を取り上げたい。鉄道趣味と一言にいっても、模型を作って楽し

（執筆者撮影）
第8回国際鉄道模型コンベンションに集うファン

（執筆者撮影）
鉄道写真を撮るファン

図9-1　鉄道ファンの様子

む人もいれば、写真を撮って楽しむ人、乗って楽しむ人もいる。よって、ここでは鉄道に強い関心を寄せる人々を一くくりにして鉄道ファンと呼んでおこう。

鉄道趣味を取り上げるのにはいくつかの理由がある。第一に、担い手が男性に大きく偏っているだけでなく、(1)そのふるまいが一見するとまさに理解不能であって、「男のロマン」の代表と呼ぶにふさわしいからである。百貨店の模型コーナーや、あるいは駅のホームや列車内などで、明らかに他の客とは違った雰囲気をもちながら、それでいてどこか楽しそうにしている男性たちを目にした人は少なくないだろう。せいぜい手先が器用になるか、乗換えの仕方や旅行の計画の相談をするぐらいにしか役立ちそうもない趣味に、なぜ彼らは強い関心を寄せるのだろうか。

第二に、この一見すると理解不能な趣味は、しかしながら日本社会においては一定の広がりを持っているのである。例えば、歴史地理学者の青木栄一は「現在の日本の鉄道趣味人口は少なくとも十数万人以上はいるのではないかと思う」（青木 2001:131）と指摘しており、また鉄道雑誌の中でも発行部数の多いものは二十万部を超えていて、(2)それ以外のものも含めると、さらに大きな規模になることが想像されよう。

加えてこうした人数の多さには世代的な広がりという背景も存在する。幼稚園入園前の男の子から、七十～八十歳以上の高齢者に至るまで、途切れることなく様々な世代の鉄道ファンがいる。おもちゃ売り場や幼児用の書籍コーナーには、男の子向けに鉄道を扱ったものが数多く並んでいるし、高校や大学には鉄道研究会（略して「鉄研」）という部活動が存在し、さらに鉄道友の会という全国組織や鉄道フォーラムというインターネット上のファンサイトも存在している。いわば特定の年齢層や地域だけに限られた趣味ではない。

また、こうした世代的な広がりは、歴史的な古さをも表している。後にも詳述するように、おそらくこれほどの長きに亘って、「男のロマン」であり続けてきた趣味もそう多くはないだろう。

なぜ鉄道は「男のロマン」なのか

さて本章が考えるべき問いとは、日本社会において、なぜ鉄道が「男のロマン」であり続けてきたのか、ということに他ならない。このことは、さらに以下のような問いに分けられよう。

第一に、そもそも「男のロマン」とは何かという問いである。それは、いつどこから来たものなのだろうか。この点については、戦前の少年文化にその源流を見出し得るというのが本章の答えだが、それは当時の日本社会が、近代への「適応」から、やがてそれを「超越」しようとする時代へと変容しつつあったからに他ならない（井上 1992）。この点は後に詳述しよう。

第二には、なぜ他でもない鉄道が「男のロマン」となったのかという問いである。よく考えてみると、広大な「男のロマン」を託すには、鉄道はいささか中途半端な対象に感じられなくもない。他にも、もっと大きかったり速かったり、自由度の大きい乗り物があるようにも思われる。加えて、もし「男のロマン」が力強さに向かうならば、軍事的なものが対象となるだろうし、宇宙の広がりに向かうならば天体が、あるいはまた、生命の神秘に向かうならば、昆虫などの生物が対象となるのではないだろうか。

にもかかわらず鉄道は、時にこれらの対象と同等かそれ以上に、日本社会における「男のロマン」の主役に位置づけられてきた。この点は、他とは違った日本社会の特徴を見出し得る重要な問いとなるだろう。

最後に第三の問いは、「男のロマン」はこれからどこへ向かうのか、というものである。今、社会が大きく変わろうとしている中で、それは時代遅れのものとして「リストラ」されるべきものなのか、それとも何がしかの「restructuring（再構築）」をし得るものなのか。この点も考えてみたい。

2 「男のロマン」とは何か

「男のロマン」はいつ形成されたのか

まず日本社会における「男のロマン」とは何か、いつどこから来たのかという問いについて考えてみよう。具体的には、明治中期から大正、昭和初期にかけての少年雑誌の変遷をみるとよくわかる。

日本初の少年雑誌といわれる『少年園』（少年園）が刊行されたのは、明治二一（一八八八）年であった。これについて比較文学者の木村直恵は以下のように記している。

いま現在、われわれがなぜ少年雑誌にはきまって理科とスポーツと読み物となぞなぞが掲載されているのかと考えるとき、われわれはそれが『少年園』において初めて組み合わされたものであると知るだろう。（中略）このような独自性をもった「少年」をめぐる問題系は、ここで設定されたものにほかならないのである。（木村 1998:282-3）

ここで「きまって（中略）掲載されている」という「理科とスポーツと読み物となぞなぞ」には、まさに「男のロマン」とされてきた趣味のほとんどが含まれよう。

大きくは軍事と科学に関するものに分けられるが、「スポーツ」は前者に含まれており、後者にあたる「理科」と「読み物となぞなぞ」は、この後に独立した内容を形成し、科学雑誌として姿を現してくることになるものである。本章が取り上げる鉄道趣味は、基本的には後者に含まれよう。

実際、『少年園』にも何度か鉄道に関する記事が掲載されている。早いものとしては、創刊の翌年の一八八九（明治二二）年に、「電気車の図」（二巻二四号）というタイトルで電気機関車の引く列車の口絵が掲載されていた。

しかしながら全体を通して多くを占めていたのは、「軍艦縦覧記」（一八九〇（明治二三）年三巻三五号）「陸海軍大演習に就て」（一八九〇（明治二三）年四巻三八号）といった軍事に関する記事や、「スティブンソン蒸気機関を工夫する図」（一八九一（明治二四）年五巻五三号）「北里博士の栄誉」（一八九二（明治二五）年九巻一〇〇号）といった科学に関する記事であった。

「少年の理想主義」という源流

では、なぜこの時代の少年雑誌に「男のロマン」の源流が存在するだろうか。この点について参考になるのは、社会学者の井上俊による「日本文化の一〇〇年――「適応」「超越」「自省」のダイナミクス」と題する論文である。

文化というものを人びとの生活の方向と流儀というふうに広く考えるならば、文化の最も基本的な働きは、人間の環境への適応を助けること、人びとの日常生活上の欲求の充足をはかることにあるといえるだろう。そして、この「現実適応」ないし「生活維持」の機能に力点をおくなら、文化とはもともと「実用的」なものだということもできる。しかし一方では、そのような意味での「実用性」をこえる働きもまた文化のなかにはふくまれており、これも文化の重要な機能のひとつである。いいかえれば、「適応」のための効率追求や打算や妥協をふくまざるをえない実際的な生活の世界をこえて、あるべき世界や人間のイメージを構想し、そこから現実を批判し導こうとする理想主義的な「超越」の側面を文化は常にそなえている。（井上 1992:89-90）

井上はこう記した上で、明治の文明開化が実用主義的な「適応」の文化であったならば、それが進むにつれて、大正や昭和初期に向かっては理想主義的な「超越」の文化へと変容してきたのではないかと指摘している（井上 1992）。

『少年園』の創刊は明治中期だが、大正や昭和初期には後続の少年雑誌（『少年倶楽部』（大日本雄辯會講談社→講談社）など）だけでなく、『子供の科学』（誠文堂→誠文堂新光社）や『科学と模型』（科学と模型社）といった科学雑誌、あるいは『鉄道』（模型電気鉄道研究会→模型鉄道社→国際鉄道社）『鉄道趣味』（鉄道趣味社）といった初期の鉄道雑誌が創刊されている。これらは、まさにこの時代における、理想主義的な「超越」の文化の一つの現われだったのではないだろうか。とするならば、なぜこうした内容で現れたのだろうか。

この点については、日本社会の近代化が後発的であったことが大きいといえよう。というのも、性別役割分業は広く近代社会全般にみられるものだが、こうした社会においては、それがより徹底されてきたと考えられるからである。

すなわち、「富国強兵」「殖産興業」といったスローガンにみられるように、明治期以降の日本は、先進的な近代社会に「追いつけ追いこせ」を目標にしてきた。そのために重点が置かれたのが、軍事力の増強と産業化であり、やがて科学や技術もそのための手段として注目を集めていった（飯田編 1989；廣重 1973＝2002；中岡 2006）。

「質実剛健」という日本における男性性を象徴したスローガンは、こうした急速な近代化の中心的な担い手が内面化すべきものとして存在した。(3) さらに、次代を担うべき年少者に対しては、それがより理想化された形で期待されていった。(4)

こうした傾向は、「追いつけ」を目標とした文明開化の「適応」の文化の時代に比べ、その後の「追いこせ」を目標とした「超越」の文化の時代にはより強まっていったといえる。具体的に言えば、日清・日露の両戦争に勝利を収め、いわば近代化に「自信」を持ち始めていた当時の日本社会においてこそ、「少年は日本男児の予備軍として「明るく正しく強く」（中略）という〈理想〉を目指すべき」（宮台・大塚・石原 1992・1993＝2007：27）存在として、軍事的な力強さと科学的な知識を身につけることが期待されていったのである[5]。

この点について映画評論家の佐藤忠男は、「少年の理想主義」と題する論文の中で、自身も少年雑誌の愛読者であった経験を踏まえながら、当時の様子を記している。すなわち、「少年時代の私たちが求めていたものは（中略）少年であればこそ分かるような形の強烈な観念であって、素朴経験主義的な日常瑣末事ではなかった」（佐藤 1959＝1993：105）のだという。

後発的な近代化と「男のロマン」

こうした後発近代化社会における男性性の特徴については、日本以上にドイツにおける研究の進展が著しい。というのも、「ロマン」という言葉の元になった「ロマン主義」という動きは、十八世紀末のドイツから起こっており、それはフランスやイギリスと比べて近代化が後発的であったからである（木谷・望田編 1992）。

「ロマン主義」という言葉が直接的に意味していたのは、人間性の復権（ローマ時代への過去回帰）

ということだが、むしろその本質は、先進的な近代化や徹底した合理主義に対する愛憎半ばした態度、すなわち羨望と反発の入り混じった態度にこそあったといえるだろう。

つまり「ロマン主義」とは、何がしかの決まった対象にだけ存在するのではなく、むしろ対象に向かう態度そのものだったのである。すなわち、先進的かつ合理主義・現実主義的な近代化に対して、一方では「追いつけ」と思いつつも、その両義性を踏まえたうえで、いつかは「追いこせ」と理想主義的な態度をもつことこそが「ロマン主義」だったのである。こうした特徴について政治哲学者のアイザイア・バーリンは、ドイツロマン派の代表的詩人ノヴァーリスの表現を用いながら、「外来のもの、見知らぬもの、外国のもの、異様なものを目指すあらゆる試み、日常生活の経験的な枠組みから抜け出るあらゆる試み」だと述べている（Berlin 1999=2000:160）。

それゆえにまた、こうした社会において、男性性が現実主義的というより理想主義的な色彩を強く持つことについて、歴史学者のジョージ・L・モッセは以下のように指摘している。

男性性というものを、帝国、社会、家族あるいは国家における剝き出しの権力の単純な行使に還元することはできない。それは決してそのような一次元的なものではなかった。それどころか、近代的な男性性は、社会の現実と未来への希望を共に反映している一連の諸特性から構成されていた。（中略）男性性は、社会の理想と希望の象徴を供給している。（Mosse 1996=2005:26）

これが、年少者に対してより理想化された形で期待されていったとき、例えばドイツで言えばヒトラーユーゲント、日本で言えば少年雑誌などが該当した。またイタリアも加えて考えてみると、こうした理想主義や「ロマン」が、ともするとファシズムに繋がりかねないものであったことも忘れてはならないだろう（伊藤1993；Kühne 1996=1997など）。

だがここで重要なのは、男性だから本質的に「ロマン」を追うというよりも、とりわけ後発的に近代化を成し遂げた社会においてこそ、むしろ「ロマン」を追うべきものとして男性性が形成されてきたという歴史的な事実である。(6)

3　なぜ鉄道は「男のロマン」になったのか

「想像力のメディア」としての鉄道

次に、なぜ他でもない鉄道が「男のロマン」になったのかという問いについて、鉄道そのものの特徴と、外在的な要因の二つの側面から考えてみたい。

鉄道に限らず、乗り物全般が「男のロマン」と結びつきやすいことは想像に難くない。というのも、それらが目的地（目標）を追い求めて疾走する様は、後発的な近代化をとげる社会そのものの姿と重なりやすいからである。

その中で社会学者の見田宗介は、鉄道を「想像力のメディア」と言い表し、他の乗り物との違いを指摘している。それは「外にありながら内にあること、内にありながら外にあること」(見田1984＝2001:11) といった指摘にも表れているように、両義性の強さである。すなわち、出発駅は「いま／ここ」という身近な「現実」の中に存在するが、それと同時に目的地は「いつか／どこか」という「超越」したところに存在する。それゆえに鉄道は、後発的な近代社会の「男のロマン＝想像力」を「媒介する存在(＝メディア)」になりやすいのだという。[7]

こうした見田の指摘は、大正時代に宮沢賢治によって書かれた『銀河鉄道の夜』の分析を元にしたものだが、夏目漱石の『三四郎』や『坊ちゃん』、森鷗外の『青年』など、同じように教養小説(ビルディングスロマン)に分類される多くの近代小説においても鉄道が登場していることからして(若林 2002)、正鵠を得たものと考えられよう。[8]

実は、主役ではなかった鉄道

しかしながら、ここで忘れてはならないのは、実はこうした鉄道そのものの特徴が、後発的に形作られてきたということである。すなわち、それが乗り物としての地位を確かにしたのは、日清・日露戦争の軍事輸送などをきっかけとする明治中期以降のことである。特急列車が運転を開始したり東京駅が開業するなど、今日に近い鉄道網が姿を現すのは明治末～大正時代になってからなのである(鉄道百年略史編纂委員会 1972；野田・原田・青木・老川編 1986)。

「汽車」という呼び名が定着するのも、これらの時期に至ってからである。開業時には「陸蒸気」

と呼ばれていたことが意味していたように、むしろそれまでの乗り物の中心は「(蒸気)船」であった(原田 1995:宇田 2007)。

日本で始めて作られた鉄道(模型)は、一八五五(明治五)年の佐賀藩精錬方中村奇輔らによる蒸気機関車の模型といわれているが[9]、その主たる制作目的も、実は国防のための軍艦建造にあり、とりわけ蒸気機関そのもののメカニズムの解明にあったと言われている(原田 1986)。

よって近代化の初期段階以降、乗り物の主役に長らく君臨していたのは鉄道ではなく船であった。特に戦前までの少年文化についていうならば、時代が下るにつれてそれに加わったのは、飛行機であり、別な言い方をすれば、陸軍的なものよりも海軍的なもののほうが主役であった。つまり、鉄道はむしろ脇役に近い存在だったのである。当時の雑誌を元にそうした動きを跡付けてみよう。

科学から模型へ

大正時代に至ると、今日でも発行が続く『子供の科学』(一九二四(大正一三)年創刊)のような科学雑誌が創刊されたが、「科学」とはいっても、生物学など狭義の自然科学的なものよりも、むしろ工学のような技術的なものに人気が集まっていった。昭和初期には、それに特化した『科学と模型』(一九三〇(昭和五)年創刊)のような模型雑誌が創刊されたり、あるいは『子供の科学』においても、各種の模型製作法を記して人気を博した連載記事が、シリーズものの単行本『少年技師ハンドブック』としてまとめられたり、あるいは大都市圏の百貨店を会場に、模型展が開催される

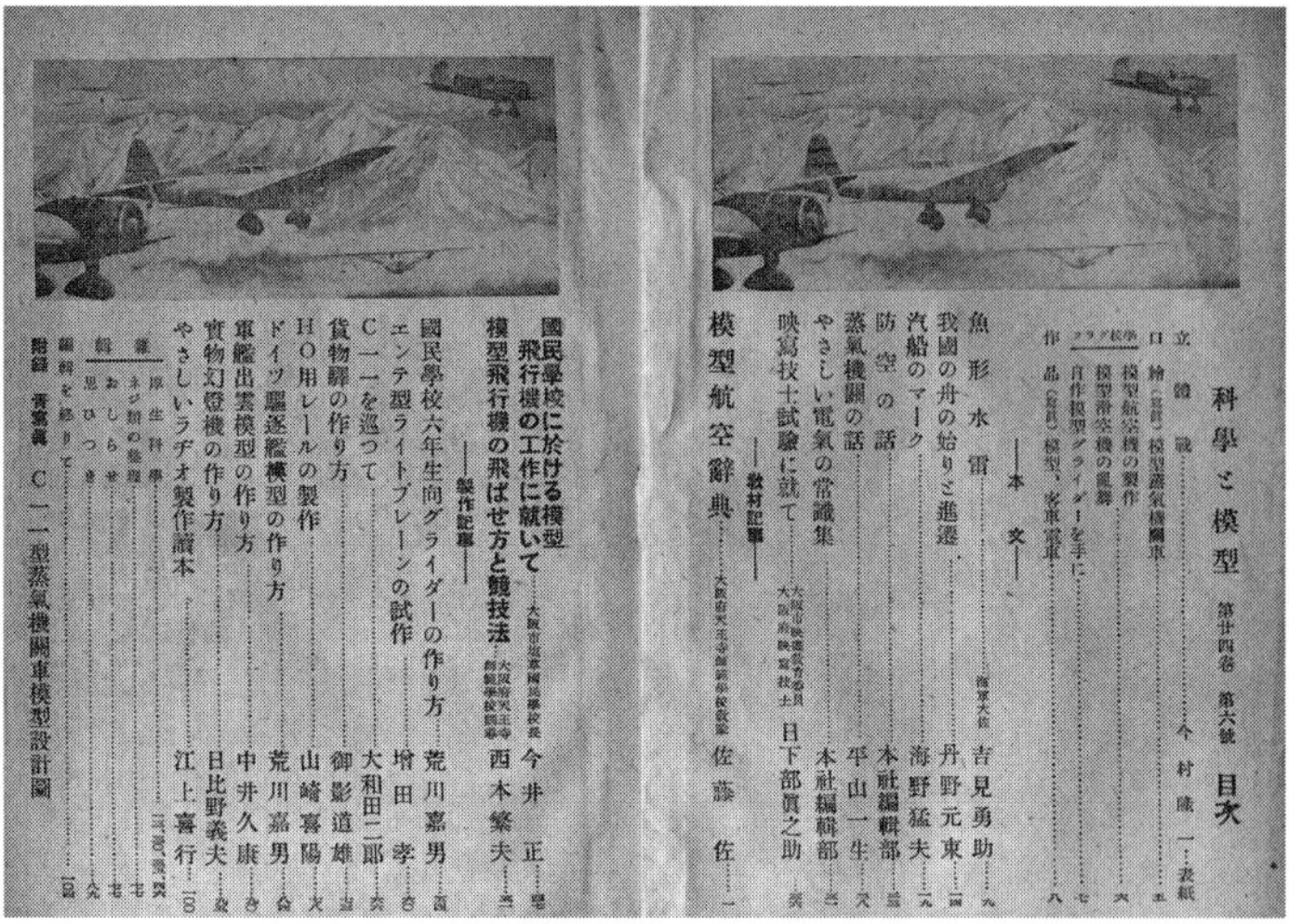

科學と模型　第廿四卷　第六號　目次

立體　職……今村蔵一……表紙
口繪（寫眞）模型蒸氣機關車
模型航空機の製作
模型滑空機の亂舞
フラグ校學　自作模型グライダーを手に
作品（寫眞）模型、客車貨車

——本文——

魚形水雷……海軍大佐　吉見勇助
我國の舟の始りと進遷……丹野元東
汽船のマーク……海野猛夫
防空の話……本社編輯部
蒸氣機關の話……平山一生
やさしい電氣の常識集……本社編輯部
映寫技士試驗に就て……日下部貫之助

——教材記事——

模型航空辭典……佐藤佐
國民學校に於ける模型飛行機の工作に就いて……今井正
模型飛行機の飛ばせ方と競技法……西木繁夫

——製作記事——

國民學校六年生向グライダーの作り方……荒川嘉男
エンテ型ライトプレーンの試作……增田孝
C一一を巡つて……大和田二郎
貨物驛の作り方……御影道雄
HO用レールの製作……山崎喜陽
ドイツ驅逐艦模型の作り方……荒川嘉男
軍艦出雲模型の作り方……中井久康
實物幻燈機の作り方……日比野義夫
やさしいラヂオ製作讀本……江上喜行

厚生科學
ネジ類の整理
おしらせ
思ひつき
編輯を終りて

附錄　青寫眞　C一一型蒸氣機關車模型設計圖

（宮澤孝一氏の所蔵）

図9-2　『科学と模型』1941（昭和16）年12月号目次

ようになっていった。

図9-2は戦中の『科学と模型』（一九四一（昭和一六）年一二月号）の目次だが、「C11を巡って」「貨物駅の作り方」といった鉄道に関する記事が少し見えるものの、むしろ目立つのは、戦闘機と思しき挿絵や「模型航空辞典」「模型飛行機の飛ばせ方と競技法」といった飛行機に関する記事が太字で強調されていることと、「我国の舟の始りと進遷」「ドイツ駆逐船模型の作り方」といった船に関わる記事の多さであろう。あるいは「魚形水雷」といった現役の海軍大佐による記事もみえる。ここからも、あらためて（軍事に関連した）飛行機や船が主役で、鉄道は脇役であったことが確認される。

当時の少年の一人であり、戦後、慶應義塾大学鉄道研究会を復活させ、今日では蒸気機関車史の第一人者として知られる人物ですら、自身の著作の中では、蒸気機関車の魅力について以下のように記している。

> 鉄道趣味雑誌でもまだ蒸気機関車は最強の存在のようだ。（中略）速さ、力強さ、勇ましさ、ブラックボックスのないメカなどに裏づけされた人間の憧れのようなものか。特に経験した人の脳裏からは離れない。重厚長大な戦艦、機敏な動きを見せるプロペラ時代の戦闘機なども重なる、男の魅力なのかもしれない。（齊藤 2007:457 ※強調は筆者）

この記述は近年に書かれたものだが、当時の鉄道が、少年たちからは飛行機や船と似たような対象としてみられていたことを物語っている。戦争末期の「鉄道は兵器」といったスローガンは極端であるにしても[10]、「軍国少年」たちに対し「大日本帝国」の空間的な広がりを感じさせる対象という点で、戦闘機と戦艦と蒸気機関車は似通った存在だったのだといえよう。

模型と「男のロマン」

加えて、ここでは当時の「模型」のあり方が今日のそれとはやや異なっていたことを、記しておく必要があるだろう。「模型」といった場合、字面からすると「現実」に存在するものを「模」して作られることをイメージしやすい（これは「スケールモデル」と呼ばれている）。だが当時においては、むしろ後に「自由型（フリーランス）」と呼ばれるような、構想・設計から製作までを全て自分で行うほうが主流だったのである。(11) その目的について、『少年技師ハンドブック』シリーズ第一四巻の『高級電気機関車の作り方』にはこう記されている。

模型の国の少年技師諸君！　諸君は決して、いつまで経っても実物の後塵を拝してばかりいてはならない。初めは実物に倣い、実物を学んで模型を作るのも良かろうが、永久にそれではいけない。来る日にこそむしろ実物に一歩先んじ、実物に教えてやる位の独創性を発揮して頂き度いものである。（山北藤一郎『高級電気機関車の作り方』「第一章　模型電気機関車」より）

ここでは「模型の国」という語が登場しているが、これも当時の「現実」の日本社会（＝国）を「模」することを意味したのではなく、むしろ理想とする日本社会の姿を「実物に一歩先んじ、実物に教えてやる」ために模型を作ろうとしたとすらいえるだろう。当時の理想主義的な「超越」の文化の現れの一つといえる、こうした模型のあり方は、まさに「男のロマン」の源流であった。

模型から鉄道へ

そして、「男のロマン」の源流の中にこそ、今日の鉄道趣味にいたる端緒は存在していた。『少年技師ハンドブック』シリーズには、『高級電気機関車の作り方』に加え、第一巻に『電気機関車と電車の作り方』が含まれていたが、これらは、日本初の鉄道模型に関する専門書籍というべきものであった（石坂 2003）。また『子供の科学』が主催する「第一回模型の国展覧会」で最優秀賞を獲得した人物は、それをきっかけに鉄道趣味のサークルを結成し、一九二九（昭和四）年には、日本初の鉄道専門誌『鉄道』を創刊することとなった（上田 1988）。さらに、その五年後の一九三四（昭和九）年には、現存する最古の大学「鉄研」として知られる慶應義塾大学鉄道研究会も創設されるなど、各種のサークルも結成されていった。

こうして、模型を源流にそこから派生する形で日本の鉄道趣味は広まっていくことになる。戦局悪化の中でこうした鉄道趣味活動は一時中断せざるを得なかったが、戦後、再び創刊されたのも、『鉄道模型趣味』（機芸社→機芸出版社、一九四七（昭和二二）年創刊）という模型雑誌が最初だった。詳述は別稿に譲らざるを得ないが、鉄道趣味のほかの活動についても、例えば写真は模型製作のための参考として、また鉄道旅行についても各地の鉄道の写真を撮影して回るところから、主として派生してきたと考えることができる。今でも、模型は大きな割合を占めているが、もっとも「ロマン主義」的ともいうべきジャンルが鉄道趣味の源流にあることの意味は大きいといえる。(12)

敗戦という転機

しかし、脇役に置かれていた鉄道が「男のロマン」の主役に位置づけられるようになるには、むしろ外在的な要因のほうが大きかった。端的に言えば、それは敗戦による影響である。敗戦によっ

科學と模型
二・三月合併號目次

図9-3　戦後の『科学と模型』(1947(昭和22)年2・3月号)の目次

て軍隊が解体され、戦闘機も軍艦も姿を消していったことで、少年たちにとって「ロマン」を託す対象が少なくなってしまったのである。

図9-3は、先ほどと同じ『科学と模型』の敗戦後の号の目次だが、内容が大きく変わっているのがわかる。あれほど目立っていた戦闘機や戦艦が姿を消してしまったことで、鉄道が結果的に主役に位置づけられている[13]。

また当時少年であった人々が書き記していることからも、こうした変化を裏付けることができる。

私の場合は非常に単純でして、飛行機や軍艦が好きだった少年が、戦争が終わり飛行機や軍艦を取り上げられて茫然としているときに、いつの間にか入ってきたのが鉄道でした（『鉄道ジャーナル』二〇〇四年十月号「座談会　鉄道好きと鉄道趣味の行方」P45）

　第二次大戦中のミリタリズム教育で育てられた少年として、軍艦や飛行機も鉄道と同じように好きだった。それが一九四五年の敗戦で日本には陸軍も海軍もなくなり（中略）そして残ったのが、鉄道というわけである（和久田 1993：はじめに）

前者は早稲田大学で、後者は東京大学で、それぞれ戦後に鉄道研究会を創設する際に中心となった人物である。現在七十～八十歳の、鉄道趣味が大きく広まっていった際の中心人物たちがこのように記していることの意味は大きいだろう。同じ鉄道ファンとは言っても、今日とは異なった背景が存在していたことがわかる。

　このように鉄道が「男のロマン」となっていったのには、鉄道そのものの特徴もさることながら、むしろいくつかの社会的背景が重なっていたことが大きかった。具体的には、文明開化という近代への「適応」の時代から、やがて理想主義的な「超越」の時代が訪れつつあったということ、加えて、後発的な近代化の中で性別役割分業が徹底化され、軍事や科学に「ロマン」を託すものとして男性性が形成されていったということ、そして、それが少年に対してはより理想化された形で期待されていったということが重要であった。その中で、脇役に過ぎなかった鉄道が主役に躍り出るのは、むしろ敗戦という外在的な要因のほうが大きく、また戦後の平和憲法下においては、その傾向はますます強まっていったのである。

4　「男のロマン」はどこへ向かうのか

後期近代の成熟社会と「男のロマン」

日本社会は、敗戦からの復興ののち奇跡的な高度成長を遂げていくこととなるが、鉄道はその中心的なインフラでありシンボルであった。東京オリンピックが開かれた一九六四（昭和三九）年に開通した、東海道新幹線が富士山のふもとを走り抜けていく図柄は、まさしく戦後日本のナショナルシンボルともいうべきものであった。

こうして新幹線に代表される電車は、戦前の戦闘機や軍艦に代わって「男のロマン」の主役に位置づけられていった。それは、空間の広がりというよりも、むしろ戦後日本の輝ける未来という時間の広がりを感じさせる存在であったといえるだろう。一般的にも、鉄道をイメージさせる言葉として、「電車」が「汽車」に取って代わっていくことになる。

しかしながら低成長期の訪れた一九七〇年代以降、むしろ「男のロマン」そのものが主役の座を追われていくこととなる。いわば、明治期の文明開化以降、右肩上がりで続けられてきた近代化が一段落し、後期近代の成熟社会へと移り変わっていく中で、そうした空間や時間の広がりに向かって、「現実」からの「超越」を志向するような文化が軒並み衰退を遂げていく。この点について建築意匠論者の森川嘉一郎は、『趣都の誕生』の中で次のように述べている。

科学技術による絶え間ない前進がもたらす輝ける未来、という高度経済成長時代に共有されていたビジョンは、七〇年代に入って、急速に色褪せてしまった。八〇年代の中頃には、このような状況を反映して出現した新しい人格が、「オタク」という呼び名によって見出されるようになった。彼らは性格として、科学を信仰し、大志を抱くはずだった少年たちである。それゆえこの〈未来〉の喪失によって受ける打撃が、ひときわ大きかったのである。（森川 2003:234）

同著は、東京の秋葉原の変容を論じたものだが、かつて交通博物館が存在し、自作用のパーツを売る専門店がひしめき合った街は、いまや「オタク」の聖地と呼ばれるにいたっている。「男のロマン」そのものが主役の座を追われていった中で、「少年」という呼び方も過去のものとなり、むしろ「虚構」と戯れる「オタク」という呼び方のほうが定着し、鉄道ファンも「オタク」の一ジャンルに位置づけられるようになっている。

冒頭に記した内容に立ち戻れば、男の趣味の多くが理解不能にみえるのは、男性たちが意図して役立たない趣味を選んでいるからではなく、むしろ「男のロマン」が役に立ちにくい社会に変化してきたからだろう。いわば男性性よりも、社会の変化のほうが早かったために、取り残されてしまったようなものといえるだろう。

「男のロマン」の「リストラ」か、それとも「restructuring（再構築）」か

最後に「男のロマン」のゆくえについて考えてみよう。「終わりなき日常」（宮台 1995）ともいうべき後期近代の成熟社会においては、そのような理想主義的な「超越」の文化は、いわゆる「リストラ」の対象とすべきだという考え方が得りえる。また、近年ではそのほうが多くを占めているように思われる。

しかしその一方で、むしろ語の正しい意味どおりに新たな「restructuring（再構築）」をすべきだという考え方もありえるのではないだろうか。またこれからの社会には、それが求められるのではないだろうか。

井上俊は、先に引用した論文の中で、「一九七〇年代後半以降の文化状況は（中略）文化全体が「適応」の側に一元化されてゆく傾向を強く示している。いわば、文化の「日常化」の進行である」と分析した上で、いくつかの要因の間の「拮抗と補完の動的な関係が文化に活力と創造力を与え、文化を健全な状態に保つということであろうし、したがってまた、そのような関係の回復を文化の再構成に際しての一つの指針とみなしうる」と述べ、こうした「一元化」を「文化のなかの拮抗関係の喪失」と指摘している。（井上 1992:107-108）。

もちろん「超越」への過剰な「一元化」が、ファシズムに結びつきかねないものであることは指

摘した通りだが、「適応」への過剰な「一元化」もまた、例えばシニシズムを生むものとして危惧されるべきものということである。よって「拮抗関係」のある「文化の再構成」を意図するならば、今求められるのは、もう少し理想主義的な「超越」の要因を文化に取り入れることとはいえないだろうか。いわば「男のロマン」をうまく組み込んだ、新たな社会を構想することが求められているとはいえないだろうか。

例を挙げれば、あまり知られていないことだが、インターネットにおけるハッカーたちの源流は、一九五〇年代のマサチューセッツ工科大学における鉄道模型クラブにあったと言われており、鉄道模型を上手く動くように工夫することを「ハックする」と呼んだのがその語源だという（Levy 1984=1987）。このように、いわばＩＴ産業が鉄道を凌駕する時代になっても、「男のロマン」が役に立つような「方向転換」はあり得るのではないだろうか。それはいわゆる「理系離れ」と呼ばれる現象の対策を考えていくこととも重なってこよう（科学技術庁編 1994；毎日新聞科学環境部 2003＝2006 など）。

それは、ただ無目的に鉄道趣味そのものの存続を訴えたいということでもないし、「バックラッシュ」と呼ばれるような保守反動的な回帰を意図するものでもない。あるいは、理想主義的な「超越」の文化の担い手が男性でなければならないという理由もどこにもないだろう(14)。むしろ重要なのは、これまで「男のロマン」と呼ばれてきたものを時代遅れのものとして「リストラ」してしまうのではなく、むしろ「方向転換」をさせつつ「restructuring（再構築）」する方途を探していくということではないだろうか[15]。

注

(1) これに関連して、近年「鉄子」と呼ばれる女性の鉄道ファンが増加している現象について触れておきたい。筆者は「鉄子」現象については、ここで取り上げるような「男のロマン」とは異なった系譜の趣味と考えている。というのも、鉄道車両そのもののメカニズムに関心を寄せる以上に、むしろ旅行やそれについて回る楽しさ（食事や風景など）に重きを置いているからである。この点においては、いわゆる鉄道趣味というよりも、女性たちの旅行趣味の系譜としてとらえるべき動向であると考えられる（それまで海外旅行に重きが置かれていたのが、「安・近・短」志向の高まりで国内の鉄道旅行が見直されたというように）。

(2) 主な鉄道雑誌として『鉄道ファン』（交友社）が二一・五万部、『鉄道ジャーナル』（鉄道ジャーナル社）が一五万部、『鉄道模型趣味』（機芸出版社）が一〇万部である（『雑誌新聞総かたろぐ二〇〇五年版』）。

(3) 同時に、それを支えつつ子を産み育てるものたちが内面化すべきものとしての女性性も明確化することになるが、そのスローガンが「良妻賢母」であったといえるだろう。

(4) まさにその典型が学制以来の近代的な学校教育だといえるだろう。学校教育と女性性、あるいは少女文化の形成については、木村（1999）や小山（2002）をはじめとする優れた歴史研究が多数存在するのに対し、男性性あるいは少年文化については、阿部・大日方・天野編（2006）などの貴重な研究もあるものの、相対的にまだ検討が遅れているといわざるを得ないだろう。

(5) 別な言い方をすれば、今日では一般的に理系的な問題関心は男性的なものとされているが、実はこれは自明ではない。瀧川（2001）によれば、福沢諭吉の『窮理図解』に代表されるような明治初期の科学読み物は、決して男性だけを対象に書かれたものではなく、むしろ女性も読者として意識しつつ、幅広く読まれることを想定していたのではないかという。

(6) したがって、日本における男性性の特徴として、理想主義的でありミリタリズムへの親和性が強いことについて、一方的にそれが外部から注入されたかのように、批判したり告発することは、先のモッセの引用にもあったように、あまり生産的ではないといわざるを得ない(山﨑 2001 など)。むしろそうした男性性の特徴も、近代化の中に深く埋め込まれたものとして、内在的にとらえ返していくことのほうが重要である。

(7) ただし、鉄道がこのような「想像力のメディア」と論じ得るのは、やはり後発的な近代社会においてのことと思われる。歴史学者のヴォルフガング・シベルブシュは、その著作『鉄道旅行の誕生』において、イギリスやフランスの事例を紹介しながら「時間と空間の抹殺、これが鉄道の働きを言い表す十九世紀初期の共通表現だった」(Schivelbusch 1977＝1982:49) と述べ、むしろこれらの先進的な近代社会において鉄道は、地方固有の時間性を失わせる「収奪」のメディアとしてとらえられていたと指摘している。

(8) 鉄道と比べると、船や飛行機が出入りする港や空港は身近な「現実」の中に存在するものとは言いがたいし、逆に自動車の場合は、移動の自由度が高いだけ出発地や目的地の区分が明確ではなく、いわばどこまでも身近な「現実」に感じられるものと考えられる。

(9) その二年前に、ロシアのプチャーチンが長崎に来航した際、持参した蒸気機関車の模型を元にして作られたといわれている(原田 1986)。

(10) 一例を挙げると、一九四一(昭和一六)年に創刊された『科学朝日』の一九四三(昭和一八)年八月号の表紙には「兵器戦だ！兵器を知らう」というスローガンとともに、電気機関車が車両工場で作られていく様子が描かれている。

(11) 今日、鉄道模型の主流は、縮尺の小さい(一五〇分の一)Nゲージの完成品を買い集めて走らせることにあるが、当時はむしろ0ゲージ(四五分の一)を中心とする大きなスケールで、鉄道車両そのものを作ることが主流だった。

(12) この点について、同じ鉄道模型であっても、ドイツでは盛んであるのに対し、フランスでは盛んではないといわれる点は注目に値しよう(http://www.euroexp-railhobby.jp/introduction.html)。またイギリスにおいては、「Train spotting」と呼ばれる実物を観察する鉄道趣味がよく知られている。

(13) 同様に、敗戦直後に創刊された、当時の東京鉄道同好会の会誌『Romance car』創刊号の「模型鉄道界展望」と題する記事中にも、「模型の制作と研究は鉄道ファンの間に有力な一部門をなして居たが特に終戦後は航空機関係の模型研究者が鉄道に転向する機運も濃厚となり其前途は実に洋々たるものがある」という記述があり、結果的に鉄道が主役に位置づけられることになった経緯がうかがえよう。

(14) この点について、例えば村松編(1996)などが検討しているように、女性たちの理系能力の潜在性に注目するという試みが重要である。

(15) 「方向転換」の図られないまま、いわばアノミー的にさまよい暴走する「男のロマン」の事例をあげるには事欠かない。例えば一連の、「新しい歴史教科書」をめぐる動きや、不可解な少年犯罪(一九九九年の全日空機ハイジャック事件の犯人は鉄道ファンであったという)など。これらは突発的な「異常」と切り捨てるのではなく、むしろ「男のロマン」をめぐる歴史的な変遷の中で理解すべきだろう。とすれば、本章で論じてきたような「男のロマン」の行方について、男性性を戦争と本質的に直結するものとして一方的に批判したり(若桑 2005 など)、あるいは、今日のオタク文化についても、それが「戦時下」を起源とすることを指摘して警鐘を鳴らしたりするような議論は（大塚 2005 など）、やや一面的だといわざるを得ないだろう。

第十章　ロック音楽の超越性と男性性
――ピエール・ブルデューの相同性理論を基に

南田勝也

1　ロックと男性性

ロックは男性的か？　との問いには、然り、と答えるよりないだろう。

一九六〇年代の誕生以降、ユースカルチャーの代表として普遍性（すべての若者を代弁する！）を誇ってきたロックは、ワールドミュージックやハウスミュージックなどの世界音楽が台頭するのにともなって、white, male, guitar-dominated, Rock band と反省的に語られることになる（Negus, 1996:49）。いくらロックが普遍を唱えようとも、それが絶対的な中心であるはずもなく、しょせんは「白人の、男性の、ギターが主役の音楽」であることが指弾されたのだ。考えてみればそれはそうだ。ロックの歴史を記述した書物を数冊手に取れば、その「ヒーロー」たちが、人種的にも性的にも音楽的にも偏りを示していることがわかる。

ポピュラー音楽における男性性

しかしこう問いかけることもできるだろう。フロントに立つ担い手に男性が多いからといって、それがイコール男性的ということになるのか、と。ポップやソウルなどを含む幅広いポピュラー音楽の世界を考えてみたとき、たとえ歌い手が女性であったとしても、その作曲家、エンジニア、プロモーターなどのサポートチームは、やはり男性が多勢を占めている。男の目を通した女の感情を歌にし、男中心のプロジェクトで女らしさのニュアンスが演出されるポピュラー音楽の世界は、果たして女性的といえる余地があるだろうか。さらに音楽の技術発展という側面にも目を向けてみれば、楽器の設計にせよ録音技術にせよデジタル技術の応用にせよ、ほとんどが男性の手によって生み出されている。ジェイソン・トインビーは「ポップの世界では、音楽制作が技術的な方向性をみせるようになるにつれ、女性たちはかなりの度合いで締め出されてしまった」（Toynbee 2000=2005:247）と指摘している。そうして、文化作品が生み出される諸制度にまで条件を敷衍していくと、ほとんどすべての娯楽や芸術は男性支配的ということになる。実際に、そう主張するフェミニストもいる。江原由美子は、「歴史」「文学」「芸術」「科学」「文化」「伝統」等の「知」は、普遍であるように装うが、「女性の社会的経験はそれらの世界観にはほとんど表現されておらず、それらの「知」の担い手にもほとんど女性は存在しなかった」と述べている（江原 1995:35）。

すなわち、white, male, guitar-dominated, Rock band は、そのままでは定義として不十分なのである。ロックが「こうである」と言うためには、対照的にあつかう音楽ジャンルが「こうでない」といえなくてはならない。white の対比でいえば、ヒップホップやレゲエなどは制作チームの担い手すべてが black であるプロジェクトが多数あり、実際、ヒップホップやレゲエが黒人による黒人のための音楽ジャンルという認識は幅広く共有されている。guitar-dominated の面では、クラシック音楽などが明らかにそうではない。そこにエレキギターの音色が響くことはほとんどない。翻って七〇年代のプログレッシブロックというジャンルを鑑みれば、アルバム一枚を組曲にするアプローチや構成美を追究した楽曲展開など、ロックというよりはクラシックに近いといわれたものだが、プログレはギターを手放したわけではなかった。プログレがあくまでもロックのサブジャンルに位置するのは、一つには、ギターサウンドが楽曲構成の中に混入するか、もしくはそうした楽曲が代表作となっていることにある。しかし、male-female の側面を考えた時、先述の議論に即するならば、そもそも female が主導する音楽ジャンルはほとんど存在しないといえるのではないか。

ロックにおける男性性

それでもロックは、様々な音楽ジャンルと比較して、とりわけ男臭いという議論もある。サイモン・フリスとアンジェラ・マクロビーが一九七九年に著した論文では、ロックは性的な表現の一形態として機能しており、そのパフォーマーはコックロック（cock rock＝男性器のロック）の特徴を有すると断じている。彼らによると、コックロックとは「男性セクシュアリティの露骨で無作法でしばしば攻撃的な表現を演じることで作られる音楽であり、それはエルビス・プレスリーのようなロックンローラーからミック・ジャガー、ロジャー・ダルトリー、ロバート・プラントのようなロックスターにまで連なる表現スタイル」（Frith & McRobbie 1978［1990］:374）である。(1) コックロックのパフォーマンスにおいて、マイクやギターは男根のシンボルであり、その音楽はうるさく、リズムは執拗で、興奮と絶頂のテクニックで組み立てられている。女たちは男に奉仕するものととらえられ、グルーピーとしてホテルにはべらせておく存在である。そのパフォーマーたちは、とくにライブにおいて、「攻撃的で、支配的で、自画自賛的で、つねに聴衆に自らの勇猛さと支配力を思い起こさせようとしている」（Frith & McRobbie 1978［1990］:374）という。

このような見方が一面的であることはいうまでもなく、きわめて本質主義的な議論である。(2) まずもって聴衆の多様な受け止め方を考慮せずに学者の恣意的な判断で音楽やパフォーマンスの「実体」を決めつけていることに問題があり、また、六〇年代以降様々な音楽性を吸収して伸長したロック音楽を、彼ら流の解釈で定義したミュージシャンの「実態」によってカテゴライズしていることに誤りがある。そもそもポピュラー音楽の楽曲は、最初の担い手が広範に紹介した後は、例えばカバーとして、コラージュとして、消費アイテムとして、作者の元を離れ解釈によって意味を変える動的なものとしてある。ここでいうようなロック＝男根崇拝主義という範型にすべてのロック音楽があてはまるわけではない。であるにもかかわらず、フェミニズム音楽学者のスーザン・マクレアリが「ロックの音楽は一般に男根崇拝的なバック・ビートによって特徴づけられている」(McClary 1991=1997:236) と述べるように、この一面的なロックイメージは近年に至っても戦略的に用いられつづけているようである。

だが、例えば「ロック一〇〇選」という企画本があったとして、そのページをめくった時に、ここでいう男根崇拝思想の持ち主はどの程度みつかるだろうか。むしろロックは、性に対しては、つねに問題提起的であったといえるのではないか。ジョン・レノンが愛息ショーン・オノ・レノンの誕生を機としてつづけたハウス・ハズバンド(主夫)の生活。デヴィッド・ボウイがグラマラスな衣装と化粧に身を包むことによって表現した両性具有性の誇示。Do It Yourself(誰でも何をしてもいいんだ)の理念を持つパンクムーヴメントにおける女性ロッカーたちの活躍。電子的な反復音に身をゆだねて人間的であることから降りようとしたニューウェイヴのバンド群。それらの志向に共通するのは、音楽を担う sex もしくは gender に優劣などない、一般社会が規定する性の区別など超越することにこそロックの使命はあるという観念なのではないか。

とはいえ、ここで明確に述べなければならないだろう。だから、こ、そ、ロックは男性的なのである。ロックが男性的であるのは、その音楽ないしその音楽のパフォーマンスが「男臭い」「性的な偏向に基づいている」からではない。むしろ逆で、「性の区別を超越する」「中立的普遍性に位置付いている」ことが謳われてきたことにこそ、その男性性は由来するのである。男性的ではなく、性差別的ではなく、そういったあれこれを超越するという振る舞い、志向こそが、まさしく男性的なのだ。

2　超越性と男性性

芸術文化における超越の志向

では、なぜ「超越性」が「男性性」と結びつくのか。その連関を紐解くために、まずは「芸術文化における超越の志向」について考えてみたい。

芸術は、言葉にされることを嫌う。まるで凡庸な感想をいえばその価値がさがってしまうかのように、芸術美の本性というものは黙して語られず、謎のヴェールに包まれている。美学的修辞を駆使した説明はなされるものの、それは閉じられたサークル内で流通し、しかも結論としては「超然的な美」「曰く言いがたいもの」などの言葉におちつく。芸術を診断する者たちは、芸術というものが言語（合理性の産物）によって把握され得ないという前提からそもそも出発しているので、言葉で語ろうとする限界に挑戦したうえで、最終的に敗北の結論をだすのである。そういうわけなので、秘匿されたものは秘匿されたままで保持されることになる。

社会学的に興味深いことは、その謎のヴェールを破った先には何があるのか、ということである。ピエール・ブルデュー（Bourdieu 1979=1990, 1992＝1995/1996）は、芸術の世界におけるこの秘匿化のメカニズムが、芸術にたずさわるものの既得権益を守る仕組みになっていると指摘している。

芸術を「曰く言いがたいもの」とする定義は、社会の分割図式に用いられている。芸術美は理屈では語れない超越的なものであるがゆえに、芸術を感受できる／できないことの弁別は、厳しい社会的格差となる。芸術を鑑賞する審美眼は、社会の誰もがもちうるわけではない。多くの作品に触れる経験が審美眼を鍛えるのであり、その点で庶民よりも、作品を所有する財産家のほうが有利である。さらに、経済資本だけが重要ではない。成り上がりの実業家が貴族のパーティに出席して、素養の低さを馬鹿にされるシーンを映画などでみかけるが、経済的に有利なだけでは芸術を観る資格はもちえない。ピアノや知的書物のそろう環境に育っていること、良き教育者の指導を受けていること、アートイベントに招待状で出席すること……。文化的な財産＝文化資本（capital culturel）をより多く蓄えるものが、芸術を感受する資格をもつ卓越した（distinction）社会的存在となる。

経済資本と文化資本の多寡は、所属集団の集合的な性向（ハビトゥス habitus）を規定している。個人のものと思われている趣味嗜好は、その実、社会的な構築物なのである。例えば難解な芸術作品を目の前にしたとき、庶民層は「私たち向きではない」と、コメントを拒否する（文化資本の必要な対象に手をださない）。中間層は、もてる知識を動員して説明しようとする（手を伸ばして届こうとする）。上流層は、何の説明もせずにただそれを眺めることの充溢感を語る（すでに所有していることを示す）。審美眼とは、ハビトゥスに傾向づけられた、社会的な「眼」である。そして、芸術を語るときの「曰く言いがたいもの」とは、階級性を覆い隠すためのロジックとして機能している。

ブルデューは階級構造と芸術文化の関係を白日の下にさらしていく。ただし、これらの結びつきが、特定の文化ジャンルの固定的な階級性を意味しているわけではないことには注意する必要がある。庶民層はダンス音楽を好み、中間層はモダンジャズを好み、上流層はクラシックを好むといった議論は、変動のない固定した結びつきとして、実体論的にブルデュー理論をとらえる誤謬である。ダンス音楽でも、そこに「曰く言いがたい」性質が社会的に認証されれば、卓越化を求める層にとって習得の必要な素養となるし(3)、クラシック作品でも、世俗にもまれて固定的な解釈しかなされなくなれば、その占有をめぐって争われるものではなくなる。ブルデューは、実体論ではなく関係論として、つまり階級や芸術作品のヒエラルヒーがその都度ごとに差異の関係として生成されることを強調するのである。

さらに、芸術を生産する者たちの論理にも配慮する必要がある。芸術生産の現場では「贅を尽くした作品がよい」「高値のつく作家が偉い」などの価値観は存在しない。また、だからといって、「庶民の日常を直接描いた作品」を最上級とするわけでもない。みずからの芸術性を高めるべく、他に一切目的をもたない「芸術のための芸術」＝「純粋芸術」を実現せんとする態度が奨励されるのであり、誰かの代弁者となること自体が拒否されるのである。その時、経済的な上下の基準は外側に置かれる。全般的な社会の価値観や規範とは異なる、自律性の高い序列基準と行動様式が、そこには存在している。

〈場〉の概念

このような事態を説明するために用意されるのが、〈場〉(champ) の概念である。社会空間は、一元的な規範が支配する均質的な全体ではない。例えば、財界のように富を得ることを正しいとする空間と、学問界のように知識を獲得することを尊ぶ場所では、異なった権威のあり方、名誉の授け方、価値観や規範があり、また、その場所に特有の社交関係がある。こうしたそれぞれのルールによって成り立つ相対的に自律した社会圏域を、〈場〉と呼ぶ。〈場〉に参与する社会的行為者は、その内部における「正しさ」を習得することをみずからの課題とし、序列化された構造のなかで卓越するために、過去につちかってきた財産や文化的な所作を、資本としてその空間に投入する。

そこで投入される資本とは、物質財だけではなく、例えば受賞歴であるとか、服装が醸しだすムードであるとか、それどころか無意識的な振る舞いも含まれる。音楽家が、演奏力ではなくステージに立ったときのオーラで評価されたりするように、身体化された振る舞いは何よりも他者との差異をあらわす象徴的な記号となる――〈場〉における競争を「象徴闘争」(luttes symboliques) と呼ぶゆえんである。そのように、社会を差異のシステムとみて、差異化をおこなうフィールドを各位相に設定するのが、ブルデューの基本的な考え方である。

さて、しかし個別の〈場〉が完全に自律しているわけではないことにも注意しなければならない。純粋芸術の実践者は、たしかに利害関心から無縁であることを主張して、芸術〈場〉における卓越化を果たす。つまり全体社会における階層化された構造とは異なる論理をもっている。しかし実際には、純粋芸術は上流層を顧客とする例が多いし、簡潔なメッセージを伝える商業芸術は庶民の感情を代弁するものとなっている。

純粋芸術は、鑑賞者のためもしくは社会のためという目的を排した「芸術のための芸術」である。それは、日常生活の必要性からかけはなれた「ゆとり」をあらわす象徴的記号になる。対する写実派芸術や商業芸術は、鑑賞者の感情を代弁したり余暇の楽しみを与えたりする目的をもつ。それは生活の「必要」に応じて消費される。芸術場は、社会空間から相対的に自律し、独自の規範によって運営されているのだが、階層化された構造――生活の「ゆとり」を表示する記号を収集する上流層と「必要」を表示する記号で充足する庶民層――との、関係論的な相同性を示している。

すなわち、芸術を秘匿化して「超越的なもの」「曰く言いがたいもの」と定義しておくことは、「ゆとり」の記号を蓄積する卓越者と、社会の利害に「無関心」であることを標榜する芸術場の卓越者の、双方に利をもたらす仕組みになっているのである。

ジェンダー差異と卓越化

ここまで述べてきたことは、「芸術における超越性」と「階層化された構造」の結びつきであった。つづいて「ジェンダー差異」と「階層化された構造」について述べなければならない。

ブルデューは、ジェンダー差異に関しても分析を試みている（Bourdieu 1997, 1998 ; Pasero 2004=2006 ; Weinbach 2004=2006）。彼によると、男女格差はあらゆる社会の階層化のなかでもっとも初期に発生した社会的区別である。女性に対する男性の支配は、社会が制度化されていく過程を通じて、共同体や家族の規範形成の現場で、数千年にわたって受け継がれてきた配置図式であり、客観的な社会構造と主観的な心的構造の双方に刻み込まれている。この図式は世代を超えて反復されてきたので、ジェンダーの上下は固定されてしまっていて、結果的に全体的な社会空間の卓越者と男性ジェンダーは結びつくようになっている。

もちろん先述の〈場〉の論理を考慮に入れれば、各種の〈場〉においてジェンダー差がつねに争点となるわけではないし、男であるか女であるかということは有利な状況にも不利な状況にもなりうる。しかし、少なくとも制度化された公共的空間での象徴闘争においては、男性同士が互いに威信を賭けて対立しあう構図が歴史的に形成されており、その際に女性は、男性が所有する資本（賭金）として扱われている。パーティで主賓が婦人や令嬢を紹介する時に、「華を添えた」と表現されるのを聞いたことがあるだろう。こうした空間での女性たちは、化粧や服装、振る舞い、もてなしの態度などのすべてが注視され、男性の所有する象徴資本の存続と増大に貢献する材料として機能している。

現代社会においては、こうした男性と女性の配置関係は崩れているという見方もある。多くの民主主義国家で性差別は禁止されており、それまで従属的な地位にいた女性たちの権利回復の気運も盛り上がっている。実際、要職につき経済的に成功している女性の数は少なくない。ブルデューが「客観図式」と称してジェンダー差異の「宿命」を強調することは、努力する女性の可能性をさまたげる反動的な論理構成ではないか、という批判もある。

しかし、まさにその「努力する女性たちの活動」の只中に、「男らしさ／女らしさ」をめぐる駆け引きの空間＝ジェンダーの〈場〉が生じていることを、想定しておかなくてはならない。ブルデューの議論を慎重に読解した[4]クリスティネ・ヴァインバッハ（2004=2006）は、文化資本の形式としてジェンダーを捉え直している。文化資本とは、時間と教育をかけて獲得する顕在的・潜在的な個人の財産であり、卓越化闘争の際にもちだされる賭金であり、身体と結びつき、内面化されている（その集積された体系を表現したものがハビトゥスである）。そうであるとすれば、「男らしい」「女らしい」という形容詞で表現される振る舞いも、事後的に習得され、社会での上昇戦略に用いられ、身体化されているという意味で、その範疇に入る。

ジェンダー〈場〉では、文化資本として蓄えられる「男らしさ」と「女らしさ」の駆け引きが重要になるわけだが、女性が男性にとっての所有対象であったという歴史性は、今日のステレオタイプ的な「らしさ」イメージの構築に寄与していて、双方が同等の価値をもつものとみなされていない。「女性的人格はむしろ体験的に、すなわち他我に選択的に定位しているものとして観察され、男性的人格は行為的に、すなわち自己自身に対して選択的に定位しているものとして観察される。それゆえに後者にはより高い度合いの決定能力及び選択能力が想定される。社会的資源をめぐる闘争においては女性性が少なく、男性性が多い方が競争ではっきりと有利になる」（Weinbach 2004=2006: 78）。より高い度合いの決定能力及び選択能力とは、「男らしい」の後に続く言葉としての「能動性」「自己主張」「ごり押し能力」「業績への努力」などである。それらは主体性を表していて、経済〈場〉をはじめとする多くの社会的空間で必要とされる能力となっている。[5]
女性が社会的資源をめぐる闘争に割って入ることは不可能ではなく、現実にキャリアウーマンとして成功している例も多いが、その勝者となるには、身体化された文化資本として「男らしさ」要素をより多くもち、「女らしさ」要素をより少なくもつことが条件となる。つまり問題は経営者の実数としての男女の比率ではない。行為者の性が男性であろうと女性であろうと、社会的に構築された男性性をより多く自身の文化資本として所有していなくては、その行為者は自身を有利な競争に持ち込めないのである。逆に言えば、男性は、自身の男性性に頼る限りにおいて、社会的卓越化の競争に参入し、自身を卓越化しないといけないという運動性に否応なく巻き込まれている。こうした争いは異なる階層間の対立に生じているだけでなく、一つの階層もしくは集団のなかでのポジショニング争いにも関わっている。この「より男らしい／より男らしくない」「より女らしい／より女らしくない」の軸を賭けて争うジェンダー〈場〉は、様々な他の〈場〉と接合し、今日の社会でも影響力を保っている。

社会空間、芸術、ジェンダーの相同性

つまり、論理的には、男性支配の芸術文化が超越や普遍を主張することで女性的なものを排除しているわけではなく、まず階層化された構造における卓越化闘争があり、そこには歴史的条件がも

芸術〈場〉における　純粋趣味　＞　必要趣味

　　　　　　　　　　　　……………… ハビトゥス

階層化された構造における　卓越者　＞　非卓越者

　　　　　　　　　　　　……………… ハビトゥス

ジェンダー〈場〉における　男らしさ　＞　女らしさ

図10-1　三つの空間の相同性

たらした「男らしさ」に優位なポジショニングを取らせる構造があり、さらに芸術場において超越志向の「純粋趣味」が優位な位置を占める構造があり、それらが相同の関係を示しているとみるべきなのである（図10-1）。

結論としては、男性性＝超越性となるわけだが、ブルデューが「男性支配の分析は社会科学的全体社会分析の構成部分でなければならない」（Weinbach 2004=2006:58）と述べるように、男女の性差による不均衡のみを取り出して全体を論じることは、決定的な誤謬を生み出す一因となる。

先にも触れたフェミニズム音楽学者のマクレアリは、クラシック音楽を次のような皮肉混じりの言葉で批判している。「自分たちの音楽は性的衝動なんぞに影響されてはいない、いやそれどころか社会的なものにさえ染まっていないというわけである」（McClary 1991=1997:94）。たしかに、超然主義的態度を貫徹させる西洋音楽は、男性的どころか、性的なものとしてみられることすら滅多にない。マクレアリは、そのことの理由として、西洋音楽は「クライマックスの原則を（古代ギリシャの円柱にある男根像のように）理想化し、形式の中立的普遍性という地位に押し上げていった」（McClary 1991＝1997：200）ことにあると突きとめてしまっている。つまり、超然主義を貫く西洋音楽の作曲家や継承者たちは、背後の欲望として、男根像を想起しながら楽曲のクライマックス構成を組み立てているというのである。しかしこれは、明らかに飛躍した論理である。

作曲家たちは、自身の作品が男性を意味するということを知りつつ中立性を押しつけようとしたわけではない。もちろん、西洋音楽だけでなく、その他の地域の音楽でも同様である。平等性（建前）によって父権的な側面（本音）を隠蔽しようとしているわけではない。おそらく、社会なるものからの超越（と、その結果としての中立的普遍性）を謳う人たちは、男女のジェンダー差異について関心すら払っていない。まったく脱利害的なのである。なぜなら多くの音楽家たちは、自らの芸術に対してのみ関心を払うからである。ただし、すでに明らかにしたように、それが脱利害的であるがゆえに、そのシンボルを所有するものは、芸術〈場〉における象徴闘争と社会空間における卓越化闘争において有利になる。[6] そして社会空間における卓越化闘争のなかで「知」を独占する上流層の男性が顧客層の中心になることによって、あたかも純粋芸術＝男性性とみえる共犯関係が生じているのである。

3　ロックと超越性

現実世界からの超越を志向するロック

関心をロックに戻そう。ロックは純然たる「純粋芸術」ではない（当該社会のヒエラルヒー体系において芸術を「真に解する」と見なされている階層が関与しているわけではない）が、超越志向や脱利害志向を有している。もちろんロックとは多様な概念や様式を包含する音楽ジャンル用語であり、一つの音楽的特徴やパフォーマンスの特徴で定義することはできない。音楽的にいえば、ロックは全体像としてなだらかなグラデーションをなしている。ほとんど鼻歌のような平易なものから、クラシック音楽のように複雑な構成をもつものまでその範疇に入っている。あるいは単純に理解されて共感できるものから、理解や共感にトレーニングを要するものまで、様々なレベルが含有されている。

しかし、「よりロックである／よりロックでない」という選択の機制が働く時——例えばロックミュージシャンが自作曲をロックの歴史のなかに位置づけようとする時、ロック評論家が雑誌やブログの担当のページに新譜を取り上げる時、ＣＤショップが棚を整理する時、ジャーナリストが「ロックの魂は今や何処へ」と報道する時、リスナーが友人に曲を教える時、など、その機会はあちらこちらにあふれている——には、なんらかの弁別基準が作動しているともいえる。そうした価値判断の基準となるものを、筆者はかつて「指標」と呼び、三つの方向性に分類した。すなわち、より反体制的な立場に近づこうとする指向性（＝アウトサイド指標）、より非日常的な世界に超え出ようとする指向性（＝アート指標）、より馬鹿げたことを成し遂げようとする指向性（＝エンターテイメント指標）の三つである。ロックの本質は行為の実体によって固定的に定められるのではなく、その都度ごとの差異の体系の相対的関係性のなかで生起していく（南田 2001）。

　では、この三つに共通するものとは何か。それは、「壁を越える」「今いる場所から遠く離れる」という距離の感覚が、音楽的表現として、パフォーマンスの現れとして、表出されているものを、人はロックと呼ぶ、ということである。いずれの指向性にせよ、現実世界からの跳躍の強度があればあるほど、そのミュージシャンないし楽曲ないしパフォーマンスは、ロックとしての正統性を確保する。かつてロックは、反逆する若者世代の音楽としてのまなざしを浴びた。若者世代とは、大人と比較して「いまだ持たざるもの」としての層である。社会の規律や規範の重圧に耐えかねて、今いるしがない現実世界から飛翔すること。これこそがロックの美学の中核をなす指向性であり、アートスクールの学生からワーキングクラスまで魅了する大きな部分なのである。

　こうした意味合いをもつロックをよりわかっている者は、各々が暮らす社会層のなかで、音楽が話題の争点となる場所という限定された空間ではあるが、卓越化を果たす賭金の一つとしてロックを扱っている(7)。したがってここにも、「ロックエリート」―「階層化された構造での卓越者」―「男らしさ」の相同関係が成立することになる。

ロックのイコン

六〇年代ヒッピーカルチャーのイコン、ドアーズのジム・モリソンを例として取り上げてみよう。彼は、UCLAの映画科を卒業する時まで、音楽の経験をほとんどもっていなかった。したがって楽器はできないし、曲も作れない。大学でキーボーディストのレイ・マンザリクと出会ったことによってバンドを結成するのだが、ジム・モリソンの武器は、異端児としての自負心、繰り出される詩の言語、そして己の肉体をみせつけるステージパフォーマンスのみであった。四歳の時のトラック衝突事故でアメリカ先住民の血だらけの姿を目撃し、先住民の祈祷師の霊が自分に乗り移っていると信じていたこと、ランボー、ケルアック、ニーチェ、ルソー、カフカから数々の詩集や哲学書を読みこなし、高校入学時には教師をはるかに上回る文学的知識と感性を備えていたことなど、伝説めいた彼のエピソードは、なまじ音楽の経験がないがゆえに一層際だち、それのみで屹立する肉体は、豊穣な芸術的精神を背後に宿したものとみなされるのである。

実際に、彼のライブパフォーマンスの迫力は、筆舌しがたい境地に達していたといわれる。香を焚き、裸身になって踊り、観客をあおり立てる呪術的なステージングは、シャーマンがとり行う祭儀であるかのように幻惑的であったという。音楽のもつ世界観としても、ファーストアルバムの一曲目『ブレイク・オン・スルー』は、知覚の扉を開き、現実を超越した場所へ旅立とうという内容である。アルバム全体を通じて、延々と繰り返されるリフレインや、つぶやきと叫びが交互に訪れるボーカルスタイルなど、退廃的で混沌としたアナザーワールドを生み出すことに成功している。ただし、現実を離れ、枠組みや決まり事から逃れて、いったい何処に向かうというのか、その終着点が指示されることはない。彼は生前に次のように語っている。「混沌に魅了されない人間なんているかい？　それ以上に興味あるのが、意味のない行為で、それはつまり自由な振る舞い、遊びということなんだけど。ただ存在しているという以外に意味を持たない行為というか。何の影響も、動機もない。自由な……振る舞い」（Wenner & Levy 2007=2008：36）。

彼のようなタイプの音楽家は、決して自分の音楽を説明したりしない。むしろ、聴き手がおこなう深読みとそれに準じたあらゆる質問に対して、「意味などない」ことを繰り返すのである。そしてリスナーは、それ以上深読みすることをやめる。残された音源を繰り返し聴取し、超現実的な詩世界と幻覚に見舞われた音世界の間をさまよい、陶酔にいたるのである。客観的には（あるいはあまり興味のない人にとっては）セックスシンボルとして肉体性、すなわち男性性をアピールしたといわざるをえないジム・モリソンの理想は、制度、階層、性差、すべてを超えた普遍的な超越性であった。

進歩的なロック

あるいは七〇年代にアルバムコンセプト主義を打ち出し、観念的な方向へとロックを導いたプログレッシブロックの代表者たちをみてみよう。彼らの多くは、メロトロンやモーグシンセサイザーといった当時の最新の電子鍵盤楽器を用いて、クラシックの曲構造に基づいてオリジナルを作曲またはは変奏し、多楽章形式を用いた長尺の組曲をアルバムに収録した。また、ロック音楽の可能性を開くことに腐心した彼らの試みは、クラシックの流用にとどまらず、時にミニマリズム（繰り返し的な電子サウンド効果）の音響を活用し、時に長大なインプロヴィゼーション（即興演奏）を展開するなど、大胆かつ巧妙な実験精神に基づいていた。プログレのコンセプトアルバムは必然的にテーマ主義の方向へ向かうが、例えばピンク・フロイドの『ダークサイド・オブ・ザ・ムーン』は「狂気」、ＥＬ＆Ｐの『タルカス』は「怪物」、キング・クリムゾンの『クリムゾンキングの宮殿』は「混沌」という抽象名辞で表すたぐいのものであり、わかりやすい物語という意味でのテーマではない。聴き手は、自らの想像力を豊かにし、聴覚感度を最大限に高めることによって、ミュージシャンが表現しようとする死の恐怖や狂人の思想に震えを感じるのである。

ただし、プログレはよく誤解されるような、ただ難解なだけの音楽ではない。それはライブパフォーマンスに現れるのだが、ＥＬ＆Ｐのキース・エマーソンは、ステージに何台ものキーボードを用意してパワフルに駆け回り、剣や刀でキーボードを突き刺すというパフォーマンスをしてみせていた。また、ジェネシスのピーター・ガブリエルは、きわもの的な衣装で身を飾り演劇的なステージを展開していた。巨大ステージに派手なオブジェと照明装置を用意したピンク・フロイドのスペクタクル性に富んだライブも、つとに有名である。

すなわちプログレの実践は、音楽という表現手段を用いて、人間が行えることの限界、個々の楽器が奏でることの限界を超え出ることに向けられていたとみるのが適切である。人知を超えた存在というと、神や悪魔、大自然、想像上の怪物ということになるが、それらのスケールの巨大さを、彼らは様々な形で表現しようとしていた。精神異常者というモチーフは、常識に踏みとどまる健常者を凌駕する（すなわち神に近い）存在を表しているし、風の音や大地の鳴動などの自然音の混入は、非人格的な神秘性を高めることにつながっている。また、想像上の怪物は、アルバムジャケットの一種異様なアートワークとして何度も描かれている。大いなるものへの渇望、超越的存在に近づこうとする欲望が、進歩的なロックの原動力であった。

文学者の巽孝之は、プログレを論じた自著のなかで興味深い指摘をしている。プログレファンとSFファンは結びつくという論旨のなかで、「SFとプログレの相性がいいのは、ともに現代におけるハイテクノロジーの怪物的な帰結を前提にしているからである。したがって、双方の支持者はけっきょく怪獣映画ファンだったりすることも多い」（巽 2002:106）と述べている。ステレオの前に鎮座しその音響を構造的に聴取して美学的興奮に酔いしれるプログレファンと、幼少期に体験した特撮モノを繰り返し試聴することに快楽をみいだす怪獣マニアが結びつくということは、一見奇異に映るが、ともに現実を遙かに凌駕する存在を憧憬する点で共通している。そしてそれが超越の感覚に根ざし、男性的な趣味文化であるということも。

破壊の美学

世間の良識に対して攻撃的に接し、先行きも考えずに（＝No future）破壊しつくすことを試みたパンクロックは、その代表格セックス・ピストルズが典型的に表現したように、単純なコード進行、素人同然の演奏力、暴力とドラッグにまみれた素行の悪さなど、音楽的傾向は前述のプログレッシブロックと正反対であったが、現実からの超越・離脱を表している点においては共通していた。

一九七六年のセックス・ピストルズのデビューは実に衝撃的で、代表曲『アナーキー・イン・ザ・U.K.』では既存宗教につばを吐き、『ゴッド・セイヴ・ザ・クイーン』では英国女王に悪態をつき、ライブではまともに演奏せずに酩酊し、レコード会社に即刻契約を打ち切られるという数々の伝説を残した。彼らがどの程度のことを考えていたかはわからないが、その行動のエキセントリックさは、あらゆるモラルの破壊を示すものと理解され、歌唱や演奏の拙さは、誰でもロックをやって構わないという勇気をフォロワーに与えた。以降、雨後の竹の子のように、それまで何も手段をもたなかった若者たちがギターを手にスタジオに詰めかけ、パンクロックはムーヴメントとなる。

ムーヴメントの渦中においては、労働者階級の不満をすくい上げて建設的な改善要求を唱える正義漢や、通常の意味でのマッチョイズムを強調する好戦的な集団もいたわけだが、パンクが台頭して音楽業界をかき回すことを喜んだ者たちは、そこに反芸術という名の破壊の美学を見いだした。文化研究者のディック・ヘブディジは「パンクスほど、断固たる決意で、正常化されて自明視された社会のありようから逃れようとして、また強い拒否の姿勢を貫こうとしたサブカルチャーはみあたらない」（Hebdige 1979:19）と述べ、シュールレアリズムやダダイズムとの関連性について言及している。日用のくだらないもの――安全ピン、ビニール、カミソリの刃、破れた布、スプレー文字など――を取り入れたパンクのスタイルは、反ファッションを示しているし、ただ飛び跳ねて身体をぶつけ合うだけのポゴダンスは、異性への関心を示すための踊りとは無縁の反ダンスであり、不協和音のサウンドに乗ってボリュームを最大にわめき散らす音楽は、端的に反音楽である。

しかもそうしたスタイルを貫くパンクスたちの目線は「どうでもいいぜ」（＝Never mind）にあり、良識人たちの不快感を喚起することだけを目的としていた。ただただ混乱を招くための行為は、すなわち、（明確な目的をもつ）反逆に対しても（混乱させて終わりという）反逆をしている、というわけであった。

パンクが、一時の流行に終わらず、のちのニューウェイヴやグランジ、オルタナティブなどに影響を与えることができたのは、その好戦性や勇猛さにみられる文字通りの男臭さにあるのではなく、理由のない衝動や内面的な混乱といった自己破壊的な前衛性をもっていたことによる。もちろん、その前衛を導く「革命性」は、ジェンダー〈場〉の差異図式における「より男らしい」項目に当てはまるわけで、転換を経たうえで結局は男性的文化になるのだが。

“もっと遠くへ”のロマンティシズム

現実の壁を乗り越えることを希求するロックの心性は、それがポピュラー音楽の範疇で表現されるがゆえに、それぞれ時代背景を反映し、それぞれの時代がもたらす闇や行き詰まりをテーマにしている。つまり、それは時代区分までも超越した真の普遍的芸術というわけではない。例えば、九〇年代に怒りと渇望を歌にしたナイン・インチ・ネイルズは、映画『マイ・ジェネレーション』(監督:バーバラ・コップル)に挿入されたインタビューで、自分達の音楽について、親世代の離婚や失業というアメリカ社会の九〇年代の現実が背景にあることを語っている。そうした時代的表現を、アーティスティックもしくはラディカルな手法でおこない、ハビトゥスとして文化資本をそう蓄えてはいない層にまで訴求し、アナザーワールドへと一歩踏み出す契機を与えるのがロックといえよう。

また、広範な大衆層をターゲットとするミュージシャンも、時代から、社会から、状況から遠くに逃れることの願望をテーマにする例は多い。「放浪する」「船出する」という言葉がある——ちなみにジェンダー差異図式では女性性を表す「家を護る」との対比として用いられる男性性の用語である——が、音楽の世界ではブルースの伝統とあいまって、そうしたモチーフが歌われやすい。

オアシスのノエル・ギャラガーは、九〇年代中盤のブリットポップ論争(8)を題材にしたドキュメンタリー映画『リヴ・フォーエヴァー』(監督:ジョン・ドウワー)のなかで、興味深いことを語っている。映画は、当時のイギリスで人気を二分していたバンドのブラーとオアシスが、マスコミに煽られることで、それぞれ中産階級と労働者階級の代表として対立を深めていく姿をとらえている。とりわけオアシスは、ブラーに敵意を示していた。ノエルは、肉体労働者の労苦を知る自分たちの作る音楽が本物で、世間知らずの中流の作る音楽など偽物だと主張している。さらに映画は、ブラーの『パークライフ』がロンドンの日常生活をコミカルに描いた歌であるのに対し、オアシスの『リヴ・フォーエヴァー』が逃避願望を歌にしていたことに触れている。ノエルは自分たちの歌について、「マンチェスターのしけた毎日なんか、誰が歌にするかよ、一日中ハッパやってるタルい生活なんか。――俺の歌は〝街を出るぞ〟〝マシな暮らしを〟だ」と語っている。今いる場所を遠く離れることのロマンティシズムは、表現としては様々な形をとりながら、ロックの表現の一部として根付いているのである。

他の例も取り上げてみよう。プライマル・スクリームのボビー・ギレスピーはいう。「音楽に向かう動機は今も同じだよ。ワーキング・クラス特有の、一種の逃避願望なのさ。自分を取り巻く制度から自由になりたいっていう気持ちだ」(クロスビート編集部編 2008:13)。また、スリップノットのコリィ・テイラーはいう。「俺たちの音楽に関して言えば、エモーションやパッションが大切なんだ。つまり、できるだけ遠くまで行こうって意志。これって音楽だけじゃなく、日常生活の全てにおいても言えるよ。俺たちは気持ちを動かすものになびくんだ」(クロスビート編集部編 2008:18)。

自由を求めて旅に出ること、精神の船出をおこなうことを希求する男性はロマンティストである。女性はたいていそれを冷ややかにみつめている。しかしロックに夢中になっている層は、ジェンダー差異図式のなかで内面化されたそのような「男らしさ」規範に気づくことなく、放浪と自由への志向が普遍的な人間の渇望と思い込むのである。

4　男性性と女性性

ロック〈場〉における超越志向の優位さとジェンダー〈場〉における男らしさ規範の優位さの相同性は、結局のところ女性ロックミュージシャンの成立を難しくさせている。制度と階層と性差を飛び越え、自由と創造と前衛の精神に基づき、全人類的なアートのビジョンを示すことに成功した（とみなされている）女性ロックミュージシャンがいないわけではない。例えば、ビョークがその例としてあげられるだろう。しかし、そこまでの高い賞賛を受ける例は（男女問わず）稀であって、一般に女性ロックミュージシャンの場合は、キャリアウーマン的に「男らしさ」を身につけるか、あるいは自らの女性性を記号的に裏返した形で提示するより他に、ロックの正統な歴史に名を残す道はない。前者については、美青年風ルックスと旺盛な批判精神で名を馳せたパティ・スミスが、後者については、女性の性的なふるまいを過激に描写したマドンナが、ひな形としてあげられる。

そうでなければ、つまり女性ミュージシャンが「愛して欲しい」「あなたにそばにいて欲しい」などの通常の女性性をアピールすれば、ロックの範疇から外れ、ポップとみなされる。そのころ男性ミュージシャンは、悠々と「男性や女性の区別を超えた」超越性・脱利害性・普遍性を――疑うこともなしに――提示していることだろう。

すでにロックがポピュラー音楽の中心から滑り落ち、ロックであらなければならないという規範が無い以上、女性ミュージシャンがロックの境地を目指す必然はなく、別にガールズポップでかまわないではないかという見方もある。しかし、ハウスやヒップホップなど white でも guitar-dominated でも band でもないユニットが、ロックから覇権を奪って世界音楽の名乗りをあげるようになっても、やはりそれらの音楽が超越性や普遍性を訴える時、そして自分たちの音楽が地球上の音楽でもっとも全人類的な魅力を有すると主張する時、ほとんどのキーパーソンが男性であることに変わりはない。「純粋趣味」――「階層化された構造での卓越者」――「男らしさ」の相同構造が持続する限り、ロックもハウスもヒップホップも「より優れた表現をもつ音楽は男性の所有するものである」という同じ構図を反復しているのである。

本章では日本のミュージシャンの個々の具体例については言及しなかったが、英語圏と同様の構図を措定することができる。七〇年代から八〇年代にかけてのニューロックや東京ロッカーズの超越志向については、拙著（南田 2001）にて詳しく論じている。また、八〇年代後期のバンドブームでは女性のロックバンドが脚光を浴びる形となったが、通常のジェンダー図式に基づく恋愛のテーマを歌にしていて、結局はガールズポップに位置付いていることなど、本章での事例は日本の音楽シーンの多くの場面に当てはめられる。さらに詳細な検討については稿を改めたいが、本章で述べた図式を、それぞれの思い当たるミュージシャンになぞらえて考えてみることをお勧めする。違った視点がみえてくるはずだ。

そして、ここでの議論は他の多くのサブカルチャーや作品文化にも当てはまることだろう。文化の超越志向とジェンダーの不均衡は、文化社会学の問題意識に直結する。まずは、認識の扉を開くことである。

注

(1) ミック・ジャガーはローリング・ストーンズの、ロジャー・ダルトリーはザ・フーの、ロバート・プラントはレッド・ツェッペリンのそれぞれボーカリストである。全盛期における彼らは、胸をはだけたシャツに細身のスラックスという出で立ちで、ワイルドなセクシーさをアピールしていた。

(2) なお、フリスは後の論考 (Frith 1985 [1990]:420) のなかで、コックロックの議論が本質主義であったことを批判的に振り返っている。

(3) 社交ダンス音楽や旧植民地混血音楽にはじまり、ジュークボックス、モータウン、ロックンロールなどのパーティミュージックは、シリアス音楽 (クラシック音楽) と比較してライト音楽と呼ばれた。二〇世紀の最後半になって現れたハウスやテクノのビートを用いたDJカルチャーやレイヴカルチャーは、同じように踊ることを目的としたにもかかわらず、ポストモダンの知的なモードを表すものと評価されている。ダンス音楽の推移については、トインビー (2000=2005:309-377) に詳しい。

(4) ヴァインバッハは、ニクラス・ルーマンの「人格」概念に引き寄せつつ、ブルデューの「文化資本」「ハビトゥス」概念を考察している。

(5) 対する「受動性」「控えめな態度」「慎み」「かわいさ」などは、「女らしい」に続く言葉となっており、(真に上流の階層になれば必要とされる能力の一要素となるが) 多くの社会的空間での卓越化には寄与しない。

（6）　渡辺裕によると、もともとクラシックの演奏会は社交の場であり客が雑談やトランプをおこなう光景も普通に見られた。一九世紀中頃になって作品を真面目に鑑賞する態度が主流になっていくのだが、そのとき音楽の「正しい聴き方」が規範化された。そして女性を排除する傾向も強まっていく。渡辺の引用する当時の雑誌記事には次のように記されている。「演奏会場や劇場での音楽演奏にとっての最大の敵は女性がやたらと着飾ってくることだ。女性は見られようとすれば、そして一番自分が注目を浴びる時間に到着しようとすれば、演奏に遅れてやってくるのが一番いいのだ。ドアがキーキーいう音をたてることによって彼女らはあらゆる人々の注目を集め、羨望や畏敬のまなざしを浴びるかもしれない。しかしそんなことが音楽と何の関係があるというのだろうか！」（渡辺 1989:21）。男は芸術を鑑賞する存在、女は芸術を鑑賞する資格のない社交の華という見方が固まっていったことを物語っている。

（7）　ロックには被支配層のライフスタイルを実践する／模倣する志向性もある（南田 2001:57）が、これはカウンターカルチャーの価値観を示すことで裏返しの形の卓越化を果たす戦略と受け取ることができる。ブルデューは、カウンターカルチャーを「貧者のエリート主義の新形式」（Bourdieu 1979＝1990:335）と指摘している。

（8）　ブリティッシュロックの伝統を受け継ぐ若い世代のミュージシャンが多数デビューし、イギリス気質の復権とみなされたブーム現象。

終章 「自分らしさ」から、とりあえずの「男らしさ」へ

――ポピュラー文化からみた「男らしさ」の行方

宮台真司・辻　泉

1 「男らしさ」の実態

三次元アプローチからみえてきたもの

最後に、本書なりの「処方箋」をまとめよう。まず「男らしさ」の行方を見通すべく、ここで各章が明らかにしてきたことを振り返っておく。今日の日本社会における「男らしさ」について、ポピュラー文化を素材とする三次元アプローチによってどんな特徴が浮かび上がったか。

結論を先取りすれば、各章の検討によって、以下の三つの問題点がクリアーになった。すなわち、①「社会＝超越性」のアノミー、②「集団＝関係性」の専制（あるいは、男性におけるそのスキルの

なさ）、加えて、③「島宇宙化」（宮台 1994）の三点である。

本書ではわかりやすさも考慮して身近な出来事を扱うパートから順に紹介してきた。ここではあえて順番を入れ替え、第Ⅳ部から、第Ⅲ部、第Ⅱ部へと遡るかたちで内容を振り返っていく。そのほうが、日本社会の「男らしさ」の特徴が、改めて明瞭になると思われるからである。

「社会＝超越性」の失効、「集団＝関係性」の専制、そして「島宇宙化」

男性性への期待は長らく「社会＝超越性」志向に彩られ、ロマンティックなものだった。その事実が第Ⅳ部で示された。そこで取り上げた、ロック音楽（第十章）、鉄道（第九章）、オーディオ（第八章）といった男性的な趣味は、いずれも「男のロマン」の依《よ》り代《しろ》であった。

なぜこうした特徴を持つのか。第九章の辻論文が述べたように、日本社会の近代化が後発的であったことが大きいだろう。西洋の「先進」社会や、それに近づく日本の「未来」といった「等身大の日常を超えたところに存在する目標」に、男性たちが関心を向けてきたのである。

例えば、究極化や荘重化をモチーフとするロック音楽は、かつての歌謡曲（茶の間の歌謡番組で流れる音楽）と違い、非日常の「ここではないどこか」を志向する。本書では紙幅の関係で触れられなかったが、戦後の洋楽志向自体にそうした傾向が認められる（宮台ほか 1993）。

宇宙船のコックピットさながらの自作のオーディオ機器は、「ここではないどこか」からの音響を届けるものだった。そして鉄道こそは、男性たちにとって、「いまここ」の日常から「ここではないどこか」へとトリップするためのまさにビークル（乗り物）だったといえるだろう。

年少の男の子たちが鉄道や車や飛行機などのビークルをはじめとする機械類に関心を持つ現象は、近代社会に広くみられる。だが各国では軍艦や戦闘機などミリタリービークルが中心なのに、それらと同等以上の位置を鉄道が占める点に、敗戦国ならではの日本の特徴もうかがえた。

こうした「社会＝超越性」志向は、生産中心の工業社会から消費中心の「脱工業社会」へと変動する中で、依り代を失っていく。家電量販店で安価かつ良質なものが買えるのに、あえてオーディオの自作にこだわるような振る舞いは、一部の好事家の営みとなってしまった。

こうした「社会＝超越性」の失効は、ポピュラー文化の変化を追尾すればあまりにも明瞭である。絵画も彫刻も音楽も、元来は「宗教的な超越性を告げ知らせるもの」としてあり、世俗の価値（今日でいえば政治や経済の価値）からは独立していたが、そうした面影はすでにない。

加えて、第Ⅳ部が取り上げた事例において、オーディオにせよ、鉄道にせよ、その熱心なファン層がすでに相当な高年齢に達している。ファン層のリクルーティングに失敗してきたという紛う事なき事実もまた、「社会＝超越性」が失効しつつあることを雄弁に物語っていよう。

次に、第Ⅲ部の三つの章では「集団＝関係性」の特徴が明らかにされた。男性たちは目立った関係性スキルを持ち合わせていなくても、長らく問題視されなかった。第Ⅳ部で述べたように、オーディオ機器に関する技能や鉄道に関する知識を持ち合わせているだけで、かつてなら「オタク」扱いどころか尊敬の対象となった。

これも後発的近代化における「男らしさ」の傾斜配分（特定のパラメータに従った重点的配分）のせいだろう。とりわけ戦前の日本では「お国のために＋体を鍛える」といったように「自己＝身体性」と「社会＝超越性」とが結びつき（第一章）、「男らしさ」が傾斜配分された。

そこにおける男性たちの「集団＝関係性」は、第五章の河津論文がラグビー部の事例から明らかにしたように、「強い同質性と安心感に支えられていた閉鎖的なもの」すなわち「ホモソーシャリティ」（Sedgwick 1985=2001）そのものであったといえるだろう。

だが、近年にいたると「集団＝関係性」の専制が訪れるようになる。昨今話題になる『空気』を読めという圧力」に代表されるように、「集団＝関係性」が、快楽面においても、悩み面においても、関心ごとを支える強力な磁場を構成するようになっていくのである。

その結果、多様で異質な他者と渡り合う「集団＝関係性」のスキルが男性たちにも要求されはじめる。かくして、ある者は性風俗に射精の如き「自己＝身体性」より「集団＝関係性」の快楽を求め（第七章）、ある者はホストとしてそうしたスキルを売り物にする（第六章）。

克明に描かれたホストたちの様子をみるにつけても、かかるスキルを全男性に求めることは到底不可能だと誰しも感じざるを得ない。であればこそ、第六章の木島論文における処方箋の提起は傾聴に値するかもしれない。

それは、「男らしさ」を全否定して「鎧を脱ぐこと」を強いるのでなく、かといって全肯定するのでもない、第三の道だ。メタレベルから見直して、場面に応じて適切な「男らしさ」を取捨選択する道。「脱鎧論」でなく、「男らしさ」を「衣装」のように着替えよ、と推奨する。

さて、これらに加えて、第Ⅱ部では「島宇宙化」という問題点が浮かび上がってきた。さきに「男らしさ」の傾斜配分を述べたが、七〇年代以降の「脱工業社会」においては、「自己＝身体性」は「集団＝関係性」と結びつく方向に変わってきている（鍛錬する＋異性のために）。とはいうものの、第Ⅱ部の事例からは、むしろそうした結びつきの「斉一性」が弱まり、各人の快楽がバラバラになっていくような状況（「島宇宙化」）がうかがえたのではないだろうか。象徴的なのは、第三章で谷本と西山が論じたおしゃれな男性たちの姿だろう。

少し前までの男性ファッション誌を思い出すなら、そこには女性との間の「集団＝関係性」スキルと結びついた「自己＝身体性」が存在していた。しかしながら、今日においておしゃれやファッションに関心を寄せる若い男性たちが語る内容は、まったく異なるものであった。

女性たちの間では一九九〇年頃からすでにみられた傾向ではあるが（宮台ほか 1993）、「誰のためでもなく、自分自身のためにやっていること」が明らかになったのである。こうした自己準拠は、第四章で岡井が論じた格闘技競技者についても通じるところがあるだろう。

こうした自己準拠的なふるまいは、成熟した近代社会では必然的に生じうるものとして指摘されている一方（Giddens 1991＝2005）、容易にトートロジーの泥沼に陥ることも想像に難くない。例えば、宮台らはこれを「終わりなき空回り」と表現している（宮台ほか 1993）。

「自分らしく生きるためにやっている」というその「自分らしさ」とは何か、と問うたところで、それは「自分らしさ」であると答えるしかなくなってしまうからである。そしてまたこの問題は、「男性問題」に対する既存の「処方箋」に見直しをせまる要因ともなるのである。

本書では、ポピュラー文化を素材として、「男らしさ」の肯定的／否定的な可能性を分析的に記述してきた。個別の章ごとにも興味深い知見が得られたが、「社会＝超越性」「集団＝関係性」「自己＝身体性」の三次元の知見を比較検討することで、今日の日本社会における「男らしさ」の特徴を、より立体的かつ統合的に記述できたのではないかと自負している。

2 「男らしさ」に、今何が必要か

ユートピア的な現実主義へ

最後に、本書の結論にかえて、新たな時代に適応するための「男らしさ」の在り方を提言してみたい。先取りするならば、これまでの「男らしさ」の不適応に関わる理想主義的な「処方箋」を見直して、より現実（主義）的な「処方箋」を考えてみたいのである。

これまでの「処方箋」は内容が極端化しがちで、「男らしさ」の不適応への「処方箋」が「男らしい」ものになってしまったりした。かかる自己準拠を回避すべく、ユートピアを提起するかわりに、現状を起点としつつそれを内部から徐々にずらしていく「処方箋」を考えたい。

かかる自己準拠は、具体例を挙げれば、オウム真理教にみられる「社会＝超越性」志向の行き過ぎに対し、ブルセラ女子高生から「集団＝関係性」スキルを学べと説いた宮台の『終わりなき日常を生きろ』（宮台 1995）にも、日本の男性学の代表的論者伊藤公雄の「処方箋」にも、あてはまる。伊藤の「処方箋」は男性たちに「自分らしく＋群れよ」と呼びかけるものだ。具体的には、「男たちも、そろそろ古い窮屈な〈男らしさ〉の鎧を、それこそ「男らしく」（つまり潔く）脱ぎ捨てる時期だ、と思う。そして結論から言うと、〈男らしさ〉ではなく〈自分らしさ〉を追求したほうが良いと思う」（伊藤 1996:5）と述べた上、欠けていた「集団＝関係性」のスキルを身につけるべく「もっと群れよう、男たち！」と主張している（伊藤 1996）。

たしかに、これまで男性たちの多くに「集団＝関係性」のスキルが欠けていたのは事実だろう。社会の成熟によって「集団＝関係性」の専制がどのみち避けて通れない社会になるのであれば、「群れる」実体験の中でスキルを養っていかざるを得ないことには同意できる。

とりわけ「鎧」と表現したくなるほどに旧来の「男らしさ」にがんじがらめに縛られていた年長世代に対してであれば、「解毒」という意味で、「脱鎧論」を展開することに一定の戦略的な有効性があっただろう。しかしながら、若い男性たちについてはどうであろうか。

自分のためだけにおしゃれをするような自己準拠的作法を身につけている世代に対して——とりわけ行き過ぎた自己準拠が「自分らしさ」の空回りのゆえに「痛い」（藤村 2006）ものになりつつある世代に対して——「男らしさから自分らしさへ」と説くことは有効だろうか。

「ホモソーシャリティ」再考

本書の結論は、こうした現状に鑑みて、むしろ「男らしく＋群れよ」という提言が有効ではないかというものだ。たしかに、これからの社会を生きるうえで「集団＝関係性」のスキルは欠かせないものであり、そのために「群れる」体験が必要であることには完全に同意しよう。

だが伊藤の主張と対比させれば、若者たちが「自分らしさ」の空回りに陥りつつある現状では、「自分らしく＋群れよ」と説くよりも、彼らが内包する既存の「男らしさ」をある程度基盤にして「群れ」つつ「男らしさ」を内部からずらすような「処方箋」こそ現実的ではないか。

誤解を恐れずにいえば、「ホモソーシャリティ」を批判の対象とするだけでなく、建設的なものとして見直せということだ。むろん「ホモソーシャリティ」がむしろ旧来の「男らしさ」を再強化する可能性もあり、批判的な議論は根強い（若桑 2005 など）。

だが第五章の河津論文が論じたように、体育会系の「ホモソーシャリティ」は「集団＝関係性」スキルを養う数少ない場だった。こうした伝授は、チームプレーの仕方だけにとどまらず、人間関係の築き方や異性交際の仕方にまで及んだ。この伝承線を単に失えば、アノミーになる。

第Ⅳ部で取り上げたオーディオマニアや鉄道ファンにおいても、模型製作のスキルや写真撮影のスキルの伝授などは、「ホモソーシャル」な同好会なくしてはありえないものであった。これらは良くも悪しくも文化的伝承の場を提供していたのだ。

衛星放送でラグビーの試合をみたり、インターネットで大量の情報が手に入る今日では、情報にアクセスするために「ホモソーシャリティ」が不可欠であるような状況が免除されつつある。だが、これらメディアは「ホモソーシャリティ」の多元的機能の全てを代替できはしない。「ホモソーシャリティ」の多元的機能は意味論的に統合されて「切り売り」できないことを百も承知で、しかし正機能をできり限り継承し、負機能をできる限り排除するような、社会的関係性を構想すべきである。そのためにこそ「ホモソーシャリティ」から出発するべきなのだ。

「ホモソーシャリティ」を基盤に「男らしさ」を徐々に内部からずらしていこうとする「処方箋」は、実は新しくない。冒頭の第一章でも紹介したジュディス・バトラーのように、すでに先端的なフェミニストたちが展開しようとしていた内容を、男性たちにもあてはめたものだ。

バトラーが主著『ジェンダートラブル』(Butler 1990=1999) で主張したのは、既存のジェンダーにもとづく「とりあえずの連帯」(Butler 1990=1999:41) を組みつつ、そこを基盤に既存のジェンダーを内在的に相対化しつつずらしていくものだ。バトラーはこう述べる。

それゆえ本書は(中略)かなたにユートピア・ヴィジョンをえがく戦略によってではなく、アイデンティティの基盤的な幻想となることでジェンダーを現在の位置にとどめようとする社会構築されたカテゴリーを、まさに流動化させ、攪乱、混乱させ、増殖させることによって、ジェンダー・トラブルを起こしつづけていこうとするものである。(Butler 1990=1999:73)

このような、バトラーがフェミニズムに用いようとした「処方箋」は、むしろ今日の日本社会における、「社会＝超越性」の凋落に伴うアノミーに端を発した「男性問題」についてこそ、現実的だといえるのではないだろうか。要は、何を仮の支えとして利用できるかということだ。(1)「集団＝関係性」スキルを身につけることは、日本の男性たちにとって大きな課題であることは間違いないが、誰に対してもホストなみのスキルを単に要求するのは、無理というものだ。「とりあえずの連帯」としての「ホモソーシャリティ」からスキルを習得するしかないだろう。

そこでは、宮台が著書『絶望　断念　福音　映画』の中で述べるように、そうした「ホモソーシャリティ」をベースに、「必要な虚構と不要な虚構を見極め、必要な虚構にコミットする」（宮台 2004:359）ことこそが、要求されているといえるかもしれない。(2)

それは「虚構」の豊かさの中に（現実的な）理想主義を見出そうとする営みであり、「社会＝超越性」の崩壊に由来するアノミーに抗う営みでもある。いずれにせよ、「男らしさ」を「男らしく」脱ぎ去るだけでは、「自分らしさ」をめぐる「再帰性の泥沼」に陥ってしまうのだ。

注

（1）このような観点から男性たちの「ホモソーシャリティ」に着目した興味深い研究として、海妻・細谷（2006）や須長（1999）などを挙げておきたい。

（2）こうした主張は、見田宗介が『現代社会の理論』（見田 1996）において「情報化・消費化社会」に関して述べたこととも関連するし、あるいはそうしたふるまいは、稲葉振一郎が指摘するように、いわゆるオタクたちに先鋭的にみられるものかもしれない（稲葉 2006）。

あとがき

「とりあえず」の実践例

本書は、主として世の男性たちに向けて編まれたものである。

終章では、「とりあえず、男らしく＋群れること」と、そこから既存のジェンダーをずらしていくという「処方箋」を提起した。つまり、本書はアカデミックな調査・研究を下敷きにしてはいるが、決して研究者の方だけを向いて書かれたものではなく、そうした実践の一つとして位置づけられるものである。

「とりあえず」というのは、この「男性」というジェンダー・カテゴリーに対して、本質的には執着はしないということである。それを一方的に否定したり肯定したりするのではなく、むしろ「仮の支え」として利用しながら、徐々に時代や社会状況に適したものへとずらしていくことをわれわれは目論んでいる。このことは、本書の執筆者に複数の女性が存在することからも明らかだろう。第三章や第七章の鋭い分析を読み返すにつけ、こうした実践に携わるのが未来永劫にわたって「男性」だけなどということは到底あり得ないことが示唆されるし、男女を問わず多くの人々によって担われ、展開されていくことが期待されているといえるだろう。

今後の課題

本書では、「三次元アプローチ」を用いてポピュラー文化から「男らしさ」をとらえなおすことで、新たな知見をもたらすことができたと自負しているが、今後への課題も何点か残されていることを確認しておく必要があるだろう。

課題の一つ目は、事例をさらに増やしていくことである。本書では、収録を検討しながらも最終的に断念した事例が多々あり、限られたものしか取り上げることができなかった。しかし「男らしい」ポピュラー文化の事例は無数に存在する。今後はそれらも射程に収めていくことを考えていかなければならない。

二つ目として、本書全体を通してはあまり議論を掘り下げられなかったが、世代やコーホート、もしくは居住する地域によっても「男らしさ」は異なってくることが想定される。結果として、本書における事例の多くは都市における若者が分析対象となっているが、そうした比較分析の視点も忘れてはならないだろう。

さらに三つ目として、本書が「ポピュラー文化」に注目したのは、これまで家事や労働における性別役割分業ばかりが注目されてきたことが背景にあると記した（第一章、第二章）が、当事者の立場からすれば、それらは全く別個の領域というよりも、むしろ相互に繋がる日常生活の一場面であろう。だとすれば、（本書では第八章でそれに類する分析が展開されているが）それらの領域を横断したり、あるいはその連関を明らかにしたりするような分析も今後は求められるだろう（例えば、家事でも労働でもうだつがあがらないがゆえに、特定の趣味の領域でスペシャリストとなることで「男らしさ」の体面を保っているような例がみられるといったように）。

最後に四つ目として、本書が採用した「三次元アプローチ」について、それぞれの概念についてのさらなる理論的な精緻化も求められる。このアプローチは、「男らしさ」の実態を俯瞰的に描き出すことを目的としてあえて単純化したものだが、当然そこからこぼれ落ちるものもある。それらをさらに細かくみていくことも可能であろうし、また別のくくり方もあり得るだろう。

例えば、「自己＝身体性」についていえば、自己という存在に対する抽象的な意識の次元と、肉体的な身体の存在に対する意識の次元とは、重なり合いつつもやや異なったものであろう（それらが完全に一致するものではないことは、性同一性障害の事例などからも明らかである）。また「集団＝関係性」についても、自己と他者のそれか、他者同士のそれかによっても微妙な違いがあるし、目前の社会で営まれているものと「虚構」の中に描かれているものとでも違いがあろう。加えて「社会＝超越性」についても、例えば、「想像の共同体」としての国民国家に対して感じるロマン、それを超越した宗教的なものに感じるロマン、さらには人知を超えた宇宙的なものに感じるロマン――はそれぞれ異なったものといえる。

しかしながら、さらなる理論的検討の余地が残されていることは、決して本書の価値を下げるようなものではない。むしろ今後において、より精緻化された概念を用いて記述すること、また同時に新たな事例研究との往復によってその概念を絶えず修正していくことで、さらに立体的かつ包括的に「男らしさ」の実態をとらえていくことができよう。本書を契機とする議論がさらなる広がりを持つことを期待している。

本書成立の背景

次に、本書を企画するにあたっての過程と本書の立ち位置について記しておきたい。編者三人はこれまで男性学を主要な研究領域としてはこなかった。しかし、それぞれがくしくも同時期に、宮台はブルセラ女子高生から少年犯罪へ、辻はジャニーズファンから鉄道ファンへ、岡井は女性に関するメディア表象から格闘技競技者の実践へ――と研究対象を広げていき、本書をまとめることとなった。このように、関心を女性に関するものから男性に関するものへとシフトするタイミングが一致したのは、決して偶然ではない。一つには、「男性問題」の深刻化という社会的背景があるだろうし、もう一つには、研究者であると同時に当事者としても問題を振り返りながら分析するという、自己言及的なアプローチを採用することが多くなってきたという学問的な背景があるだろう。

本書の大きな特徴は、研究者がロッキングチェアに座って大上段から「男らしさ」を論じるようなものではなくて、すべての執筆者が事例の中に入り込み、自らの「男らしさ」をめぐる意識との間で絶えず距離感や違和感、あるいは共感などを抱きつつ、いわば再帰的に原稿を紡いでいったことにある。個人的なことを書くことをお許しいただきたいが、編者の三人は、現在いずれも育児中である。宮台は、自らの育児経験を踏まえて、父親の子育てを支援するＮＰＯ法人「ファザーリングジャパン」などで積極的に発言や提言を行っている。辻と岡井も自らの体験から、男性の育児コミュニティが現実的にはなかなか活性化しない状況があることなどに問題意識を持ち、「男らしく＋群れる」ことができないだろうかということを常々考えてきた。つまり、本書は執筆者たちの日常的実践とも脈々とつながっているし、逆にいえば、本書での研究は執筆者それぞれの今後の研究や、あるいは自己や私生活にも何らかの影響を与え、変容させていくものであるだろう。

謝辞にかえて

最後になりましたが、勁草書房編集部の松野菜穂子さんには本当に感謝しています。「男らしさ」を内在的にとらえるという大まかな問題意識こそ当初からあったものの、まだどのような方向性の本になるのかさえわからない企画段階で出版を前向きに検討していただき、どれだけ勇気づけられたかわかりません。また、名前を記すことはできませんが、本書に関わるすべてのインフォーマントや質問票への回答者の皆さんに心からお礼申し上げたいと思います。皆さんの、調査への惜しみない協力のおかげで、数多くの重要な知見が得られたと思います。なかには話したくないこと、自分の胸の内に秘めておきたかったことも多々あったことでしょう。皆さんの協力なしには本書は間違いなく存在し得なかったと考えています。

二〇〇九年八月

編者を代表して　岡井崇之

編者略歴

宮台真司（みやだい・しんじ）　終章

1959年生まれ

1990年　東京大学大学院社会学研究科博士課程修了

現　在　首都大学東京都市教養学部教授、博士（社会学）

主　著　『美しき少年の理由なき自殺』（共著、メディアファクトリー、1999年）、『権力の予期理論―了解を媒介にした作動形式』（勁草書房、1989年）など。

辻　泉（つじ・いずみ）　まえがき、第一章、第九章、終章

1976年生まれ

2004年　東京都立大学大学院社会科学研究科博士課程単位取得満期退学

現　在　松山大学人文学部准教授、博士（社会学）

主　著　『文化社会学の視座―のめりこむメディア文化・そこにある日常の文化』（共編著、ミネルヴァ書房、2008年）、『デジタルメディア・トレーニング―情報化時代の社会学的思考法』（共編著、有斐閣、2007年）など。

岡井崇之（おかい・たかゆき）　第二章、第四章、あとがき

1974年生まれ

2005年　上智大学大学院文学研究科博士後期課程単位取得満期退学

現　在　法政大学社会学部非常勤講師

主　著　『テレビニュースの社会学―マルチモダリティ分析の実践』（共著、世界思想社、2006年）、『プロセスが見えるメディア分析入門―コンテンツから日常を問い直す』（共編著、世界思想社、2009年）など。

執筆者略歴（執筆順）

谷本奈穂（たにもと・なほ）　第三章

1970年生まれ

2001年　大阪大学大学院人間科学研究科博士課程修了

現　在　関西大学総合情報学部准教授、博士（人間科学）

主　著　『恋愛の社会学―「遊び」とロマンティック・ラブの変容』（青弓社、2008年）、『美容整形と化粧の社会学―プラスティックな身体』（新曜社、2008年）など。

西山哲郎（にしやま・てつお）　第三章

1965年生まれ

1994年　大阪大学大学院人間科学研究科博士後期課程中退

現　在　中京大学現代社会学部准教授

主　著　『近代スポーツ文化とはなにか』（世界思想社、2006）、『トヨティズムを生きる―名古屋発カルチュラル・スタディーズ』（共編著、せりか書房、2008）など。

河津孝宏（かわづ・たかひろ）　第五章

1971年生まれ

現　在　東京大学大学院学際情報学府博士課程在学中、WOWOW 勤務

主　著　『彼女たちの「Sex and the City」―海外ドラマ視聴のエスノグラフィ』（せりか書房，2009年）。

木島由晶（きじま・よしまさ）　第六章

1975年生まれ

2006年　大阪大学大学院人間科学研究科博士後期課程修了

現　在　桃山学院大学社会学部講師、博士（人間科学）

主　著　『文化社会学の視座―そこにある日常文化・のめりこむメディア文化』（共著、ミネルヴァ書房、2008年）、「路上演奏者の公共感覚―心斎橋の弾き語りシンガーを事例として」『ポピュラー音楽研究』10号（2007年）など。

多田良子（ただ・りょうこ）　第七章

1978年生まれ

現　在　お茶の水女子大学大学院人間文化研究科比較社会文化学コース博士後期課程在学中

主論文　「売春女性の語られ方―1970年代の雑誌記事を中心に」『公募研究論文集2007年度第二集』（お茶の水女子大学グローバル COE プログラム，2009年）、「性的労働におけるジェンダーの構図―ホステスクラブ・ホストクラブにおけるその非対称性」（2005年お茶の水女子大学大学院　修士論文）など。

溝尻真也（みぞじり・しんや） 第八章

1979年生まれ

現　在　東京大学大学院学際情報学府博士課程在学中

主論文　「「音楽メディア」としてのFMの生成―初期FMにみるメディアの役割の変容」『マス・コミュニケーション研究』71号（2007年）、「日本におけるミュージックビデオ受容空間の生成過程―エアチェック・マニアの実践を通して」『ポピュラー音楽研究』10号（2007年）など。

南田勝也（みなみだ・かつや） 第十章

1967年生まれ

2002年　関西大学大学院社会学研究科博士課程修了

現　在　武蔵大学社会学部教授、博士（社会学）

主　著　『ロックミュージックの社会学』（青弓社、2001年）、『文化社会学の視座―のめりこむメディア文化・そこにある日常の文化』（共編著、ミネルヴァ書房、2008年）など。

人名索引

さ　行

た　行

な　行

は　行

ま 行

や 行

ら　行

わ　行

事項索引

さ　行

た　行

な　行

ま 行

や 行

ら 行

わ 行

参考文献

（アルファベット順）

阿部潔，2004a，「スポーツにおける『男同士の絆』―ホモソーシャルな関係の意味するもの」阿部潔・難波功士編『メディア文化を読み解く技法―カルチュラル・スタディーズ・ジャパン』世界思想社：227-252.

――――，2004b，「スポーツとジェンダー表象」飯田貴子・井谷惠子編『スポーツ・ジェンダー学への招待』明石書店：100-109.

阿部恒久・大日方純夫・天野正子編，2006a，『男性史1―男たちの近代』日本経済評論社.

――――，2006b，『男性史2―モダニズムから総力戦へ』日本経済評論社.

――――，2006c，『男性史3―「男らしさ」の現代史』日本経済評論社.

アクロス編集室，1995，『ストリートファッション 1945-1995―若者スタイルの50年史』PARCO 出版.

Allison, Anne, 1994, Nightwork, The University of Chicago Press.

天野正子・桜井厚，1992＝2003，『「モノと女」の戦後史―身体性・家庭性・社会性を軸に』平凡社.

青木栄一，2001，「鉄道趣味のあゆみ―『鉄道ピクトリアル』の半世紀とともに」『鉄道ピクトリアル』鉄道図書刊行会 703，51-7：131-55.

青山薫，2007，『「セックス・ワーカー」とは誰か』大月書店.

Appadurai, Arjun，1996＝2004，門田健一訳『さまよえる近代―グローバル化の文化研究』平凡社.

朝日新聞社編，1987，『早稲田ラグビー』朝日新聞社.

浅井春夫・伊藤悟・村瀬幸浩編，2001，『日本の男はどこから来て、どこへ行くのか』十月舎.

麻倉怜士，2007，『やっぱり楽しいオーディオ生活』アスキー.

東浩紀，2001，『動物化するポストモダン―オタクから見た日本社会』講談社現代新書.

Badinter, Elisabeth，1992＝1997，上村くにこ，饗庭千代子訳『XY―男とは何か』筑摩書房.

――――，2003＝2006，夏目幸子訳『迷走フェミニズム―これでいいのか女と男』新曜社.

Baudrillard, Jean，1970＝1995，今村仁司・塚原史訳『消費社会の神話と構造』紀伊国屋書店.

Beck, Ulrich, Giddens, Anthony & Lash Scott, 1994＝1997, 松尾精文・小幡正敏・叶堂隆三訳『再帰的近代化―近現代の社会秩序における政治、伝統、美的原理』而立書房.
Bell, Daniel, 1973＝1975, 内田忠夫・嘉治元郎・城塚登・馬場修一・村上泰亮・谷嶋喬四郎訳『脱工業社会の到来―社会予測の一つの試み』ダイヤモンド社.
Benwell, Bethan,ed, 2003, Masculinity and men's lifestyle magazine, Oxford: Blackwell.
Berlin, I., Hardy, H ed, 1999＝2000, 田中治男訳『バーリン　ロマン主義講義』岩波書店.
Beynon, John, 2002, Masculinities and Culture: Open University.
Bodin, Dominique, 2003＝2005, 陣野俊史ほか訳『フーリガンの社会学』白水社.
Bourdieu, Pierre, 1979＝1990, 石井洋二郎訳『ディスタンクシオンⅠ／Ⅱ』藤原書店.
――――, 1992＝1995/1996, 石井洋二郎訳『芸術の規則Ⅰ／Ⅱ』藤原書店.
――――, 1997, Die männliche Herrschaft, I. Dölling and B. Krais eds., Ein alltägliches Spiel. Geschlechterkonstruktion in der sozialen Praxis, Frankfurt M：153-217.
――――, 1998, La domination masculine, Editions du Seuil.
Brunsdon,Charlotte,D'Acci, Julie, & Spigel, Lynn,eds.,1997, Feminist Television Criticism, New York : Oxford University Press.
Butler, Judith, 1990＝1999, 竹村和子訳『ジェンダートラブル―フェミニズムとアイデンティティの攪乱』青土社.
Chandler, Raymond, 1958, Playback, Houghton Mifflin, Boston.
Charlton, Katherine, 1994＝1997, 佐藤実訳『ロック・ミュージックの歴史（下）―スタイル＆アーティスト』音楽之友社.
Connell, Raewyn, 1995, Masculinities, Cambridge : Polity Press.
――――, 2000, The Men and the Boys: University of California Press.
――――, 2002＝2008, 多賀太監訳『ジェンダー学の最前線』世界思想社.
Corbin, Alain, 1995＝2000, 渡辺響子訳『レジャーの誕生』藤原書店.
Csikszentmihalyi, Mihaly, 1975＝2000, 今村浩明訳『楽しみの社会学　改題新装版』新思索社.
男性と買春を考える会, 1998,『買春に対する男性意識調査』アジア女性資

料センター.
Dunning, Eric, 1986＝1995, 大平章訳「男性の領域としてのスポーツ―男性のアイデンティティの社会的源泉とその変容に関する見解」ノルベルト・エリアス／エリック・ダニング『スポーツと文明化』法政大学出版局：392-416.
Dunning, Eric and Kenneth, Sheard, 1979＝1983, 大西鉄之祐ほか訳『ラグビーとイギリス人』ベースボール・マガジン社.
江原由美子, 1995,「ジェンダーと社会理論」井上俊・上野千鶴子・大澤真幸・見田宗介・吉見俊哉編『ジェンダーの社会学』岩波書店：29-60.
――――, 2001,『ジェンダー秩序』勁草書房.
Eibl-Eibesfeldt, Irenaus, 1967＝1979, 伊谷純一郎・美濃口坦訳『比較行動学』みすず書房.
――――, 1970＝1974, 日高敏隆・久保和彦訳『愛と憎しみ』みすず書房.
Elias, Norbert, 1986＝1995,「スポーツと暴力に関する論文」ノルベルト・エリアス／エリック・ダニング『スポーツと文明化』大平章訳, 法政大学出版局：217-254.
Entwistle, Joanne, 2000＝2005, 鈴木信雄監訳『ファッションと身体』日本経済評論社.
Fairclough, Norman, 1992, Discourse and Social Change: Polity.
――――, 2003, Analysing Discourse: Routledge.
Finkelstein, Joanne, 1991, The Fashioned Self, Polity Press.
Fiske, John, 1987＝1996, 伊藤守・藤田真文・常木瑛生・吉岡至・小林直毅・高橋徹訳『テレビジョンカルチャー』梓出版社.
Flügel, John, C, 1966, The Psychology of Clothes, International Universities Press.
Frith, Simon & McRobbie, Angela, 1978, Rock and Sexuality, S. Frith and A. Goodwin, eds., On Record: Rock, Pop, and the Written Word, 1990, London, Routledge : 371-389.
Frith, Simon, 1985, Afterthoughts, Frith, S. Frith and A. Goodwin, eds., On Record: Rock, Pop, and the Written Word, 1990, London, Routledge : 419-424.
藤井誠二・宮台真司, 1999＝2003,『この世からきれいに消えたい。―美しき少年の理由なき自殺』朝日新聞社.
藤本由香里, 1999,「少女マンガが愛でる男のカラダ」伏見憲明編『クィ

ア・ジャパン』1号，勁草書房：24-28.
藤村正之，2006，「若者世代の『男らしさ』とその未来」阿部恒久・大日方純夫・天野正子編『男性史3―「男らしさ」の現代史』日本経済評論社，191-227.
藤田真文・岡井崇之編，2009，『プロセスが見えるメディア分析入門―コンテンツから日常を問い直す』世界思想社.
深澤真紀，2007，『平成男子図鑑―リスペクト男子としらふ男子』日経BP社.
福田千鶴，2003，「近世中期の藩政」大石学編『日本の時代史16巻　享保改革と社会変容』吉川弘文館：177-220
福島瑞穂・中野理恵，1995，『買う男・買わない男〈新装版〉』現代書館.
福富護（研究代表），2000，『「援助交際」に対する成人男性の意識と背景要因』財団法人女性のためのアジア平和国民基金助成研究報告書.
船木誠勝，1996，『船木誠勝のハイブリッド肉体改造法』ベースボール・マガジン社
二上洋一，1978，『少年小説の系譜』幻影城.
『現代思想』1997年5月号臨時増刊「大特集　レズビアン／ゲイ・スタディーズ」.
Giddens, Anthony，1990＝1993，松尾精文・小幡正敏訳『近代とはいかなる時代か？―モダニティの帰結』而立書房.
――――，1991＝2005，秋吉美都ほか訳『モダニティと自己アイデンティティ』ハーベスト社.
――――，1992＝1995，松尾精文・松川昭子訳『親密性の変容―近代社会におけるセクシュアリティ，愛情，エロティシズム』而立書房.
Goffman, Erving，1959＝1974，石黒毅訳『行為と演技』誠信書房.
――――，1979, Gender Advertisements, Harvard University Press, Cambridge, Massachusetts.
――――，1983, The Interaction Order, American Sociological Review, 48：1-17.
Hacker, Sally L.，1983＝1989，綿貫礼子・加地永都子他訳，「工学分野で女性はなぜ排除されたか」ジョアン・ロスチャイルド編『女性vsテクノロジー』新評論：230-254.
Hall, Stuart, 1973, Encoding and Decoding in the Television Discourse, Center for Contemporary Studies.
原田勝正，1986，「開国と鉄道」野田正穂・原田勝正・青木栄一・老川慶喜

編，『鉄道史叢書　日本の鉄道―成立と展開』日本経済評論社：1-14.
原田勝正，1995，『汽車から電車へ―社会史的観察』日本経済評論社.
長谷正人，2005，「文化の社会学の窮状／可能性」『年報社会学論集』関東社会学会18 : 16-27.
Hebdige, Dick, 1979, Subculture: the meaning of style, London, Methuen.
日置久子，2006，『女性の服飾文化史』西村書店.
廣重徹，1973＝2002，『科学の社会史（上）―戦争と科学』岩波書店.
Hirshi, Travis, 1962, The Professional Prostitute, Berkeley Journal of Sociology. 7 : 33-49.
Hochschild, Arlie R.，1983＝2000，石川准・室伏亜希訳『管理される心―感情が商品になるとき』世界思想社.
Hollander, Anne，1994＝1997，中野香織訳『性とスーツ』白水社.
Hollstein, Walter，1988＝1998，岩井智子訳『男たちの未来　支配することなく，力強く―変革を迫られる男たち』三元社.
本田透，2005，『電波男』三才ブックス.
Hosokawa, Shuhei, & Matsuoka, Hideaki, 2008, "On the Fetish Character of Sound and the Progression of Technology: Theorizing Japanese Audiophiles" Gerry Bloustien, Margaret Peters and Susan Luckman eds., Sonic Synagies: Music, Technology, Community, Identity, Surrey: Ashgate : 39-50.
細谷実，2004，「大衆文化と男性性」『現代のエスプリ』446 : 47-57.
飯田賢一編，1989，『日本近代思想大系14　科学と技術』岩波書店.
飯田貴子・井谷惠子編，2004，『スポーツ・ジェンダー学への招待』明石書店.
池口康雄，1981，『近代ラグビー 100年』ベースボール・マガジン社.
生島治郎，1964，『傷痕の街』講談社.
稲葉振一郎，2006，『モダンのクールダウン―片隅の啓蒙』NTT 出版.
いのうえせつこ，1996，「買春する男たち (5)」『月刊状況と主体』247，谷沢書房，81-100.
井上俊，1992，『悪夢の選択―文明の社会学』筑摩書房.
井上輝子＋女性雑誌研究会，1989，『女性雑誌を解読する：Comparepolitan―日・米・メキシコ比較研究』垣内出版.
井上輝子・江原由美子・加納実紀代・上野千鶴子・大沢真理編，2002，『岩波女性学事典』岩波書店.

伊藤公雄，1993，『「男らしさ」のゆくえ―男性文化の文化社会学』新曜社.
――――，1996，『男性学入門』作品社.
――――，1998，「〈男らしさ〉と近代スポーツ―ジェンダー論の視座から」日本スポーツ社会学会編『変容する現代社会とスポーツ』世界思想社：83-92.
――――，2004，「戦後男の子文化の中の「戦争」」中久郎編『戦後日本のなかの「戦争」』世界思想社：152-79.
石谷二郎・天野正子，2008，『モノと男の戦後史』吉川弘文館.
石坂善久，2003，「解説」『復刻版少年技師ハンドブック　電気機関車の作り方』『復刻版少年技師ハンドブック　蒸気機関車の作り方』誠文堂新光社.
城一夫・渡辺直樹，2007，『日本のファッション―明治・大正・昭和・平成』青幻舎.
科学技術庁編，1994，『科学技術白書―若者と科学技術』大蔵省印刷局.
上司小剣，1936，『蓄音機讀本』文學界社出版部.
柏木博，1998，『ファッションの20世紀』NHK ブックス.
河原和枝，2005，「私らしさの神話―ファッションという制度」『日常からの文化社会学―私らしさの神話』世界思想社：3-35.
川北稔編，1987，『「非労働時間」の生活史―英国風ライフ・スタイルの誕生』リブロポート.
川野剛，1995，「究極の“音”を追い求める，理想主義者たち」アクロス編集室編『マニアの世界―「超趣味人類」たちの生態カタログ』PARCO 出版，104-121.
海妻径子・細谷実，2006，「セクシャルなホモソーシャリティの夢と挫折―戦後大衆社会，天皇制，三島由紀夫」阿部恒久・大日方純夫・天野正子編，『男性史 3 ―「男らしさ」の現代史』日本経済評論社：33-59.
Keightley, Keir, 1996, "'Turn it down!' she shrieked: gender, domestic space, and high fidelity, 1948-59," Popular Music 15(2), Cambridge: Cambridge University Press : 149-177.
キース・ヴィンセント・風間孝・河口和也，1997，『ゲイ・スタディーズ』青土社.
木原雅子・木原正博（研究代表），1999，『日本人の HIV／STD 関連知識，性行動・性意識についての全国調査（HIV&SEX in JAPAN Survey1999)』厚生省 HIV 感染症の疫学研究班行動科学研究グループ.

木村直恵，1998，『〈青年〉の誕生―明治日本における政治的実践の転換』新曜社.
木村涼子，1999，『学校文化とジェンダー』勁草書房.
北田暁大，2005，『嗤う日本の「ナショナリズム」』日本放送出版協会.
北方謙三，1988，『試みの地平線』講談社.
――――，2006，『試みの地平線―伝説復活編』講談社.
木谷勤・望田幸雄編著，1992，『ドイツ近代史―18世紀から現代まで』ミネルヴァ書房.
小林正幸，2002，「プロレス社会学への招待―イデオロギーとテクスチュア」『現代思想』青土社，vol. 30-3 : 97-110.
小玉亮子編，2004，『現代のエスプリ―マスキュリニティ／男性性の歴史』№ 446，至文堂.
小玉亮子，2004，「今、なぜ、マスキュリニティ／男性性の歴史か」『現代のエスプリ』446号 : 25-35.
子供の科学編集部編，1987，『復刻ダイジェスト版　子供の科学　1924-1943』誠文堂新光社.
小宮木代良，2003，「近世武家政治社会形成期における儀礼」荒野泰典編『日本の時代史14巻　江戸幕府と東アジア』吉川弘文館 : 182-219.
今和次郎・吉田謙吉編，1930＝1986，『モデルノロヂオ―考現学』春陽堂→学陽書房.
小山静子，1991，『良妻賢母という規範』勁草書房.
小谷野敦，1999，『もてない男―恋愛論を超えて』筑摩書房.
Kühne, Thomas ed.，1996＝1997，星乃治彦訳『男の歴史―市民社会と〈男らしさ〉の神話』柏書房.
熊田一雄，2005，『男らしさという病？―ポップ・カルチャーの新・男性学』風媒社.
クロスビート編集部編，2008，『ロック・ミュージシャン名言集』シンコーミュージック.
草柳千早，1991，「恋愛と社会組織―親密化の技法と経験」安川一編『ゴフマン世界の再構成―共在の技法と秩序』世界思想社 : 129-156.
Lasch, Christopher, 1984＝1986，石川弘義・山根三沙・岩佐祥子訳『ミニマルセルフ―生きにくい時代の精神的サバイバル』時事通信社.
Lever, Janet，1983＝1996，亀山佳明ほか訳『サッカー狂の社会学』世界思想社.

Levy, Steven, 1984＝1987, 古橋芳恵・松田信子訳『ハッカーズ』工学社.
MacInnes, John, 1998, The End of Masculinity: Open University Press.
Maffesoli, Michel, 1991＝1997, 古田幸男訳『小集団の時代』法政大学出版局.
――――, 1993＝1995, 菊地昌実訳『現代世界を読む』法政大学出版局.
Magoun, F.P.Jr, 1938＝1985, 忍足欣四郎訳『フットボールの社会史』岩波書店.
毎日新聞科学環境部, 2003＝2006,『理系白書―この国を静かに支える人たち』講談社.
増田聡・谷口文和, 2005,『音楽未来形―デジタル時代の音楽文化のゆくえ』洋泉社.
松原治郎, 1977,「余暇の社会学」松原治郎編『講座 余暇の科学 第1巻 余暇社会学』垣内出版：1-27.
松原隆一郎, 2003,「TV のなかの格闘技」見田宗介・内田隆三・市野川容孝『〈身体〉は何を語るのか』新世社：241-246.
松井やより, 1988,「国際買春」『これからの男の自立』日本評論社：194-200.
McClary, Susan, 1991＝1997, 女性と音楽研究フォーラム訳『フェミニン・エンディング―音楽・ジェンダー・セクシュアリティ』新水社.
McRobbie, Angela, 1991, Feminism and Youth Culture : From Jackie to Just Seventeen, London : Macmillan.
メンズセンター編, 1996,『「男らしさ」から「自分らしさ」へ』かもがわ出版.
南田勝也, 2001,『ロックミュージックの社会学』青弓社.
――――, 2004,「若き純粋芸術家たちの肖像―はっぴいえんどの音楽場における位置」『ユリイカ』青土社, 第36巻第9号：169-179.
――――, 2005,「芸術の規則（ブルデュー）」大村英昭・宮原浩二郎・名部圭一編『社会文化理論ガイドブック』ナカニシヤ出版：97-100.
見田宗介, 1984＝2001,『宮沢賢治―存在の祭りの中へ』岩波書店.
――――, 1996,『現代社会の理論―情報化・消費化社会の現在と未来』岩波書店.
宮台真司・石原英樹・大塚明子, 1993,『サブカルチャー神話解体―少女・音楽・マンガ・性の30年とコミュニケーションの現在』PARCO 出版.
――――, 1993,「青少年マンガのコミュニケーション」宮台真司・石原英

樹・大塚明子『サブカルチャー神話解体―少女・音楽・マンガ・性の30年とコミュニケーションの現在』PARCO 出版：139-204.
――――，1992・1993＝2007,『増補　サブカルチャー神話解体―少女・音楽・マンガ・性の変容と現在』筑摩書房.
宮台真司，1994,『制服少女たちの選択』講談社.
――――，1995,『終わりなき日常を生きろ―オウム完全克服マニュアル』筑摩書房.
――――，2004,『絶望　断念　福音　映画―「社会」から「世界」への架け橋』メディアファクトリー.
――――，2008,「社会的包摂の崩壊が「孤独な勘違い」を生む!!」洋泉社『アキバ通り魔事件をどう読むか!?』：81-86.
――――，2009,『日本の難点』幻冬舎新書.
宮台真司・速水由紀子，2000,『サイファ覚醒せよ！―世界の新解読バイブル』筑摩書房.
宮台真司・北田暁大，2005,『限界の思考―空虚な時代を生き抜くための社会学』双風舎.
宮澤孝一，2001,「鉄道写真の20世紀」広田尚敬編『鉄道写真2000』ネコ・パブリッシング：130-47.
Monto, Martin A., 2000＝2004, 岸田美貴訳・松沢呉一監修「なぜ男は売春婦を求めるのか」『セックス・フォー・セール』ポット出版：106-125.
森川嘉一郎，2003,『趣都の誕生―萌える都市アキハバラ』幻冬舎.
森村昌生，1999,「『寝てみたい男』の系譜」伏見憲明編『クィア・ジャパン』１号，勁草書房：18-23.
森岡正博，2008,『草食系男子の恋愛学』メディアファクトリー.
Morley, David and Robbins, Kevin, 1995, Spaces of Identity: Global Media, Electronic Landscapes and Cultural Boundaries, London: Routledge.
Mosse, George, L., 1996＝2005, 細谷実・小玉亮子・海妻径子訳,『男のイメージ―男性性の創造と近代社会』作品社.
村松泰子，1979,『テレビドラマの女性学』創拓社.
村田陽平，2009,『空間の男性学―ジェンダー地理学の再構築』京都大学学術出版会.
永江正直，1892＝1983,『女子教育論』中嶌邦監修『近代日本女子教育文献集３　日本女徳案／女子教育論』日本図書センター.
永井良和，2002,『風俗営業取締り』講談社選書メチエ.

中河伸俊，1989，「男の鎧―男性性の社会学」渡辺恒夫編『男性学の挑戦―Yの悲劇？』新曜社．
中村うさぎ・倉田真由美，2002，『うさぎとくらたまのホストクラブなび』角川書店．
中村由佳，2007，「ファッションと若者の現代像」羽淵一代編『どこか〈問題化〉される若者たち』恒星社厚生閣：183-199.
中岡哲郎，2006，『日本近代技術の形成―〈伝統〉と〈近代〉のダイナミクス』朝日新聞社．
難波功士，2007，『族の系譜学―ユース・サブカルチャーズの戦後史』青弓社．
成瀬仁蔵，1896＝1983，『女子教育』高木嵩山堂，中嶌邦監修，『近代日本女子教育文献集 5　女子教育／女子教育改善意見』日本図書センター．
Negus, Keith, 1996, Popular Music in Theory: An Introduction, Polity Press.
根生誠，2005，「戦前の女子数学科高等教育について―戦時中の女性専門学校数学科と中等教員養成を中心に」『科学技術史』8，日本科学技術史学会：73-98.
NHK「日本人の性」プロジェクト編，2002，『データブック NHK 日本人の性行動・性意識』日本放送出版協会．
西英生編，1997，『少年小説大系別巻 5　少年小説研究』三一書房．
西川祐子・荻野美穂編，1999，『共同研究　男性論』人文書院．
西山哲郎，2006，『近代スポーツ文化とはなにか』世界思想社．
――――，2008，「現代の身体加工にみる自己アイデンティティ構築のエコノミー」中京大学現代社会学部紀要第 1-2.
野田正穂・原田勝正・青木栄一・老川慶喜編，1986，『鉄道史叢書　日本の鉄道―成立と展開』日本経済評論社．
落合恵美子，1989，『近代家族とフェミニズム』勁草書房．
荻野美穂，2002，『ジェンダー化される身体』勁草書房．
小倉利丸，1997，「売買春と資本主義的一夫多妻制」田崎英明編『売る身体／買う身体』青弓社：58-115.
大村英昭，1985，「ゴッフマンにおける〈ダブル・ライフ〉のテーマ」今津幸次郎・岩崎信彦・大村英昭・高坂健二・山口節郎編『現代社会学19　特集＝アーヴィング・ゴッフマン』アカデミア出版会，11(1)：5-29.
大塚英志，2005，「おたく文化の戦時下起源について」ササキバラ・ゴウ編『「戦時下」のおたく』角川書店：6-13.

岡井崇之，2004，「言説分析の新たな展開―テレビのメッセージをめぐる研究動向」『マス・コミュニケーション研究』64号：25-40.
――――，2007，「“ナチュラル”ボディを手に入れる―総合格闘技ファンの身体・コミュニケーション」東園子・岡井崇之・小林義寛・玉川博章・辻泉・名藤多香子編『それぞれのファン研究―I am a fan』風塵社.
小野俊太郎，1999，『〈男らしさ〉の神話―変貌する「ハードボイルド」』講談社.
Pasero, Ursula，2004＝2006，「ハビトゥスと機能的分化の十字照準刻線に捕らえられた女性と男性」アルミン・ナセヒ，ゲルト・ノルマン編，森川剛光訳『ブルデューとルーマン―理論比較の試み』新泉社：190-205.
Perlman, Marc, 2003, “Consuming Audio: An Introduction to Tweak Theory,” Rene T.A. Lysloff & Leslie C. Gay Jr. eds. Music and Technoculture, Connecticut: Wesleyan University Press : 346-357.
ポスカンザー，デボラ. R .，1995，「無線マニアからオーディエンスへ―日本のラジオ黎明期におけるアマチュア文化の衰退と放送文化の台頭」水越伸編，『20世紀のメディア１―エレクトリック・メディアの近代』ジャストシステム：93-115.
Riesman, David，1961＝1964，加藤秀俊訳『孤独な群衆』みすず書房 .
齋藤晃，2007，『蒸気機関車200年史』NTT 出版.
齋藤孝，2003，『スポーツマンガの身体』文春新書.
坂田謙司，2002，「草創期〈ラジオの「姿」〉―婦人雑誌が伝えた家庭生活とラジオの関係」『マス・コミュニケーション研究』61，日本マス・コミュニケーション学会：162-175.
佐藤健二・吉見俊哉，2007，「文化へのまなざし」佐藤健二・吉見俊哉編『文化の社会学』有斐閣：4-25.
佐藤忠男，1959＝1993，「少年の理想主義」『大衆文化の原像』岩波書店：98-144.
――――，1980，『「男らしさ」の神話』東洋経済新報社.
――――，2007，『草の根の軍国主義』平凡社.
佐藤友哉，2004，「佐藤友哉の人生・相談　第二回」『ファウスト vol.2』講談社：202-209.
沢村拓也，2001，『ホストの世界―真夜中への招待状』河出書房新社 .
澤野雅彦，2005，『企業スポーツの栄光と挫折』青弓社 .
Schivelbusch, Wolfgang，1977＝1982，加藤二郎訳，『鉄道旅行の歴史―19

世紀における空間と時間の工業化』法政大学出版局.
Sedgewick, Eve, K., 1985＝2001, 上原早苗・亀澤美由紀訳,『男同士の絆―イギリス文学とホモソーシャルな欲望』名古屋大学出版会.
――――, 1990＝1999, 外岡尚美訳,『クローゼットの認識論―セクシュアリティの20世紀』青土社.
Sheard, Keneath and Eric Dunning, 1973＝1988, 条野豊編訳,「男性領分の一タイプとしてのラグビークラブ―若干の社会学的論評」『スポーツと文化・社会』ベースボール・マガジン社：236-254.
渋谷知美, 2001,「『フェミニスト男性研究』の視点と構想」『社会学評論』51-4 : 69-85.
下田次郎, 1904＝1983,『女子教育』金港堂書籍, 中嶌邦監修『近代日本女子教育文献集 7　女子教育』日本図書センター.
資生堂企業文化部・前田和夫, 2000,『MG5 物語』求龍堂.
Simmel, Georg, 1917＝1979, 清水幾太郎訳『社会学の根本問題―個人と社会』岩波書店.
須長史生, 1999,『ハゲを生きる―外見と男らしさの社会学』勁草書房.
鈴木謙介, 2005,『カーニヴァル化する社会』講談社現代新書.
鈴木水南子, 1998a,「男の性欲・女の物欲説は本当か？」『週刊金曜日』224 : 10-12.
鈴木水南子, 1998b,「男性はなぜ買春するのか？」『女子教育』74 : 14-20.
鈴木水南子・村瀬幸治, 2001,『買春と売春と性の教育』十月舎.
多田良子, 2007,「性風俗サービス業利用男性の意識とパートナーとの関係性」『F-GENS ジャーナル』No9 : 101-109.
多賀太, 2001,『男性のジェンダー形成―〈男らしさ〉の揺らぎのなかで』東洋館出版社.
――――, 2006,『男らしさの社会学―揺らぐ男のライフコース』世界思想社.
高橋晴子, 2005,『近代日本の身装文化』三元社.
高橋喜久江, 2004,『売買春問題にとりくむ』明石書店.
高橋雄造, 1998,「電子工業史における中小企業の足跡―（Ⅱ）富士製作所（STAR）とテレビ工業」『科学技術史』2, 日本科学技術史学会：53-83.
武田佐知子, 1998,『衣服で読み直す日本史』朝日選書.
瀧川光治, 2001,「日本の近代化と科学読み物」鳥越信編著『はじめて学ぶ日本児童文学史』ミネルヴァ書房：35-51.

多木浩二, 1995,『スポーツを考える』ちくま新書.
田中俊之, 2005,「『男性問題』とは何か」『年報社会科学基礎論研究』第4号：114-131.
————, 2007,「オタクの従属化と異性愛主義」根村直美編『健康とジェンダーⅣ　揺らぐ性・変わる医療—ケアとセクシュアリティを読み直す』明石書店.
谷本奈穂, 2008,『美容整形と化粧の社会学—プラスティックな身体』新曜社.
巽孝之, 2002,『プログレッシブ・ロックの哲学』平凡社.
テッサ・モーリス＝スズキ・吉見俊哉編, 2004,『グローバリゼーションの文化政治』平凡社.
Tomlinson, John, 1991＝1997, 片岡信訳『文化帝国主義』青土社.
————, 1999＝2000, 片岡信訳『グローバリゼーション—文化帝国主義を超えて』青土社.
Toynbee, Jason, 2000＝2004, 安田昌弘訳『ポピュラー音楽をつくる—ミュージシャン・創造性・制度』みすず書房.
辻泉, 2003,「ファンの快楽」東谷護編『ポピュラー音楽へのまなざし—売る・読む・楽しむ』勁草書房：304-330.
————, 2008,『鉄道の意味論と〈少年文化〉の変遷—日本社会の近代化とその過去・現在・未来』東京都立大学大学院社会科学研究科　平成十九年度博士学位論文.
角田由紀子, 1998,「セックスサービスはマッサージとは違う」『週刊金曜日』224:20.
宇田正, 2007,『鉄道日本文化史考』思文閣出版.
上田龍史, 1988,「日本鉄道模型小史 (1)」『鉄道模型趣味』機芸出版社 498:74-80.
上野千鶴子, 1988＝2008,『「女縁」を生きた女たち』岩波書店.
————, 2007,『おひとりさまの老後』法研.
上野千鶴子・宮台真司, 1999,『買売春解体新書』柘植書房新社.
宇井洋・アクロス編集室, 1996,「男の戦後体毛抹殺史」アクロス編集室『気持ちいい身体』PARCO出版：122-139.
鵜飼正樹, 1999,「鉄道マニアの考現学—「男らしさ」から離脱した男たちの逆説」西川祐子・荻野美穂編『共同研究　男性論』人文書院：96-121.
牛窪恵, 2008,『草食系男子「お嬢マン」が日本を変える』講談社

Vagts, Alfred, 1959＝1994, 望田幸男訳『ミリタリズムの歴史―文民と軍人』福村出版.
Veblen, Thorstein, B, 1899＝1998, 高哲男訳『有閑階級の理論―制度の進化に関する経済学的研究』筑摩書房 .
若林幹夫, 2002,『漱石のリアル―測量としての文学』紀伊国屋書店.
若桑みどり, 2005,『戦争とジェンダー――戦争を起こす男性同盟と平和を創るジェンダー理論』大月書店.
若尾典子, 2003,「買売春と自己決定」『ジュリスト』1237 : 184-193.
和久田康雄, 1993,『鉄道をよむ』アテネ書房.
渡辺秀樹, 1977,「家族と余暇」松原治郎編『講座　余暇の科学　第１巻余暇社会学』垣内出版 : 136-157.
渡辺裕, 1989,『聴衆の誕生―ポスト・モダン時代の音楽文化』春秋社.
渡辺潤, 1992,「メディアとしての車」『imago ―特集クルマの心理学』3-5 : 54-61
渡辺恒夫, 1986,『脱男性の時代―アンドロジナスをめざす文明学』勁草書房.
和崎春日（研究代表), 2005,『男性の性意識に関する実証的研究―セクシュアリティの歴史的表象と性風俗サービスのフィールドワーク』福島県青少年育成・男女共生推進機構福島県男女共生センター「女と男の未来館」公募研究成果報告書／福島県男女共生センター編；平成十五・十六年度.
Weinbach, Christine, 2004＝2006,「そして一緒に精神の子供を作る―ルーマンとブルデューをめぐるエロス的想像力」アルミン・ナセヒ, ゲルト・ノルマン編, 森川剛光訳『ブルデューとルーマン―理論比較の試み』新泉社 : 56-83.
Wenner, Jann, S, & Levy, Joe, 2007＝2008, 大田黒奉之・富原まさ江・友田葉子訳『「ローリング・ストーン」インタビュー選集』TO ブックス.
Willis, Paul E., 1977＝1985, 熊沢誠・山田潤訳『ハマータウンの野郎ども―学校への反抗・労働への順応』筑摩書房 .
Winship, Janice, 1987, Inside Women's Magazines, London : Pandora.
Women's Studies Group, Centre for Contemporary Cultural Studies, University of Birmingham, 1978, Women Take Issue : Aspects of Women's Subordination, London : Hutchinson.
Xanditis, Luke, McCabe, Marita P., 2000, "Personality Characteristics of

Male Clients of Female Commercial Sex Workers in Australia" Archives of Sexual Behavior Vol. 29 Issue 2 : 165-176.
山田昌弘，1994，『近代家族のゆくえ―家族と愛情のパラドックス』新曜社.
山口誠，2002，「「放送」以前のラジオをめぐる多様な欲望」伊藤守編『メディア文化の権力作用』せりか書房：19-42.
――――，2003，「「聴く習慣」，その条件―街頭ラジオとオーディエンスのふるまい」『マス・コミュニケーション研究』63，日本マスコミュニケーション学会：144-161.
――――，2006，「「放送」をつくる「第三組織」―松下電器製作所と「耳」の開発」『メディア史研究』20，ゆまに書房，26-49.
山北藤一郎，1930＝2003，『復刻版　少年技師ハンドブック　電気機関車の作り方』誠文堂新光社.
山中恒・山本明編，1985，『勝ち抜く僕ら少国民―少年軍事愛国小説の世界』世界思想社.
山崎明子，2005，『近代日本の「手芸」とジェンダー』世織書房.
山﨑比呂志，2001，「近代男性の誕生」浅井春夫・伊藤悟・村瀬幸浩編『日本の男はどこから来て、どこへ行くのか』十月舎：32-53.
横田順彌編，1986，『少年小説大系第 8 巻　空想科学小説集』三一書房.
ヨコタ村上孝之，2007，『色男の研究』角川学芸出版.
吉川康夫，2004，「スポーツと男らしさ」飯田貴子・井谷惠子編『スポーツ・ジェンダー学への招待』明石書店：91-99.
吉見俊哉，1989，「ゴッフマン『行為と演技』」杉山光信編『現代社会学の名著』中央公論社：178-192.
――――，1994，『メディア時代の文化社会学』新曜社.
――――，1995，『「声」の資本主義』講談社.
――――，2007，『親米と反米―戦後日本の政治的無意識』岩波新書.
吉見俊哉・北田暁大編，2007，『路上のエスノグラフィ―ちんどん屋からグラフィティまで』せりか書房.

「男らしさ」の快楽
ポピュラー文化からみたその実態

2009年 9 月25日　第 1 版第 1 刷発行

宮《みや》　台《だい》　真《しん》　司《じ》
編　者　辻《つじ》　　　　泉《いずみ》
岡《おか》　井《い》　崇《たか》　之《ゆき》

発行者　井　村　寿　人

発行所　株式会社　勁《けい》　草《そう》　書　房

112-0005 東京都文京区水道2-1-1　振替　00150-2-175253
（編集）電話 03-3815-5277／FAX 03-3814-6968
（営業）電話 03-3814-6861／FAX 03-3814-6854
プログレス・堀内印刷所・青木製本

ISBN978-4-326-65347-8　　Printed in Japan

http://www.keisoshobo.co.jp